学校整体课程
探索丛书

吕　锐
罗　禹
杨四耕
丛书主编

学校整体课程的
文化逻辑

罗　禹 ◎ 主编

华东师范大学出版社
· 上海 ·

图书在版编目(CIP)数据

学校整体课程的文化逻辑/罗禹主编. —上海:华东师范大学出版社,2023
(学校整体课程探索丛书)
ISBN 978-7-5760-3917-7

Ⅰ.①学… Ⅱ.①罗… Ⅲ.①课程-教学研究-小学 Ⅳ.①G622.3

中国国家版本馆 CIP 数据核字(2023)第 105034 号

学校整体课程探索丛书
学校整体课程的文化逻辑

丛书主编　吕　锐　罗　禹　杨四耕
主　　编　罗　禹
责任编辑　刘　佳
项目编辑　林青荻
特约审读　郑　月
责任校对　陈梦雅　时东明
装帧设计　卢晓红

出版发行　华东师范大学出版社
社　　址　上海市中山北路3663号　邮编 200062
网　　址　www.ecnupress.com.cn
电　　话　021-60821666　行政传真 021-62572105
客服电话　021-62865537　门市(邮购)电话 021-62869887
地　　址　上海市中山北路3663号华东师范大学校内先锋路口
网　　店　http://hdsdcbs.tmall.com

印　刷　者　杭州日报报业集团盛元印务有限公司
开　　本　787毫米×1092毫米　1/16
印　　张　17.5
字　　数　168千字
版　　次　2023年8月第1版
印　　次　2023年8月第1次
书　　号　ISBN 978-7-5760-3917-7
定　　价　58.00元

出版人　王　焰

(如发现本版图书有印订质量问题,请寄回本社客服中心调换或电话021-62865537联系)

丛书编委会

主　编

吕　锐　罗　禹　杨四耕

副主编

吴家英

编　委

（按姓氏拼音排序）

陈慧芹	陈　坤	陈求丽	陈人珊	陈仕泽	陈先光
董时平	高福明	何　婷	黄　炳	黄　俊	黄小龙
黄泽诗	蒋　旗	黎公权	李　学	李　媛	林　俊
林元华	刘顺泉	刘燕红	卢丽燕	罗　娟	罗秀诗
宓　奇	欧哲尔	蒲日芳	任秀荣	苏儒平	苏天新
王迎春	吴　革	邢翠睿	邢国英	邢海珍	闫学忠
颜振蓉	杨善杰	曾启宏	曾卫红	张光宁	张　玲
张艳玲	赵伟琦	钟王群	周灿文	周　康	周　阳
周一帆	周　莹	朱凤春	朱海燕	朱玮雪	朱允诚

本书编委会

主 编
罗 禹

编 委
陈 坤　宓 奇　任支钰　李皛真　王 平
陈先光　邢琼芳　蒲日芳　胡基萍　颜振蓉
邢翠睿　罗 娟　关丹妮　曾启宏　李君辉
刘真耿　邢玉善　高斯婧

丛书总序

《义务教育课程方案(2022年版)》指出:学校依据省级义务教育课程实施办法,立足本校办学理念,分析资源条件,制订学校课程实施方案,注重整体规划,有效实施国家课程,规范开设地方课程,合理开发校本课程。

联合国教科文组织在《处于争论和教育改革中的课程问题——为21世纪的课程议题做准备》的文件中指出:课程不仅仅是课程要素设计的技术问题,更是教育目标实现的价值问题。因此,良好的课程应该实现两个方面的平衡:一是量的平衡,即课程要素的比重是合适的;二是质的平衡,即各类要素的价值汇合度是最高的,应根据教育的最终价值来确定这种平衡。

因此,坚持素养导向,落实课程育人价值,实现良好的课程愿景,课程改革可以在两个维度上着力:一是量的维度,这是横向的要素设计维度;二是质的维度,这是纵向的价值聚合维度。在课程改革过程中,横向维度和纵向维度通过课程实践出现在同一个时空:横向上,课程要素布局,包括各领域课程的平衡、学科课程与活动课程的平衡、不同学科之间的平衡以及课程内在要素的平衡;纵向上,各类课程要素的价值汇合,包括课程的内在逻辑和价值的平衡、课程各要素之间的逻辑自洽性。

横向维度的"课程"和纵向维度的"课程"相融相合,要素布局与价值升华和谐地存在于课程变革实践的时候,课程改革便具有了高品质课程的整体涌现性。所谓整体涌现性,是指整体具有而其组成部分以及部分之和不具有的特性,一旦把整体还原为它的"组分",这些特性便不复存在。在一定意义上,整体涌现性是系统的根本特征。很明显,这是课程改革的系统思维,这种思维强调横向要素的多元开放性、纵向逻辑的价值递进性,通过资源要素的横向关联和价值要素的纵向推进,形成横纵交织结构、横纵互馈状态、横联纵进效应的高品质整体涌现性。课程改革目标的实现,需要特定的课程要素集聚与价值生成,不同课程要素的不同组合,会产生不同的课程价值。课程改革的系统思维是由课程之"课"和课程之"程"构成的,其中课程之"课"主要是课程要素布局,具有丰富性、整体性、关联性和生成性;课程之"程"主要是课程价值生成，具有过程性、转变性、反思性和超越性。它们共同构成了课程的内涵、特征和方向，诠释了课程作为"跑道"和"奔跑"的全部含义。

《义务教育课程方案（2022年版）》指出：学校要加强课程内容与学生经验、社会生活的联系，强化学科内知识整合，统筹设计综合课程和跨学科主题学习，注重培养学生在真实情境中综合运用知识解决问题的能力，强化课程协同育人功能，充分发挥实践的独特育人功能。课程在任何时代都受制于社会政治经济和文化状况以及受教育者个体状况。因此，从课程价值角度分析，课程改革的系统思维可以从社会学与心理学角度进行分析。从社会学角度分析，课程改革的系统思维反映了社会意义上的课程平衡。这一层面的平衡是要在学校所提供的课程中寻求一定的平衡。它关系到学科的设置、各种学科与活动的时间分配和时间长度，以及教育辅助设施的使用等。课程平衡与社会发展和科技进步有关，课程改革必然要对学校所服务的社会和学校在社会中扮演的角色给予充分的考虑。从心理学角度分析，课程改革的系统思维也反映了学习者个体意义上的课程平衡。这个意义上的平衡，是从儿童身心发展特点角度来考虑的。良好的课程应该是，当个体在课程中的每个领域发展到最佳能力水平时，这种由个体所经验的课程也就达到了平衡。换言之，学校课程应能满足儿童欲在社会立足所需要的技能的、价值的、情感的、审美的、创造的需要。学校课程的平衡与否要看它是否能尽可能使儿童最大限度地发展；满足儿童各方面需要的课程，就是平衡的课程。归纳为一句话就是，课程改革的系统思维要求课程开发在社会要求和个体需要之间保持平衡。儿童在学校中所体验的课程，必须有助于他调整自己以适应这个世界，这些课程能赋予他一定的知识、情感和意志，这些知识、情感和意志将使他有能力去改变那些需要改变的东西。

总之，高品质课程具有整体涌现性、要素平衡性和价值生成性。近些年来，三亚市推进"品质课程"项目，恪守过程性课程改革逻辑，秉承平衡性课程思维方式，采取整体性课程要素平衡方法和聚焦性课程价值聚合策略，多维度深度推进课程改革，获得了许多扎根经验，取得了许多看得见的成效，可喜可贺！

杨四耕
2023年3月20日于上海市教育科学研究院

目 录

总论 / 1
    一、学校整体课程的文化走向 / 2
    二、学校整体课程的文化模型 / 4
    三、学校整体课程的文化自觉 / 6

第一章　历史逻辑：脉络的源流性 / 9

    课程总是处于特定的历史情境和文化脉络之中的，全面认识学校课程发展的历史逻辑与文化脉络，才能更好地把握学校整体课程的文化渊源和现实源流。如果把育人比作植树的话，那么教育就是滋养心根，只有根深才能叶茂。为生命立心、予幸福植根是教育的使命。我们要汲取中华文化的精髓，将传承与创新的美好种子播撒进孩子的心间，润泽生命，滋养心灵，让生命的根系向纵深延展，不断提升生命的质量和高度。

    一、学校课程的历史逻辑 / 10
    二、把握学校课程的历史逻辑 / 11

    文化逻辑　"槟榔花"课程：在儿童心灵深处植根美好 / 12

第二章　价值逻辑：理念的聚焦性 / 35

    学校课程的价值逻辑是指课程在满足学校发展的需要，满足学习者发展的需要，满足教师专业精进的需要中所形成的一种价值逻辑。一所学校应该有自己的价值逻辑，应基于学校整体课程规划把握自己的价值逻辑。对于学校课程的价值定位问题，学校要逐渐形成基于实践的、体现学校办学思想与价值逻辑追求的认识。学校整体课程的价值逻辑是需要通过课程理念的重建、再生形成，并最终发展成一个新的价值、信念和规范的过程。

一、学校课程的价值逻辑　／36
二、学校课程价值逻辑的把握　／37

文化逻辑　"小海燕"课程：让童年属于童年，让天真依然天真　／40

第三章　主体逻辑：目标的完整性　／67

主体逻辑是构成学校课程文化的重要内容。主体逻辑表现为目标的完整性，从构建素质教育要求的新基础教育课程体系的角度来看，完整的课程目标至少要从四个层次去分析。课程目标的思维认知，追求多元，防止单一；课程目标的思维过程，追求实践，防止空想；课程目标的思维反馈，追求创新，防止守旧；课程目标的思维聚焦，追求持续，防止间断。课程目标的科学制定与完整实现，是追求人文素养与科学素养的完美统一。

一、课程目标的思维认知　／68
二、课程目标的思维过程　／69
三、课程目标的思维反馈　／69
四、课程目标的思维聚焦　／70

文化逻辑　"生长力"课程：为每一个孩子设计有力量的学习经历　／71

第四章　学习逻辑：内容的整合性　／121

课程作为学校特色文化发展的核心，是孩子们学习体验的过程，是孩子们认识社会、丰富经历、提升能力的学习过程。课程的学习逻辑是一种"构筑世界""结交同伴""塑造自身"的三位一体的对话性实践。为了促进对话实践的有效开展,课程内容的整合要实现多维关注,打破学科知识的界限,让整个世界成为学生学习实践的媒介。

一、什么是学习逻辑 / 122
二、把握学习逻辑的途径 / 122

文化逻辑 "生命河"课程:生命之川,如此生动美丽 / 124

第五章 实践逻辑:行动的研究性 / 161

实践逻辑的着重点在于行动的研究性,是在实践的基础上总结提高形成理论再指导实践的过程,而行动研究法可将课程落实于实践当中,是课程教育改革探索性的研究方法,其目的不在于建立理论、归纳规律,而是针对课程实践中的问题,在行动研究中不断地探索、改进和解决。

一、学校课程的实践逻辑 / 162
二、实践逻辑的行动研究模式 / 162
三、学校课程行动研究的实践逻辑 / 163

文化逻辑 "醉儿童"课程:让每一个孩子陶醉于爱的海洋 / 164

第六章 制度逻辑:管理的扎根性 / 199

制度是学校课程的逻辑起点。国家对学校课程管理的授权,是学校课程建设的制度逻辑起点。学校课程的制度逻辑就是构建以价值引领为核心的包括组织建设、制度建构、课程实施、评价导航在内的管理体系。其中,价值引领居于引领地位,制度建构是主体,课程实施是路径,评价导航是标准。学校通过提升理念、规范过程、综合评价等措施,加强对课程实施的制度管理,以此来提升教师的课程执行力。

一、学校课程的制度逻辑　／200
二、把握学校课程的制度逻辑　／201

文化逻辑　"起跑线"课程：让每一个孩子向着优秀奔跑　／203

第七章　心理逻辑：认同的自觉性　／241

文化认同是文化群体或文化成员承认群内新文化或群外异文化因素的价值效用符合传统文化价值标准的认可态度与方式。学校课程构建要彰显本土特色文化，认同传统文化，并与新文化有机融合，在寻根的实践中生成，从而走向文化自觉。

一、学校课程的文化认同要彰显本土特色文化　／242
二、学校课程构建需对新文化给予认同　／242
三、寻根与生成是学校课程文化创建的重要路径　／243

文化逻辑　"智慧泉"课程：给予每一个孩子源源不断的力量　／244

后记　／265

总　论

基础教育课程改革与国家经济社会发展密不可分。有学者认为,课程文化的新样态驱动课程质量的整体提高,更好服务于国家高质量教育体系的建设,是当下课程界值得深思的问题。[①] 文化是课程改革与发展的潜动力,课程理论研究与课程改革实践,都是与文化发展息息相关的。课程文化研究是课程理论研究的核心领域,文化不一定表现为课程,但课程的深处一定是文化的。课程文化的核心就是思想或思维方式。课程文化建设要重新审思课程与文化的关系,不断引导学校内涵式高质量发展。

一、学校整体课程的文化走向

基于文化的学校课程既是课程改革的客观要求,也是进一步深化课程改革的必要途径。基于文化取向的学校课程能够深化课程认识,化解课程创新中的深层问题,唤醒课程主体文化自觉。学校课程创新应该是丰盈学生精神生活的过程,实质是一次体验性的文化之旅。这种课程创新应该体现在文以化成的过程之中,文化价值是其根本追求。有学者认为基于文化的学校课程创新,也正是秉持了文化所特有的创造性与超越性,能不断激活创新的内在动力,是一个持续发展的过程。[②] 也有学者认为校本课程开发的多元文化价值诉求,需要更新学校课程哲学,提升文化自觉意识,以一种知识多样性、认识论多样性以及文化多元性的眼光进行文化批判、反思与调适,建构一种基于本土知识与文化的多元文化校本课程,文化自觉是其思想基础和先决条件。[③] 有的学者认为课程与文化有着天然的血肉联系,一方面是文化造就了课程,文化作为母体决定了课程的文化品质,并为课程设计了基本的逻辑规范及范畴来源;另一方面,课程又精练、形成了文化,课程作为文化发展的重要手段或媒体,为文化增值与创新提供核心机制。[④]

我们认为,课程作为文化的重要组成部分以及文化的重要载体,与文化是一种

---

① 文建章.论新时代课程文化的"新常态"[J].当代教育科学,2022(01):31—39.
② 辛继湘,杨志平.学校课程创新的文化取向:动因、特征与路径[J].湖南师范大学教育科学学报,2021,20(04):24—30.
③ 廖辉.基于文化自觉的多元文化校本课程开发[J].中国人民大学教育学刊,2021(01):5—14.
④ 郝德永.课程与文化——一个后现代的检视[M].北京:教育科学出版社,2002:1.

相互生成与建构的过程,课程的本质就是文化,课程是文化的象征,走向文化的课程建设基于学校文化特色、课程架构、师生实况、学校发展规划,课程所蕴含的文化,需结合内在的创新与活力,指向未来。根据文化取向的特性,学校可以通过文化自觉彰显课程创新的意义建构,通过文化互动促进课程创新的文化协同,通过文化变革注入课程创新的持续发展动力。

(一) 课程育人的价值嵌入

文化的核心是价值取向,没有文化走向的课程是没有课程观的课程。课程过程的本质体现为一种价值赋予,体现为一种文化主体的自觉。学校整体课程需要进行顶层设计。学校课程基于"五育"并举全面发展素质教育的理念,探索积极有效的策略,从而落实育人目标,发挥学校课程育人价值。

有学者提出,我们在办学实践中要坚持"文化立校,保障师生身心健康,养育师生国际视野与创新品质"的办学理念,在实践中逐步完善"基础型课程、拓展型课程、探究型课程"组成的立体式课程结构,发挥课程整体功能,凸显课程育人价值,深化素质教育内涵。[①] 课程文化是学生发展之源,在学校课程建设中开展文化育人十分必要。课程文化是学校达成育人目标的路径,也是学校内涵建设、品质发展的关键要素。课堂建设作为一种文化实践,通过挖掘课程知识的文化属性,创设课程学习的文化氛围,可以引导学生建立个体与文化之间的联系。学校文化作为学生观念的价值导向和学习的桥梁媒介,应引领学生理解多元文化,拓宽知识边界达成自我教育。

(二) 特色办学的自觉路径

没有教育哲学,没有文化理念,特色办学将无从谈起。办特色学校首先要理清特色办学和办学特色二者的异同。以特色课程建设为核心路径,以学校文化为底蕴,以学生个性发展为旨归,服务于国家课程,又是其有益的补充。[②] 课程建设的文化走向要注重教育内涵发展,为特色办学提供路径。特色课程建设是学校文化建设的核心,特色课程是学校文化实现育人功能的载体。特色办学是多方面、多路径的。特色办学应面向学生的终身发展和全人教育,植根于学校课程,结合校园文化

---

① 曹莹雯. 课程文化:凸显课程育人价值[J]. 新课程(综合版),2012(07):57—58.
② 王琴. 基于文化视角的特色办学策略分析[J]. 中小学德育,2017(02):17—21.

底蕴,将文化育人融入学生生命成长。基于文化的特色办学可着眼于校园文化环境建设、特色文化项目开展、师生关系和生生关系的创建、评价机制的完善及科研观念的确立等。

(三) 主体生成的审美追求

基于文化的学校课程为师生自然生成审美追求,带来精神愉悦和享受。走向文化的课程建设浸润着生命个体,铺就品质底色,丰富学生的想象力,培养创新意识。具备诗意、美感交融的课程促进学生五育并举。审美教育带领学生在课程中全面提升发现美、感受美、表现美、鉴赏美、享受美、创造美的品质与能力。课程文化带领学生接触周围环境和生活中美好的人、事、物,丰富他们的感性经验和审美情趣,激发他们表现美、创造美的情趣,针对他们的不同特点和需要,让每位学生都能得到美的熏陶和培养。学校美育与学生核心素养的发展、促进教育现代化的发展相协调,能陶冶学生高尚情操,塑造美好心灵,树立远大理想,增强文化自信。走向文化的课程建设重视审美教育的价值,在课程教学、教师队伍、评价机制、条件改善等方面强化美育的育人功能。

二、学校整体课程的文化模型

文化模型是由层级不同的图式构成的复杂的认知模型,为具有某一共同文化背景的人们依据族群、社会阶层等认同而共享。它是人们从文化经验中习得的、相对稳定的对周围世界的解释模式;在人们日常社会话语活动中作为不被意识到或不言明的"前提"或预设而发挥作用;是人们日常大部分情境下据以做出判断和社会行动的具有自发性的机制。[①]

丹尼森组织文化模型是由瑞士洛桑国际管理学院著名教授丹尼尔·丹尼森创建的,该模型从员工授权、团队导向、能力发展、核心价值观、协调与整合、改革推动等维度进行文化测评,是衡量组织文化最常用的模型之一。在丹尼森组织文化模型中,参与性和适应性的两个文化特征注重的是变化性与灵活性;使命和一致性的两个文化特征则体现了组织保持可预测性及稳定性的能力;适应性和使命与相关

---

① 陈小青.文化模型的理论与方法[J].科学技术哲学研究,2017,34(04):108—114.

组织对外部环境的适应能力相关;参与性和一致性强调的则是组织内部系统、结构以及流程整合问题。①

丹尼森组织文化模型是企业进行组织文化诊断的一种有力工具,借鉴丹尼森文化模型,学校整体课程的文化模型也包含12个维度即授权、团队导向、能力发展、核心价值观、一致意见、协调整合、学校愿景、工作目标、发展战略、组织学习、家校关系、创新变革。②

对于学校课程来说,学校整体课程的文化模型应结合基础教育改革趋势,落实立德树人根本任务,充分发挥学生的主体性,同时也要为培养学生能力,发挥学生个性提供良好课程环境。模型的设计要考虑到自身课程文化建设所处阶段,做好学校内部沟通与协调工作,也要体现国家课程的主导性与校本课程的灵活性。学校整体课程通过文化模型的设计与建造从而寻求前进的动力与合力。

我们认为,学校整体课程的文化模型有四个特质,即参与性、一致性、使命性和适应性。学校整体课程内蕴七重文化逻辑(见图1)。

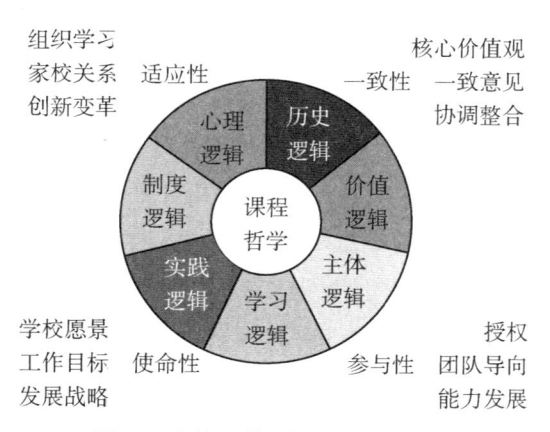

图1 学校整体课程的文化模型

上图中,参与性是指学校应重在培养教职工的工作能力、主人翁精神和对学校发展的责任感。一致性指的是充分发挥学校主体作用,拥有强大且富有凝聚力的

---

① 黄志强.用丹尼森组织文化模型分析安徽大学校园文化[J].现代经济信息,2015(12):417.
② 徐志勇.学校文化对学校效能影响的多元回归模型研究[J].教育科学,2011,27(05):29—35.

学校文化,使教职工有认同感,涉及学校课程整体的不同力量要发挥合力,协调整合,不断优化。使命性指的是学校应周详地制定一系列详细的目标,教职工遵循共同的价值观念、行为规范,整体规划一致。适应性指学校对外部环境发出的信号及时准确作出反应,学校课程应结合不同学校的具体文化特色、教师资源及具体情况组织学习,审时度势,充分发挥学校创新精神。

◇ 三、学校整体课程的文化自觉

所谓"文化自觉",是著名社会学家费孝通先生最早提出的概念。文化自觉指的是生活在一定文化历史圈子的人对其文化有"自知之明",并对其发展历程和未来有充分的认识。[①] 对于学校整体课程建设来说,我们要做好品质课程,实现课程变革的前提是需要有起码的"课程自觉"。课程自觉是人们基于对课程的理性认识,为着课程品质的提升而有清晰的目标意识和科学的路径观念,自觉参与课程变革实践的理性之思与理性之行。[②]

课程自觉主要包含课程自知、课程自在、课程自为、课程自省和课程自立五个方面。课程自知是站在宏观的视角之下去理解和梳理整体的课程框架,是对于可能涉及到的各方面环境和资源有一个清晰的掌控;课程自在是对于目前的现实情况有一个很好的定位,即全面的可行性分析;课程自为则是面对现有情况而进行的最大程度的创新实践,从这里开始需要我们自主进行更加积极的行动;课程自省是对于实践的反思和批判,就像每上完一堂课得有教学反思一样,是为了更好地提升,也可以督促我们不断地思考,为下一次实践提供方向;课程自立是更多突出在完成自主性变革中实现自身的成长价值,也是对人本身的自我约束和定力体现。[③] 我们认为,学校整体课程的文化自觉主要表现在文化逻辑的自觉性上,文化逻辑包括历史逻辑、价值逻辑、主体逻辑、学习逻辑、实践逻辑、制度逻辑和心理逻辑这七个方面。

一是历史逻辑自觉。历史逻辑是理论逻辑产生和发展的现实基础。历史逻

---

① 费孝通.费孝通论文化与文化自觉[M].北京:群言出版社,2005:212.
② 杨四耕.自主性变革:走向课程自觉的美好境界[J].中国教育学刊,2020(05):66—70.
③ 杨四耕.自主性变革:走向课程自觉的美好境界[J].中国教育学刊,2020(05):66—70.

辑，并不表示历史是一种主观的预先安排，而是指一事物从其萌芽、生长、发展到今天，在整个过程中发挥作用的、使得该事物无论结局如何都显得顺理成章的内在原理。我们需要自觉遵循历史脉络的源流性，注重事物发展的历史情境，在不同阶段有不同的历史特点，且具有发展的延续性。

二是价值逻辑自觉。课程能满足主体的一定需要，承载着一定的价值。价值逻辑的自觉主要是从理念的聚焦性来把握，学校需要在整体的教育哲学、育人理念、课程理念等方面实现统一，在价值层面上达成协调，从而为学习者提供真正有助于个性解放和成长的经验。

三是主体逻辑自觉。学校课程建设是多主体参与的课程实践活动，主体逻辑的自觉体现在目标的完整性上，应明确各主体的任务和主体之间的关系，形成多方参与、齐心协力、互相配合的课程建设共同体，从而促进学校课程建设的高质量发展。

四是学习逻辑自觉。学习是同客观世界、同自己、同他人的对话性实践，是一种意义与关系的建构。学习逻辑的自觉强调内容的整合性，是对课程内容的多维关注，更注重学习者学习的主体地位，是以文化性、学术性经验同儿童共同成长的经验与联系性为原理形成的主题单元课程。比如大单元教学更注重于单节课时知识的链接，跨学科教学要求打破学科知识的界限，将碎片化的知识整合，运用多种知识解决实际问题，也更加需要对课程的深度开发。[①]

五是实践逻辑自觉。实践是检验真理的唯一标准。实践逻辑自觉的重点在于行动的研究性，是基于课程教学实践问题而进行的教育行动研究。研究不能脱离课堂教学行动，重心在于行动中发展课程，同时用研究优化行动，其中始终伴随着学习、思考、合作、积累、总结等过程。在这一系列过程中，解决实践问题，提高行动质量，改进实际工作。[②]

六是制度逻辑自觉。制度逻辑是构成一个领域中行为和组织规范的具体实践和符号结构。制度逻辑自觉要看到管理的扎根性。学校既要加强课程管理的意识，精细课程管理理念，完善科学、高效、合理的管理制度，又要牢记立德树人的根

---

① 李伟言.佐藤学学习理论及其对我国的启示[J].教育科学，2007(01)：83—87.
② 邱德乐.教师课程行动研究纲要[J].教育发展研究，2008(08)：53—57.

本育人任务,满足学生个性化发展需求,涵盖课程设计、课程实施、课程评价整个过程,让管理落到实处,紧紧扎根。

七是心理逻辑自觉。认同是指对共同或相同的东西进行确认并赞同、承认并接受的过程。心理逻辑旨在阐明对学校课程文化认同的自觉性,即学校中的教师、学生等个体同群体之间的课程文化理念、思维模式和行为规范在价值上的认同与选择。①

(撰稿者:任支钰、李皛真)

---

① 李灿金.认同理论研究多学科流变[J].贵州大学学报(社会科学版),2014,32(01):103—108.

第一章　历史逻辑：脉络的源流性

◆

　　课程总是处于特定的历史情境和文化脉络之中的，全面认识学校课程发展的历史逻辑与文化脉络，才能更好地把握学校整体课程的文化渊源和现实源流。如果把育人比作植树的话，那么教育就是滋养心根，只有根深才能叶茂。为生命立心、予幸福植根是教育的使命。我们要汲取中华文化的精髓，将传承与创新的美好种子播撒进孩子的心间，润泽生命，滋养心灵，让生命的根系向纵深延展，不断提升生命的质量和高度。

文化是课程之魂。学校文化是一种氛围,更是一种精神,它是学校发展的灵魂所在。校园内的一草一木,无不彰显着对教育的深刻理解。学校文化要与课程相匹配,课程是文化的载体,是传承时代精神的载体。学校课程根植于文化传统,它具有深厚的文化底蕴、深远的历史逻辑。

一、学校课程的历史逻辑

不同学校,课程是不同的,学校文化使课程建设独具特色;学校发展的不同阶段,课程也是不同的。课程总是处于特定的历史情境和文化脉络之中的,全面认识学校课程发展的历史逻辑与文化脉络,才能更好地把握学校整体课程的文化渊源和历史脉络的现实源流,更能落实"五育并举"。

课程是学校育人的媒体和蓝图。学校整体课程总是和学校发展的历史同源,具有历史性,应符合学校课程的历史逻辑。

第一,学校课程发展具有阶段性。理解一所学校的课程,要深刻理解它的历史逻辑,要将学校课程发展置身于学校发展的历史进程中剖析。学校课程根植于文化传统,它有不同的发展阶段,从古代的"四书五经"到现代的规范教育,从最初的一支粉笔、三尺讲台到如今"核心素养"的3.0时代,随着社会文明的进步,学校课程呈现不同的发展动态。

第二,学校课程发展具有连续性。学校课程处于特定的历史情境和脉络中,随着社会的发展,它也在不断地发展,不同的发展阶段,既体现学校整体课程的一脉相承,又在不断地创新发展。所以,学校课程发展具有连续性。

第三,学校课程发展具有进阶性。美国学者古德莱德针对课程定义的层次性问题,提出五种不同类型的课程,即理想的课程、正式的课程、领悟的课程、实施的课程、体验的课程。课程文化的主体是多元的,并非单一的,不同的课程类型其主体是不一样的,如实施的课程的主体是教师,体验的课程的主体是学生等,课程文化的主体总是在不断地变化着,课程文化其内容指向主体的发展。[①] 所以,学校整体课程的文化逻辑具有层次性、进阶性。

[①] 谢小泉.试析课程文化的典型特征[J].广西教育,2012(10):4+6.

总之,在不同的历史阶段,学校课程发展的主题、对象和内容有所不同,但其教育目标都是实现中华民族伟大复兴。学校课程是对中华优秀传统文化的守正与创新,是对教育思想的继承与发展,深刻把握学校课程发展的历史逻辑具有重要意义。

二、把握学校课程的历史逻辑

有学者认为,课程文化之所以是一种独特的文化就在于其内容指向主体的发展,即课程的组织必须考虑主体的发展情况,不仅要关注主体发展的连续性和阶段性,如主体的身心特点、思维方式、认知结构等,而且要考虑到主体发展的非连续性和间断性,从而实现主体发展连续性和非连续性的统一。因此,学校课程的历史逻辑需要从以下几点去把握。

首先,把握学校课程发展的阶段性。就课程文化的意义而言,课程文化的主体是多元的,并非单一的。从课程的设计、编制到实施、评价以及课程的管理,课程文化的主体总是在不停地变化着,其中有课程的设计编制者、课程行政管理者、校长、教师、学生等不同的文化主体。[①] 所以,学校课程始终不断发展,且有不同的发展阶段。

其次,把握学校课程发展的连续性。纵观教育发展与课程演化的历史,"课程"与"育人"具有历史性、必然性的内在联系。课程的最终目的是传承人类文化和培养创造新文化的人,它还具有传承性。我们需要正视学校的文化传承,守正创新,在坚守学校特色课程的过程中,挖掘符合学校实际的新增长点,一同打造符合时代特征的品质课程,让课程建设为学校的高质量发展奠定坚实的基础。由此可见,把握学校课程的历史逻辑,必须把握学校课程发展的连续性。

最后,把握学校课程发展的进阶性。学校课程必须与时俱进,应遵循学生身心发展规律和内在的逻辑,根据学生发展的需求,体现连贯性、进阶性。2022 年版义务教育课程标准提出:注重继承我国课程建设的成功经验,充分借鉴国际先进教育理念,进一步深化课程改革。强化课程综合性和实践性,推动育人方式变革,着力

[①] 谢小泉.试析课程文化的典型特征[J].广西教育,2012(10):4+6.

发展学生核心素养。凸显学生主体地位,关注学生个性化、多样化的学习和发展需求,增强课程适应性。坚持与时俱进,反映经济社会发展新变化,科学技术进步新成果,更新课程内容,体现课程时代性。由此可见,把握学校课程的历史逻辑,必须把握学校课程发展的进阶性。层层递进,有序衔接,进阶式的课程体系需遵循教育的规律。

地处天涯古村的槟榔小学,以本土的黎族文化为根,提出"植根教育"之哲学,基于"为生命立心,予幸福植根"的办学理念和"在儿童心灵深处植根美好"的课程理念,开发了"槟榔花"课程体系,其中包含"语根课程""慧根课程""美根课程""善根课程"四大课程板块。清晰的价值追求为学校课程指引方向,浓郁的文化氛围为课程发展奠定基础,丰富的课程资源为课程提供坚实保障,专业的教师队伍为课程提供有力保证。通过学校课程传承与延续当地的少数民族文化,加深学生对少数民族传统文化的热爱,扎根深处,积蓄生命的力量,学生在课程的引领下,提升文化品位,做一个亲乡土、爱家国、有根、有大智慧的人。

总之,学校的课程除了具有传统主流文化的作用,还应该承担起传承的重任。它应融入教育的发展史,传播教育的人文价值,且面向未来,使学校课程在传承中得以发展,在发展中得以创新。

(撰稿者:邢琼芳)

文化逻辑　"槟榔花"课程:在儿童心灵深处植根美好

"美丽三亚,浪漫天涯",在云雾缭绕的山脚下,蜿蜒流淌的槟榔河畔,有一座扎根于泥土的小学,默默地守护着莘莘学子,静静地诉说着历史变迁,这就是三亚市天涯区槟榔小学。槟榔小学创建于1951年,1962年迁址至黄猄一村与槟榔初小合并升格为完小(一至六年级),更名为槟榔小学,1965年迁址至现在校址,至今已有70余年的办学历史。学校服务辖区为天涯区槟榔村委会,共16个村民小组,是一所纯黎族农村小学。学校现有学生540人,分设12个教学班;在职教师37人,职工8人。在职教师本科学历17人,大专学历18人,中师学历2人;高级教师1人,一级教师9人,二级教师13人,市级骨干教师2人。学校占地面积11 177平方米(约17

亩),校舍建筑面积5346平方米。校园内配套设有现代化设备的多媒体教室12间,教师办公室4间,党建活动室、多功能报告厅、图书室、阅览室、电脑室、音乐室、美术室、舞蹈室、科学实验室、建模车模活动室、少先队室、心理咨询室、体育器材室各1间。校藏图书种类23种,藏书量10 900余册。校园以种植树木、花草为主,校园绿化覆盖率达60%以上。近年来,按国家义务教育均衡学校的发展要求,学校构建"全面发展,培养特长"的办学模式,坚持"为生命立心,予幸福植根"的办学理念,建构现代化的农村和谐校园。学校办学历史悠久,人杰地灵,文化底蕴浓厚。经过历届领导班子精心打造,学校布局合理,绿树成荫,环境整洁雅致,校园安定有序,人际关系和谐,洋溢着民主公平、诚信友爱、充满活力的和谐发展氛围,促进了学校全面、协调、可持续发展,真正成为了师生工作、学习、生活的乐园。学校党支部和党员教师充分发挥战斗堡垒和先锋模范作用,领导班子带领全体教职工,求真务实,勇于进取,亲力亲为,奉献担当,强化管理,在全校师生的共同努力下,各项工作取得可喜的成绩,教育教学质量稳步提高,受到了上级领导的好评和老百姓的认可。学校依据教育部《关于全面深化课程改革落实立德树人根本任务的意见》(2014年)《关于深化教育教学改革全面提高义务教育质量的意见》(2019年6月23日)之精神,推进学校课程深度变革,取得了可喜的成效。

第一部分 学校课程情境

学校课程情境分析是课程研制的首要环节,是学校课程模式凸显个性的客观基础,是学校课程适切性的重要前提。脱离学校实际情境的课程规划是没有意义的,无益于学生发展。

一 清晰的价值追求为学校课程指引方向

学校以"为生命立心,予幸福植根"为办学理念,在长期的教育教学实践中,围绕学校龙头课题《基于黎族文化传承的特色课程建设》开展品质课程建设,凝练学校特色,努力办成校园美(营造集黎族文化元素与社会主义核心价值观、以"诚信、感恩、笃学、传承"为主题的校园文化氛围)、特色明(通过实施黎族文化特色三类课程,彰显学校办学特色)、师资优(建设一支敬业、严谨、博学、善导的师资队伍)、学生乐(让每个学生在乐学、善思、合作、创新中发展)的优质乡村小学。

二　浓郁的文化氛围为课程发展奠定基础

（1）借助市关工委授予的"传承民族文化教育基地"为平台，学校把竹竿舞作为校园特色大课间活动。同时，大力推广"非遗"文化，积极推进"非遗"黎陶工艺、黎族乐器、黎族方言讲故事、槟榔文化等黎族传统文化进校园，编写"槟榔花"特色课程规划，制作"槟榔娃"卡通形象，推行"最美槟榔娃"评价机制。

（2）推动黎族文化"寻根"活动，组织师生参观黎族文化博物馆，发动老师和学生寻找有关黎族传统文化的民间故事、传说、民俗风情、生产生活用具、劳动工具等，加深学生对少数民族传统文化的热爱。

（3）校园文化建设融入黎族文化元素，着力打造具有浓郁少数民族文化特色的校园，提高学生热爱本民族文化的兴趣，提升学生的文化品位，让学生记得住乡愁。

三　扎实的学科建设为课程提供肥沃土壤

扎实的特色学科建设是我们一直努力的方向。学校长期以来致力于以校为本的特色学科建设：体育学科的竹竿舞，手工学科的黎陶制作工艺，音乐学科的灼吧乐器，美术学科的科幻画，英语学科的故事会，语文学科的阅读、口才训练，科普学科的车模建模等，所有活动既面向全体学生，又突出特长，让每个孩子在各个学科都能学有所得、学有所长。

四　丰富的课程资源为课程提供坚实保障

天涯区槟榔小学位于风景优美的槟榔河畔，是一所纯黎族农村小学。契合我校以传承少数民族文化为发展愿景的课程建设理念。村中的槟榔河、黎族文化博物馆等为学校的课程建设提供了丰富的资源。学校优美的环境可以陶冶学生的情操，美化学生的心灵。学校对校园文化进行整体规划，力求布局合理，功能齐全，和谐美观，让校园的每一个角落都与学校理念相结合，体现育人功能，力求达到一步一景、一景一教育。

五　学校品牌影响力为课程提供动力

经过华丽蜕变的槟榔小学从原来的办学规模小、学生少、基础薄弱发展到今天的特色明、师资优、学生乐，得到了上级、社会、家长的认可，具有一定的品牌影响力。

学校各项管理已步入制度化、规范化和示范化。我校 2018 年和天涯区金鸡岭小学结为天涯区教育局小学第三教育联盟，2019 年与上海市长宁区古北路小学缔结成友好学校，学校近几年来先后被评为"三亚市传承民族文化教育基地""海南省教育厅美育名师特色基地实验学校""三亚市中小学(幼儿园)品质课程实验学校""三亚市德育先进学校""三亚市陈人珊卓越校长工作室基地学校""三亚市欧月清小学语文卓越教师工作室基地学校",荣获"三亚市第三届经典诵读比赛二等奖"、代表海南省参加2019年全国青少年车模建模总决赛,被三亚市教育局评为"小学教学进步奖"单位和优秀教研单位,被天涯区教育局评为"乡村小学学业水平质量监测优秀单位""教育教学成果优秀单位"等,近三年来我校教师先后有四十多人次被评为市、区级"优秀班主任""先进教师""先进工作者""师德标兵"和"教坛新秀"等;全校师生有近一百多人次分别获得过国家、省、市、区多项比赛的一、二、三等奖。我校立德树人,以教学质量、学生的精神风貌赢得广泛的社会声誉,得到了社会各界的充分肯定和高度赞扬。

第二部分 学校课程哲学

学校课程哲学是指一所学校课程变革信奉的理念和价值追求。学校课程哲学为更好地保障立德树人根本任务的落实提供了理念基石,学校课程哲学的独特性和坚定性有利于凸显学校课程模式的个性,有利于凸显学校课程变革的价值追求。

一 学校教育哲学

一位哲人曾这样说,没有哲学的教育是盲的,没有教育的哲学是空的。地处天涯古村的槟榔小学,以本地的黎族文化为根,因此学校提出"植根教育"之哲学。所谓"植根"就是扎根,就是深入到人或事物中去,打下坚实基础,积蓄生命的力量。"植根教育"就是"立本"的教育,就是真正的教育,是根深叶茂的教育,"根"在何处,教育便在何处。《大学》说得好:"自天子以至于庶人,壹是皆以修身为本。"教育之要,不在其外,而在其心,"植根教育"说到底就是立心教育。因此,"植根教育"是立心成人的教育,是直达儿童心灵之根的教育。

"植根教育"是结合本地域实际,以传承少数民族文化为发展愿景的学校教育实践,旨在加深学生对少数民族传统文化的热爱,扎根深处,积蓄生命的力量,提升学生的文化品位,绽放大智慧,记得住乡愁,亲乡土,爱家国,让师生都能拥有更完美的人性和追求无限可能的教育,做一个有根的人。因此,我们提出办学理念:为生命立心,予幸福植根。我们的教育信条如下:

我们坚信，

教育就是滋养心根；

我们坚信，

学校是滋养心灵的圣地；

我们坚信，

每一个孩子都是一朵盛开的槟榔花；

我们坚信，

为生命立心、予幸福植根是教育的使命；

我们坚信，

在儿童心灵深处植根美好是教育最美的姿态。

二 学校课程理念

学习是一种内在的生长，是每一个孩子积蓄成长力量的过程，它需要以课程为载体，以培养孩子的综合素养为目标，因此，在"为生命立心，予幸福植根"的办学理念引领下，学校提出如下课程理念：在儿童心灵深处植根美好。其具体内涵如下。

课程即生命沃土。生命的意义，在于有正确的人生观，只有这样才能使宝贵的生命焕发灿烂的光辉，才能感受到生命的幸福。我们致力于推动基于课程向度的仪式创意与空间设计，关注学习方式的多变性、学习空间的多元性与舒适性、学习资源的丰富性和易得性，让所有的课程都释放出教育价值，让所有的孩子都能从课程中为生命立心。课程成果的形成、展示、发布、分享成为校园里最美丽的绽放，让课程成为生命的沃土，展现出生命成长的气息和活性，这是课程的一个重要表征。学生有其自身的发展规律，作为教育的载体，课程承担着学生发展中转折点的作用。课程开发以学生不断进步为目的，丰富课程种类，调整课程实施途径，让学生在课程中感受成就，遇见更加美好的自己。

课程即内在生长。课程要尊重孩子自己的兴趣和需要，满足孩子们强烈的好奇心和求知欲，为孩子们提供丰富的课程和学习环境。课程就是心灵成长，是孩子们生命成长的阳光雨露，能让孩子们在学习与环境的教育作用中主动建构知识。营造一个健康和谐的、自主学习探究的环境，在"主体意识"思想指引下，孩子们内在的生长力得以充分迸发，他们以主人的身份，自主、自由地学习，内驱力在这片沃土尽情释放。

  课程即植根美好。种子是生命的希望,寓意着崭新和开始,是一种精神象征,一种美好向往。槟榔种子扎根土壤,自由生长,孕育着新的生命。每一个孩子都是一粒槟榔种子,每一门课程都是阳光雨露,每一个教师都是一位园丁。在园丁的精心培育下,种子在坚强拼搏中,积蓄成长的力量,终将破土而出,茁壮成长,花开遍地。

  课程即幸福绽放。为生命立心,予幸福植根。教育的主要目的在于使学生获得幸福。幸福是孩子们的笑脸,帮助学生追求幸福,在孩子们的心中植根美好是学校一直秉承的教育理想。学校为每一位教师、为每一名学生的发展提供土壤,最大化地提供个体发展的空间,尊重每个人的个性差异和个性潜能,让每一个孩子健康、幸福成长,让每一个孩子拥有幸福童年和幸福人生,让校园成为幸福的家园,让孩子在课程的引领下,做一个亲乡土、爱家国、有大智慧的人。

  基于上述课程理念和价值追求,我们定位学校课程模式为"槟榔花"课程。槟榔树代表正直,槟榔果寓意美好,槟榔花象征幸福。我们期待,通过科学、规范、丰富、特色的"槟榔花"课程,在孩子们心灵深处扎根美好,让每一个孩子都能茁壮成长,花开遍地!

第三部分 学校课程目标

  学校课程建设服务于育人目标的实现,课程是学校教育的主要载体,是培养目标实现的主要内容与途径。

一 育人目标

  学校的育人目标是:做一个有根的人。其具体内涵如下:

——亲乡土,爱家国;

——有情怀,乐生活;

——大智慧,爱探索;

——心灵美,幸福多。

  我们期望,槟榔学子既要有文化修养大智慧,又要有质朴的性情;既要有蓬勃向上的朝气,又要有扎根泥土的家国情怀,幸福、美好会扎根于每一位独具个性的槟榔学子的心灵深处!

二　课程目标

为了凸显学生课程需求,满足学生自主发展,鼓励学生充分参与,结合学生年龄差异,我们将"槟榔花"课程目标划分为低中高三个阶梯(见表1-1)。

表1-1　槟榔小学"槟榔花"课程目标表

	低年级	中年级	高年级
亲乡土 爱家国	有礼貌讲卫生,养成良好的生活和行为习惯,懂得基本的道德规范和文明礼仪;与同学友好相处;主动帮爸妈做力所能及的家务;乐于帮助他人;拥有诚实守信的品格;爱学校、爱父母、爱老师、爱同学、爱家乡、爱祖国。	从小事做起,举止文明;自觉遵守行为规范和校规校纪,养成良好的学习、生活和行为习惯;和老师、同学和睦相处,尊重他人;愿意倾听,乐于表达;理解他人,有责任心;积极参加学校各项活动,培养多种兴趣爱好;爱学校、爱父母、爱老师、爱同学、爱家乡、爱祖国。	能明辨是非,能站在他人立场理解问题;孝敬父母,学会感恩;做事有责任心,能包容、敢担当,愿意为集体服务,具有积极向上的人生态度和良好的心理素质;积极参加学校各项活动;遵守社会公德,养成文明的行为习惯;具有良好的爱家乡、爱学校、爱人民、爱祖国的思想情感和良好品德。
大智慧 爱探索	对学习有兴趣,能对日常常见问题提出"为什么";掌握低年段文化课程标准规定的知识;培养良好的学习习惯;喜欢阅读并能与他人简单地交流。课堂上能主动思考,积极发言;乐于探索,具有基本的动手操作能力,感受科学探究的乐趣。	热爱学习,形成浓厚的学习兴趣,掌握中年级文化课程标准规定的知识;养成良好的学习习惯,独立思考,能表达自己观点,有自己的兴趣爱好,坚持阅读;自主探究、动手实践、合作交流、反思质疑、展示分享;能应用所学的知识和技能解决问题,并初步会将所学的知识与技能运用于生活。	热爱学习,乐于学习,学会学习,保持积极主动的学习兴趣,掌握高年段文化课程标准规定的知识;养成良好的学习习惯和一定的自主学习能力,具有大胆创新和主动探究的意识,对问题有自己独特的见解和看法,并勇于发表;善于合作,善于创作,善于发现问题、提出问题,并能熟练应用所学的知识和技能解决问题。

续　表

	低年级	中年级	高年级
有情怀 乐生活	乐意与小伙伴交往,拥有积极乐观的生活态度;有健康、阳光、快乐的心理;能感受生活的美好;乐于参加各种游戏活动;具有积极的劳动态度,掌握一定的劳动技能,培养适应小学生活的能力。	有健康、阳光、快乐的心理;感受生活的美好;有健康的生活方式,形成积极进取、乐观开朗的生活态度;具有积极的劳动态度,养成良好的劳动习惯;学会一定的自我保护技能。	有健康、阳光、快乐的心理;能感受生活的美好;有健康的生活方式,形成积极进取、乐观开朗的生活态度;在劳动中感悟,获取美的感受以及劳动带来的乐趣和成就感;了解青春期的卫生保健知识,有较强的自我保护技能。
心灵美 幸福多	积极参加体育活动,乐于锻炼身体,感受运动给自己的生活带来的乐趣;简单认识艺术的各种知识,初步了解唱歌、乐器演奏、舞蹈、画画等艺术活动,能用喜欢的方式表达自己对美的感受;培养积极、向上的生活态度,感受生活的美好、幸福。	积极参加体育锻炼,掌握基本的运动技能,养成坚持锻炼身体的习惯;学习和认识各种艺术的初步技能,能自然地运用,并能慢慢理解艺术的各种背景及相关文化;有一定的欣赏美的能力,通过开放式和趣味性的艺术学习,积累情感经验,在探究中自主创作,感受生活的美好、幸福。	能积极参加各项体育运动,形成灵敏、力量、耐力、协调等身体素质,通过国家体质健康测试,乐于运动,享受快乐,激发潜能,锻炼意志;有一定的欣赏美的能力,通过开放式和趣味性的艺术学习,培养一项自己的艺术爱好,充满自信,展示自己的艺术特长;感受生活的美好、幸福,并且能感染身边的人。

第四部分　学校课程体系

学校课程设计要为孩子指引明确的发展方向,要体现学校的实践历程,在学校现有文化基础上进一步完善学校课程框架,实现学校的发展愿景。

一　学校课程逻辑

基于学校的教育哲学、办学理念、课程理念以及课程模式,我们形成自己独特的课程体系,多维度推进学校课程深度实施,具体课程逻辑见图1-1。

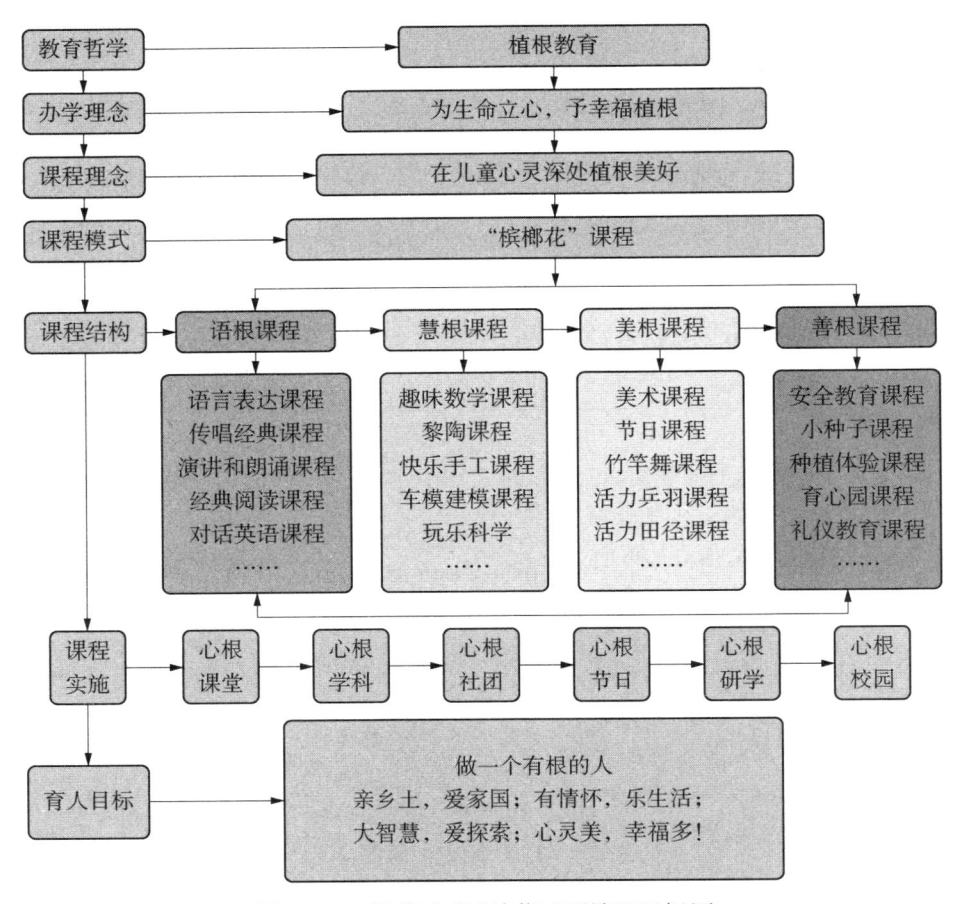

图1-1 槟榔小学"槟榔花"课程逻辑图

二 学校课程结构

学校将"槟榔花"课程设置为四大课程领域,包含语根课程、慧根课程、美根课程、善根课程(见图1-2)。各板块课程具体如下。

1. 语根课程

"语根课程"指向语言与表达,学生乐于交流,拥有沟通智慧。包含以下课程:绘声绘色、小导游、美音美词、演讲与朗诵、经典阅读、传唱经典等。

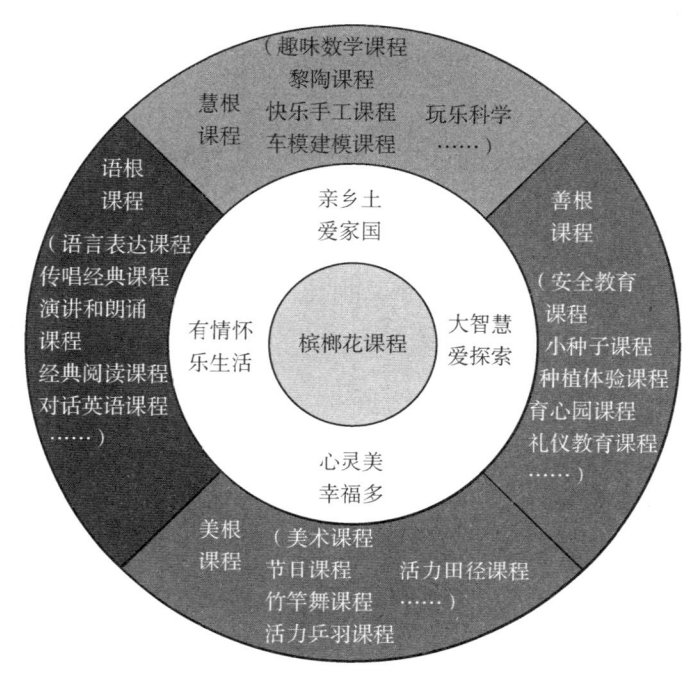

图 1-2 槟榔小学"槟榔花"课程结构图

2. 善根课程

"善根课程"崇尚德行至正,学生乐于洋溢美德,拥有正向的行为。包含以下课程:礼仪教育、安全教育、感恩教育、文明学员、心理健康等。

3. 慧根课程

"慧根课程"崇尚思维至活,学生乐于分析思考,拥有严谨的逻辑,崇尚科学,乐于探索实践,拥有创新意识。包含以下课程:数一数二、趣味数学、数学乐园、神机妙算、科学故事、科普讲堂、有趣探索等。

4. 美根课程

"美根课程"指向艺术与审美、运动与健康,学生乐于锻炼身体,拥有健康的身心,乐于发展特长。包含以下课程:蹦蹦跳跳、快乐奔跑、乐动心弦、唱游童年、拼拼贴贴、竹竿舞、活力篮球、活力田径等。

三 学校课程设置

基于上述课程结构,除基础课程之外,学校1—6年级拓展课程设置如下(见表1-2)。

表1-2 槟榔小学"槟榔花"课程设置表

	语根课程	慧根课程	美根课程	善根课程
一上	趣味字母 童声琅琅 我爱说话 趣味识字 故事比一比	数一数二 数学乐园 看一看	蹦蹦跳跳 唱响童年 画一画 拼拼贴贴	礼仪教育 井井有条 文明学员 安全教育 开心节日
一下	趣味字母 童声琅琅 说一说 趣味巧识 故事比拼	数一数二 数学乐园 看一看	我爱跳跳 唱响童年 快乐画画 拼拼贴贴	礼仪教育 井井有条 文明学员 安全教育 开心节日
二上	中国汉字 我爱表达 绘本故事 开心阅读 绘声绘色	计算小能手 快乐手工 小小发明 数学故事	快乐奔跑 槟榔童音 竹竿舞 画出彩虹	文明之星 安全教育 我爱劳动 小种子课程 感恩教育
二下	中国汉字 我爱表达 绘本故事 开心阅读 绘声绘色	计算小能手 快乐手工 小小发明家 数学故事	快乐奔跑 槟榔童音 画出彩虹 竹竿舞	文明之星 安全教育 我爱劳动 小种子课程 感恩教育
三上	习字修身 故事大王 阳光阅读 绘声绘色 小导游 对话英语	趣味数学 模型专家 黎陶手工 科学故事 神机妙算	乐动心弦 美妙涂鸦 田径小将 快乐竹竿舞 灼吧	安全教育 自然日记 我爱劳动 心理健康 感恩教育 缤纷节日

续 表

	语根课程	慧根课程	美根课程	善根课程
三下	习字修身 故事大王 阳光阅读 小导游 美音美词 对话英语	趣味数学 模型专家 黎陶吧 科学故事 神机妙算	乐动心弦 美妙涂鸦 田径小将 快乐竹竿舞 灼吧	安全教育 自然日记 我爱劳动 心理健康 感恩教育 缤纷节日
四上	智慧阅读 小导游 美音美词 演讲与朗诵 阳光英语	我型我塑 黎陶吧 科学故事 玩转数学 科普讲堂	吹音如梦 开心竹竿舞 活力篮球 笔墨生花 灼吧	种植体验 育心园课程 小小实践家 感恩教育
四下	智慧阅读 小导游 美音美词 演讲与朗诵 阳光英语	我型我塑 黎陶手艺 科学故事 玩转数学 科普讲堂	吹音如梦 开心竹竿舞 活力篮球 笔墨生花 灼吧	种植体验 育心园课程 小小实践家 感恩教育
五上	经典阅读 古村小导游 美音美词 演讲与朗诵 传唱经典 快乐英语	活学活用 黎陶艺术 玩转数学 科普讲堂 有趣探索	家乡图腾 缤纷竹竿舞 活力乒羽 健步如飞 余音绕梁 灼吧	小小园丁 育心园课程 社会实践 法治教育
五下	经典阅读 古村小导游 美音美词 演讲与朗诵 传唱经典 快乐英语	活学活用 黎陶艺术 玩转数学 科普讲堂 有趣探索	家乡图腾 缤纷竹竿舞 活力乒羽 灼吧 健步如飞 余音绕梁	小小园丁 育心园课程 社会实践 法治教育

续　表

	语根课程	慧根课程	美根课程	善根课程
六上	花语阅读 小小演说家 音美词 演讲与朗诵 传唱经典 植根英语	数学城堡 创意黎陶 车模建模课 七巧板 小小科学家	大好河山 大团结竹竿舞 活力乒羽 田径健将 乐动心弦	法治教育 小小园艺工 百草园课程 社会实践 毕业感恩季
六下	花语阅读 小小演说家 美音美词 我是主持人 传唱经典 植根英语	数学城堡 创意黎陶 车模建模课 七巧板 小小科学家	大好河山 大团结竹竿舞 活力乒羽 田径健将 乐动心弦	法治教育 小小园艺工 百草园课程 社会实践 毕业感恩季

第五部分　学校课程实施与评价

课程的实施与管理体现了对课程理念的贯彻与执行,这就要求学校要为学生创设民主的、人文的课程学习环境,使之成为发展自我的内在需求。学校通过建构"心根课堂、心根学科、心根社团、心根节日、心根研学、心根校园"等方式,推进各类课程有效实施,通过做活"植根教育",凸显校园文化隐性课程。

一　建构"心根课堂",提升课程实施品质

课堂是学校教育的主阵地,是推进课程实施的主渠道。"心根课堂"是围绕孩子核心素养培养的课堂,在理性严谨与淳朴中推动学科育人,提升课程实施品质,包含以下六个要素。

1. 教学目标:饱满

"心根课堂"教学目标注重饱满。"心根课堂"是饱满的课堂。学校课程在实施过程中,培养符合新世纪需要的有为少年。这样的学生,具有扎实的基础知识、丰富的情感世界、正确的价值取向;具有适应终身学习的技能和方法,学会收集判断和处理信息;具有初步的科学与人文素养、环境意识;具有较强的体魄、顽强的意志、积极健康的生活方式和审美情趣;学会交流与合作,具有团队精神;初步具有面向世界的开放意识。

2. 教学内容:丰富

"心根课堂"教学内容注重丰富。"心根课堂"是丰富的课堂。教学内容广泛丰富,涉及语文文学领域、数学学习领域、自然科学学习领域、社会科学学习领域、艺术学习领域、体育健身学习领域。课程内容是课程组织中最为核心的要素,基础教育课程存在一定的局限性。学校在教育过程中结合地方文化和社会资源努力创设更广泛的课程内容,让孩子全方位了解人文素养、科学技术、体育艺术传承文化等方面的学习内容,让孩子在多样化的学习材料中阅读人生、阅读社会,形成自己的个性。

3. 教学过程:情趣

"心根课堂"教学内容注重情趣。"心根课堂"是情趣的课堂。学校教学过程是师生生命成长的过程,在这个过程中培养学生良好的学习习惯和自学能力;培养孩子主动探究、乐于实践、团队合作的能力;培养孩子勇于面对困难、克服困难的信心与毅力;培养孩子敢于质疑、独立思考、积极乐观的求学态度;培养孩子健康的心理素质与生存技能,在不断探索发现实践中,孜孜追求,尝试并获得成功的喜悦。

4. 教学方法:迁移

"心根课堂"常用迁移教学法。根据心理学的研究,先前的学习会对当前的学习产生影响,或者当前的学习会对先前的学习产生影响。这种现象就是迁移。迁移有正迁移和负迁移。"心根课堂"中教师依据"迁移规律"在教学中努力实现正迁移,防止负迁移,设法为新知识的生长提供联系的"认识桥梁";再通过引导学生类比推理,沟通新旧事物之间的联系,通过比较、分析、综合,对事物进行抽象、概括,以达到举一反三、触类旁通。

5. 教学评价:多元

"心根课堂"讲究多元教学评价。多元评价观点下的教学,实质上是对学生知识建构过程的介入。教师教学评价方式有五项基本原则:一是评价是多角度的,二是评价关注学生不同阶段的成长,三是评价要反馈教学信息,四是正式与非正式评价同等重要,五是学生是主动的自我评价者。多元教学评价包括多种不同评价方式,如实作评价、动态评价、变通性评价、卷宗评价、真实评价、直接评价等。实作评价是指在学生生活和学习的情景里,通过对学生完成实际作业表现的观察,依靠教师的专业判断,对学生学业成就进行整体判断的教学评价方式,最终评价可视为一种以收集学生作品集为特色的习作评价。这种评价,通过有目的地搜集学生作品,用这些作品来呈现学生在一个或多个领域内的进步和成就。实作评价是多元评价的主要方式,卷宗评价可视为实作评价的一种形式。

6. 教学文化:有爱

教育根植于爱,爱是教育的灵魂;只有融入了爱的教育才是真正的教育。"心根课堂"以"爱"为教学文化氛围。泰戈尔曾说:"爱是亘古长明的灯塔,它定睛望着风暴却兀不为动,爱就是充实了的生命。"我们以"有爱"为师生教学实践开展的基础,以"有爱"为学习与教学活动的文化。教师在课程实施的过程中用爱去包容、去鼓励、去指导、去创造,以实现孩子的快乐成长,从而做一个全面发展、有爱、有根的人。

二 建设"心根学科",丰富学科课程内涵

学科课程是凸显学校办学特色的重要路径。"心根学科"是槟榔小学推进学科特色建设的有效途径和实施策略,"心根学科"是唤醒、追求学生素养提升的学科。"修身之要,不在其外,而在其内,即在心,立心方能成人。""心根学科"是老师和学生心灵浸润心灵的教育。

在"槟榔花"课程理念的指导下,我们依据学生终身发展的需要,结合学校的学科基础,构建"1＋X"学科课程群,发掘学科特色,提升核心素养,从而打造学校的"心根学科"。"1＋X"课程是指基于学科课程,延伸拓展、自主研发丰富的课程,以形成具有学校特色的学科课程。

1. "植美语文"课程群

我们认为"植美"是学校语文课程的核心精神,用美的精神去打造语文学习,让学生在学习中体会中华文化之美。"植美语文"是"体会美"的语文,它亲近学生的生命感受。"植美语文"是"塑造美"的语文,它滋润学生的学习情趣。"植美语文"是"内化美"的语文,它带动学生的审美成长。我们重视语文课程对学生思想情感所起到的熏陶感染作用,注意课程内容的价值取向,体现社会主义核心价值观体系的引领作用,突出中国特色社会主义共同理想,弘扬以爱国主义为核心的民族精神和以改革创新为核心的时代精神,树立社会主义荣辱观,培养良好的思想道德风尚。我们以"心根"为始,引领学生自然成长,以"植美"为终落实学生的核心素养。

2. "快乐英语"课程群

针对农村英语比较薄弱、学生缺乏自信心的现状,同时基于英语学科核心素养,学校以"快乐英语"为核心理念,鼓励学生积极主动开口表达英语,激发学生学英语的兴趣。课程类型丰富,教学目标多元,学生乐学,兼顾全体学生,努力激发学生学习英语的兴趣,培养学生思维品质,提升学生综合语言应用能力。

3. "趣味数学"课程群

"趣味数学"课程群是基于数学学科基础知识开发的,以发挥学生的主观能动性和聪明才智为前提,通过学习数学知识与技能,激发学生学习数学的兴趣,发展学生思维水平,培养学生创新能力的系列课程组合。一、二年级的课程实施主要是让学生体验学习的乐趣,愿意参加数学活动;三、四年级主要通过数学活动培养学生的数感,初步建立数学思想,能够主动发现问题并独立思考解决问题的方法;五六年级则通过兴趣引领使学生掌握一定的学习方法、学习技能,获得一些初步的数学实践活动经验,感受数学在生活中的作用。

4. "活力体育"课程群

学校广泛开展校园各项体育活动,普及运动知识和技能,系统科学、有规律地将音乐、舞蹈元素介入大课间中,促进学生协调能力的发展,改善学习氛围,激发学生的兴趣爱好,增强学生体质,培养学生团结协作的精神品质,全面提高广大学生的体质和体能,促进学生全面发展。作为三亚市传承民族文化教育基地,学校通过开展校竹竿舞系列活动,让学生乐于锻炼身体,拥有健康的身心。从一年级开始练习跳竹竿,可以发展跳跃能力、腿部力量、身体的协调性,从而为学生参加各项体育运动打下基础。同时借助校内外课程资源开展丰富的校内体育,如羽毛球、乒乓球、动感跳绳等,发展学生的兴趣爱好,增强学生体质健康,使学生学有所长,学有所乐,幸福成长。

5. "玩乐科学"课程群

玩是孩子们喜闻乐见的事情,符合儿童的心理特点,在"玩"中更有利于发展儿童的能力。玩乐是学校科学学科的核心内涵,是引导学生反复推求,探索玩味,让学生懂玩、会玩、善玩、乐玩,从而玩出创意、玩出智慧,体会科学的奥秘。作为省级科普示范校，"玩乐科学"课程群结合学校实际情况，量身打造了不同类型的课程，如"科普乐园""建模航模""田园探索"等。

6. "创意美术"课程群

美术课程的核心价值观是帮助学生树立正确科学的审美意识、创新意识，培养其对自然和人类社会的热爱及责任感。因此美术学科提炼出"学习创意美术，美化生活"的理念。

我们认为"创意美术"能引领学生在实践中发现美、感悟美、创造美，最终达到提高学生绘画、审美、创新等美术素质的目的。我们用"创意美术"来完善人格，完成从想象美到植入美的发展里程。"创意美术"课程群结合本校实际情况，针对在校学生实际情况，量身打造了不同类型的课程，如"笔墨生花""美妙涂鸦""家乡图腾"等，让学生用线条、色彩将"美"表现出来，养成健康向上的审美情趣。在"家乡图腾"课程中，通过绘画图腾，认识民族文化，学生的艺术世界受到感染和熏陶，不但养成积极向上的审美情趣，还能进一步深入挖掘并展现地域文化与民族文化的特色。

7. "心美音乐"课程群

学校音乐学科将"音乐审美为核心，传承民族文化为动力"作为课程理念，打造心美音乐课堂，让学生通过各种有效的途径和方式走进音乐，如"大合唱""家乡民歌""灼吧乐器（黎族民乐）"等，在亲身参与音乐活动的过程中，喜爱音乐，得到美的熏陶。

"心根学科"建设是学校课程建设的重要组成部分，可以将学科课程、学科团队、学科教学、学科学习和学科应用构成五位一体的模型，推动学科建设。

1. 结合学科特点，构建特色学科课程

学科课程是教师基于国家课程自主开发的，顺应学生发展需求的特色课程。学校从两方面入手，一方面通过挖掘学科内部或与其他学科之间的逻辑来构建专业的学科课程群；另一方面将地域特色渗透学科中，基于特色追求，教师根据对学科的独特理解，依靠独特优势、独特资源，共同打造"心根学科"。

2. 借助团队合力，彰显学科特色教研

以学校主管领导为主要负责人，整体把握和引领课程建设，各教研组引领各级优秀骨干教师研发"心根学科"课程，在实施中不断提升全体教师的课程领导力。教师结合自身情况组建"师徒结对""课程中心"等，形成学习共同体，明确目标，定期活动，全方位发展，为学科课程群的高质量建设奠定基础。

3. 打造高效课堂，提升学科教学品质

根据学科团队及学校"心根课堂"文化形态和各学科本质研究教学，制订指向学科核心素养的学科课程规划，编写基于课程标准的学期课程纲要和与教学目标、学习活动、评价任务一致的教学方案。各科教师大胆开拓课程实施方式，提炼个人教学主张，形成独具特色的教学风格，在不断优化课程实施的过程中提升学科的教学品质，使"心根学科"课程高效、逐层落实。

4. 构建多元学习，聚焦学科核心素养

每一门学科都有适合自己的学习方式，每一个学生都有不同于他人的学习方式。我们聚焦各学科核心素养，引导学生寻找适合自己的学习方式，在课程实施中树立"以生为本"的学科教学理念，促进学生形成终身发展的学习方法。

5. 着力应用价值，彰显学科育人魅力

高品质的学科教学是保证教学质量的基础，也必然彰显学科的应用和育人价值。各学科团队基于学科特色，以正确的教学目标为前提，以丰富的课堂活动为主线，以全面提升学生的学习力和应用能力为目标，创设"我进步，我快乐"的学习情境，彰显学科育人魅力。

三 创设"心根社团"，发展儿童兴趣爱好

"心根社团"活动是学校课堂教学的延伸性活动，是进一步深化课堂改革，发展素质教育的重要体现。社团活动的正常开展，既丰富了学生的课余生活，也为学生提供了发展自我的空间。社团课程是学校校园文化建设的重要载体，是学校第二课堂的引领者。"心根社团"以其思想性、艺术性、知识性、趣味性、多样性的活动吸引学生积极参与。

"心根社团"课程是在学校文化大背景下，影响和促进师生活动发展的各种文化因素总和，是一种无形的巨大的教育力量，也是教育成功的重要基础。学校依据学生综合素养，广泛调查学生兴趣，充分挖掘学生潜能，开设学科拓展类社团，如语言类社团、科学创新类社团、体育类社团、艺术类社团、综合类社团。社团涉及面广泛，内容丰富多彩，对启迪学生的智慧、开阔学生的视野、优化个性人格等都具有重大而深远的影响。

语言类社团。语言类社团在专业老师的带领下，通过国学诵读和读写绘活动，提高学生的语言表达能力，帮助学生养成良好的语言表达习惯，热爱我们民族的语言文化。其中包括古诗词吟唱社团、朗读社团、小主持人社团、对话英语社团等。

科技类社团。科技类社团以创新为基础,不断提升学生的动手与动脑能力,注重提高学生科学素养,培养学生热爱科学的兴趣。其中包括建模车模社团、科普乐园社团、黎陶吧社团等。

体育类社团。体育类社团让大家在运动场上交友,在挥洒汗水中懂得团结、合作的意义,并能展现出健康之风采。其中包括田径社团、乒乓球社团、羽毛球社团等。

艺术类社团。艺术类社团涵盖音乐、美术、舞蹈等类型,通过策划交流、活动开展、活动分享等形式,丰富校园艺术社团生活,让社团走出校园,让艺术融入生活,让校园生活更加多彩,让孩子能更加美好、幸福。其中包括灼吧社团、舞美社团、音美社团等。

综合类社团。综合类社团涵盖寻根、研学实践等类型,通过策划、实践、活动开展、活动分享等形式,丰富学生课外生活,让社团走出校园,让学科融入生活,让实践丰满人生,完善学生品格,让学生更加亲乡土,爱家国。其中包括育心园社团、研学社团、寻魅社团、小小园艺工社团等。

四 创意"心根校园",激活环境隐性课程

校园环境文化是学校隐性课程,具有特殊的潜在的教育功能。槟榔小学在学校文化建设中,注重环境文化的打造,"心根校园"环境在用心经营中慢慢立体而丰富起来,"心根校园"是特色、陶冶、赋能、实践、融合的校园,承载着学校文化的精神内核和思想追求,培育家国情怀的学校生命场。

"心根校园"建设是"心根教育"的有力举措;是推进学校更具有内涵、更富有诗意发展的有效探索;是彰显师生生命更趋敞亮、更趋幸福的不懈追求。

"心根校园"是特色的校园。作为一所纯黎族农村小学,槟榔小学以传承黎族文化为发展路线。学校环境赋予文化因素后,就会显现艺术魅力、民族魅力,学校一草一木都能给人带来民族文化的气息,极具黎族文化特色。

"心根校园"是陶冶的校园。文化是学校的精神气质,也是学校的根。学校校园文化凸显、学校区域划分明确、功能实施健全,能寓教育于潜移默化之中,必有陶冶人心的功能,产生润物细无声的微妙效应。

"心根校园"是赋能的校园。学校良好的学习氛围,纯正的校风学风、浓厚的文化积淀、和谐的人际关系,是全体师生隐性环境课程资源,更是永久的能量源泉,能持续为大家传递正能量。

"心根校园"是有根的校园。学校环境建设处处显现黎族文化,让孩子们不忘来处,增强民族自豪感,更能激发学习的动力,传承民族文化的使命。

"心根校园"是融合的校园。蕴含学校精神和价值观的学校环境,不但能对学生产生约束、调节作用,更能引发一种价值认同感、归属感和凝聚力,促使师生结成发展共同体。

"心根校园"的建设路径如下。

1. 精心设计,让校园中的每一处建筑都"会说话"

槟榔小学始终坚持将心根教育元素融入校园环境文化设计之中,让"传承、赋能、有爱、陶冶"的新教育表现为各种富有教育内涵的创意设计。学校文化布局上,在围墙、连廊、教学楼等建设上赋予有民族文化特色的校园景点。一面面会"说话"的主题墙,告诉孩子什么是民族特色文化。一系列"会说话"的校园空间构筑了槟榔小学独特的"心根校园"环境文化,熏陶着槟榔的每一个孩子。

2. 细心雕琢,让校园中的每一个细节都能传情

缔造美丽校园,把每一个角落都打造成陶冶孩子心灵的文化空间,是"心根校园"建设的初衷。学校办学理念外化在环境上,将"心根教育"哲学"植入"学校"土壤"。槟榔小学校园里的每一位客人,总能在一个角落里品味到耐人寻味的细节文化,它们巧妙地赋予每一个空间最真的灵魂,营造出校园中一道道亮丽的风景线,向每一个孩子传递出生活中点点滴滴的细节文化和实践创意。

3. 全心倡导,让槟榔小学的每一个主人都能成为建设者

槟榔小学始终认为,参与是受到教育、浸染文化的过程。因此,学校鼓励每个教职工和孩子都成为校园环境文化的建设者和维护者。于是,无数个美好的创意被激发和点燃。走进槟榔小学的校园,你会随处惊喜发现,孩子们心灵手巧的黎陶作品、手工制作、绘画等,这些都是他们对校园爱的具体表现。

五 探索"心根研学",推进研学课程实施

研学课程包罗万象。学校倡导以社会调查、参观访问、亲身体验、资料搜集、集体活动、同伴互助、成果总结等为一体的社会综合性学习形式。学生能从中达到游中有学,行中有思,探索"心根研学"。通过研学,引导学生关注家乡历史、黎族文化史,感悟民族文化的博大精深,增强传承文化的责任感和爱国主义精神。为此,学

校以乡土乡情为主线,推行"心根研学",落实研学课程。

学校所处的槟榔古村就是优质的文化资源,村里现有一座黎族文化博物馆,能够让学生在研学中感悟民族文化的博大精深,作为黎族的子孙,更应学习、挖掘、传承黎族文化,体验非遗文化、民俗文化。

乡土研学。三亚市有丰富的研学旅游文化点,构成丰富的研学课程资源,包括历史文化名胜(崖州古城)、热带雨林、大茅生态村等。学生用双手去触摸,用眼睛去观察,用智慧去思考,了解独具特色的乡土文化,体验乡土人情等,激发他们热爱祖国、热爱家乡、热爱自然、热爱生活的情感。

红色革命研学。利用丰富的红色旅游资源,开展红色革命传统教育,并依据学生的年龄特点、学科特点和教育培养重点,结合开展各种主题研学教育活动,如爱国主义教育、爱心公益、缅怀先烈等,达到实践体验教育、学习先烈革命精神、提升综合素质的目的。

科技研学。利用丰富的文化资源,让孩子们看到更加广阔的世界,感受科技的魅力,如科技教育园等。

"心根研学"课程实施以年级为单位,整合各学科课程资源、课内外资源、教师资源、家长资源,利用校本课程活动时间、节假日开展校内外活动。教师根据学科课程标准、学生实际情况设计研学手册、学习任务单,让学生在实地研学时,完成研学手册、学习任务单,形成研学报告。具体实施如下。

教师做好研学规划,制定课程纲要,设计活动方案和评价方式,在此基础上编制研学教材,发给学生。学生根据教师提供的研学纲要,查阅相关资料,做好研学功课,分组展示交流。

根据研学课程,教师做好活动计划,精心组织学生活动,指导学生边走边学。学生在行走中善于观察和思考,勤于记录和整理,积极探索知识与社会、知识与生活的链接,在行走体验中感悟和内化。

教师指导学生根据研学评价标准,进行成果收集、整理、展示,在此基础上进行自我评价、小组评价、教师评价。教师负责集结成册,形成研学课程成果。

六 拓展"心根节日",浓厚课程实施氛围

学校根据学生身心成长的阶段性需求,设立"槟榔花开艺术节""活力槟榔节""植根节日"等综合性校园节庆活动。通过"心根节日"课程,搭建多种形式的学习平台,满足学生成长的需求。同时,通过节日课程的开设,让学生感受传统文化的源远流长,增强学生民族自豪感,强化学生的民族精神,激发学生的爱国热情,达到增强凝聚力,激发责任感和使命感的目的。

"心根节日"主题要鲜明,形式要灵活。节日课程的实施应综合竞赛学习、主题学习、服务学习等多种学习形式,促进学生在参与中获得体验,在活动中提升综合素质,涵养品格。节日课程的设立与实施具体见表1-3。

表1-3 槟榔小学"心根节日"的设立与实施

心根节日	课程内容	实施方式
槟榔花开艺术节	槟榔花大合唱,最美槟榔娃歌手大赛,诵读经典大赛,汉字书写比赛,美术作品展,灼吧美乐展、黎陶作品展等	通过组织班级联赛、主题展览、汇演、成果展示实施
活力槟榔节	竹竿舞比赛,花式跳绳比赛,羽毛球、乒乓球大赛,趣味运动会,健康教育手抄报展示	通过体育课、大课堂、大课间、班级联赛运动会进行实施
植根节日	国庆节	通过汇演、主题报告实施
	端午节	手抄报黑板报、实践活动
	中秋节	手抄报、黑板报、实践活动
	六一儿童节	通过汇演、手抄报、黑板报、实践活动
	重阳节	黑板报、实践活动
	元旦——新年新希望	新年成果展
	三月三	通过汇演、手抄报、实践活动

七 做实"心根探究",发展学校特色课程

建设特色课程是学校内涵发展和特色发展的重要抓手。我们认识到学校只有形成特色的拓展课程体系,才能形成办学特色,才能为孩子们打造人文底色。为此,我们举全校之力,致力形成本校独特的课程体系,即在原有的国家课程的基础上自主开发了"魅力寻根""槟榔绿色探究""花样竹竿舞"等特色课程。

创建特色课程,学校要在课程规划和课程实践中决策和生成特色课程,在综合利用多类资源中提升课程发展速度。"特色课程"要保持可持续发展,不仅要面对自我发展问题,还要处理好与其他课程的平衡发展关系,即要在保持和完善校本课程结构的环境中实现自我超越。

1. "魅力寻根"特色课程实施

开展"魅力寻根"综合实践活动,学生通过"走访、收集、整理、展示",了解黎族独具特色的乡土文化、历史、民风民俗,体验乡土人情,让每一个学生都积极参与到活动中来。首先制定计划,做好充分的走访准备;在实践活动中听一听黎族历史,讲一讲黎族故事,唱一唱黎族歌曲,收集素材,加以整理;最后以班级为单位进行"魅力寻根"成果展。"魅力寻根"特色课程中人人都是参与者,人人都能秀一秀。学生在充分的经验体验中个性得到张扬,自信得到提高,同时进一步认识家乡,了解家乡的历史文化,成为一个有根的人。

2. "花样竹竿舞"特色课程实施

我校通过竹竿舞系列活动,让学生乐于锻炼身体,不仅拥有健康的身心,而且提高体育实效性。"花样竹竿舞"作为体育活动的主打项目,分年级、分层次来让校本特色课程落地,让学生在花式竹竿舞中学会合作,体验与伙伴共娱乐、共运动、共学习的历程,让优秀民族传统文化得以传承和弘扬,更能展示学生的精神风貌,增强学生的民族自信心和自豪感,全面提高学生的综合素质。

3. "育心园绿色探究"特色课程实施

开展"育心园绿色探究"综合实践活动,学生通过查找资料、种植体验、过程研究、团队合作、成果汇报展示等,活化知识、探究创新,让绿色放飞,让"育心园"成为各学科的绿色大课堂,发挥更大的教育效用。

总之,"植根教育"作为学校的教育哲学,应融汇在学校课程建设的各个层面,引领课程建设,引领教师发展,引领学校文化。坚持以学生的发展为本,深入实施素质教育,充分利用学校和社会的课程资源,优化课程结构,全面体现办学理念的特色教育体系。学校召开主题会议,从中层到学科组分层引领教师学习解读并领会"植根教育"的精神内涵和"植根教育"的课程理念,以各教研组为单位,结合学科特点,进行文化辐射,开发"植根课程"体系,建构"槟榔花"课程模型。

(撰稿者:陈先光、邢琼芳)

第二章　价值逻辑：理念的聚焦性

◇

　　学校课程的价值逻辑是指课程在满足学校发展的需要,满足学习者发展的需要,满足教师专业精进的需要中所形成的一种价值逻辑。一所学校应该有自己的价值逻辑,应基于学校整体课程规划把握自己的价值逻辑。对于学校课程的价值定位问题,学校要逐渐形成基于实践的、体现学校办学思想与价值逻辑追求的认识。学校整体课程的价值逻辑是需要通过课程理念的重建、再生形成,并最终发展成一个新的价值、信念和规范的过程。

学校课程总是承载一定的价值的。学校课程的价值主要体现在实现自身的本体价值,能对国家课程、地方课程起到补充作用。学校课程的核心价值就在于补充、完善国家课程。第一,学校课程可以使学生个性需求与兴趣发展得到更好的满足。国家课程只是顾及全国学生的一般情况,而鲜有关注到学生个性需求和个别兴趣。这是体现学校课程价值的重要理由。第二,学校课程能够根据学校文化和社会环境的变化而发生改变,能够适应其不同阶段的发展。第三,学校课程具有快速检索和甄别信息的灵敏度。面对当今瞬息万变的信息化社会,学校课程能够更好地引进、吸纳新的知识,反映、解决新的问题,这是另一个体现学校课程价值的重要指标。

在各校的实践探索中,许多学校对学校课程发展进行了有益的方向探索,对于学校课程的价值定位问题,逐渐形成了基于实践的、体现学校办学思想与价值逻辑追求的认识。

一、学校课程的价值逻辑

价值是从人们对待满足其需要的外界事物的关系中产生的,是主体以自身的需要为尺度对客体意义的认识。根据马克思主义哲学对价值的这一理解和认识,我们可以这样认为,课程的价值是指课程能满足主体的一定需要,也就是说,课程的存在、作用及其变化是对一定主体需要及其发展的适应。个人本位课程价值观以个人的发展需要作为学校课程活动的出发点和归宿。它是个人主义的哲学观在教育上的反映。其目的是促进学生个体的个性和人性的自由、完善、和谐发展。[①] 个人本位课程价值观主张教育要尊重学习者的本性,课程的价值在于为学习者提供真正有助于个性解放和成长的经验,强调学习的内部动机。坚持多元与整合,社会进步、个人发展和知识传授的综合取向,实现知识服务于社会、服务于个人,个人与社会和谐共生的理想状态,成为现代课程价值取向的趋势。

我们认为,学校课程的价值逻辑是指课程在满足学校发展的需要,满足学习者发展的需要,满足教师专业精进的需要所形成的一种价值逻辑。价值逻辑集中体

---

① 陈功江.课程价值观分析[J].信阳师范学院学报(哲学社会科学版),1994(03):39—41.

现在学校课程理念方面。首先,课程理念的立足点应该放在以人为主体的整体发展上,整体发展包括生理的发展、心理的发展、物质的发展、精神的发展、认知的发展、社会性的发展等。其次,课程理念应关注人发展的复杂性,人是发展中的人,会受到家庭、学校、社会、科技等因素的影响,因此在这种不断交流、发展、平衡、创造、再生的课程发展情况下,我们更应该关注到学生的多维发展,并以之作为学生走向发展、走向发现、走向创造的发展契机。再次,课程理念应关注人的发展的能动性。学生是课程发展的主体,学生的身体生长发展水平、情感意志、行为发展水平、经验积累水平是具有能动性的。因此,我们应该关注到学生发展的能动性和主动性,使其实现高水平的发展。

总之,学校课程的价值逻辑是需要通过课程理念的重建、再生形成,并最终发展成一个新的价值、信念和规范的过程。

二、学校课程价值逻辑的把握

美国课程学者派纳教授认为,概念重构是从微观的意识提升和宏观的文化革命的展开,来重新反省和界定课程理论的本质。课程就是会话。他认为,课程研究可从弗洛伊德在了解经济的根源和本来面貌时所采用的"深度解释法"中得到启示,用现象学的观点来说,就是"回到事物本质"。此努力主要是揭开可能被扭曲的事实或经验,然后通过"对话",进而投向未来有意义的世界。因此,这种方法既是因果"解释",也是意义"理解",是客观亦是主观的。再从研究的重点来看,是从"学科"转向"学生",鼓励学生对自我经验进行反思。派纳透过他主编的《课程理论化:概念重建主义学派》一书,使"概念重建主义"一词普及化。他指出:"研究的目的不是要指导实践者,因为这种目的是与传统主义者有关的,并且在某种程度上是与概念经验主义者有关的。他也不是要用行动和社会科学的目的考察现象……这种研究的作用将表现出的是理解,所谓理解是在人文科学中获得的一种理解。"[1]学校课程价值逻辑该如何把握?我们认为,首先课程是集体的努力,如何把握学校课程价值逻辑显得尤为重要,学校课程价值逻辑不仅要基于自身的需要去发展,而且要体

---

[1] 沈岚霞.威廉·派纳与课程的概念重建主义运动[D].上海:华东师范大学,2004.

现课程的动态性和情境性。不能以分数和考试为驱动,不得导致教师和学生缺乏思想、缺失灵魂。这样的价值逻辑会导致经济不平等和社会不公正等问题。派纳对课程的理解和会话,前者从纵向维度解释课程,后者从横向解释课程,从纵横的四维空间理解课程。因此,学校价值逻辑要从纵横的四维空间去理解,去把握。

(一) 确定学校教育哲学

课程与哲学之间的关系十分密切。一方面,哲学制约着课程观的产生、发展和变革;另一方面,课程在哲学面前具有能动性、选择性。二者相互依存,是相统一的。学校课程哲学是一所学校的重要部分,每一所学校都可以有自己的课程哲学。那么,如何提炼学校课程哲学?有学者认为,提炼学校课程哲学的过程是聚焦、扬弃的过程,更是研究、构建的过程。提炼学校课程哲学必须直面学校实际,在已有的课程哲学理念中,在教师和学生现有的做课程的方式中,在学校的课程历史和传统中寻求自己个性化的表达。[①] 有学者认为,从哲学的基本意涵出发,课程哲学不是对课程实践进行现实性的描述和技巧上的解答,而是从哲学的视域对课程理论与实践的合理性进行质疑、反思、批判和超越的智慧。还有学者认为实践课程哲学以价值的方式去把握课程世界的意义,解决向善的问题。[②]

关于课程哲学的研究方法,我们认为确定学校课程哲学有以下三种方法:一是思维实践法,我们对此应持有怀疑,并通过反思将思考运用于实践中,进而分析,最终确定适合自己的课程哲学;二是历史传承法,我们将优秀的学校课程哲学保持原有的特色内容传承到不同阶段;三是文化自觉法,课程哲学的产生可来自于学校的环境创设,每一处风景,每一个主题内容都可以促使课程哲学的诞生与发展。

(二) 明晰学校办学理念

办学理念是一所学校的灵魂,是一所学校建设和发展的内部重要力量,对学校的整合发展和目标导向起着重要作用。办学理念在学校课程实践中体现,又反作用于课程建设。办学理念与课程建设相互影响,相互发展。办学理念集中反映了校长的个人意志和美好理想,也是众多老师自我完善与精进的美好希冀。如何明晰办学理念,我们认为可以对学校的历史现状进行分析调查,通过全面分析优势、

[①] 杨四耕. 怎样提炼学校课程哲学[J]. 基础教育论坛,2016(05):10—12.
[②] 吴刚平. 课程哲学学科化的初步探索——评《课程哲学导论》[J]. 大学教育科学,2019,(06):128.

劣势,在学习理论基础上借鉴其他学校的经验,广泛研讨并请专家指导,形成办学理念,从而进一步实现办学理念,从办学理念实现与落实方面提出具体保障措施,即从校长自身、教师方面、学校发展规划、学校文化、学校制度、课程教学以及校内外资源方面提出保障办学理念实施的具体措施。

(三)厘定学校课程理念

在英文中,理念和观念均由"idea"一词表达,于是人们往往把两者混为一谈。事实上,理念是同时包含着观念和信仰的涵义的,比观念更为本质和抽象,其核心表现在基本立场和价值取向上。① 实际上,学校课程理念的厘定在"以人本身的需要为目的"与"有用性为目的"中碰撞与整合。课程理念在课程变化和社会变化中不断发展与变革,由此构成了课程理念发展的历程。特别是在"以人为本"的今天,人与人、人与自然、人与社会和谐自由发展成为衡量课程理念的平衡性和先进性的试金石。学校课程理念是在科学技术进步的基础上形成的,学校课程理念需渗透到社会总体的不同结构中。因而,从更深层次的角度来讲,学校课程实际是目前课程体系及其运作中的重要组成部分,因为它对人的尊重和对人的价值的挖掘能最大限度地代表了一种新的课程理念和发展方向。换言之,不论社会发展到什么程度,不论科技先进到什么程度,一个不容争辩的事实就是,人的综合发展和全面发展就是人的最佳发展模式。

例如,三亚市第一幼儿园基于"呵护童心,守望童年"的办园理念和"让童年属于童年,让天真依然天真"的课程理念,建构出符合本园实际的"小海燕"课程逻辑体系。"小海燕"课程以"童趣课堂、特色课程、童趣游戏、童趣生活、童趣联盟、童趣社团"等不同形式相结合,灵活地推进课程实施。三亚市第一幼儿园良好的园所环境为课程建设提供了优质的基础,幼儿园的课程经验为课程建设奠定了扎实的基础。充足的教师队伍为课程建设提供了智力支持,丰富的社区和家长资源又为课程建设提供了资源保障。本园构建的"本真文化"聚焦天性自然的生长文化、个性质朴的真我文化、万物本源的纯真文化的重要理念,以实现幼儿全面发展。"小海燕"课程把童趣教育融入幼儿的一日生活中,顺天性,展个性,养灵性,创思维,呵护童心,让童年属于童年,让天真依然天真。顺着幼儿的天性去教育,与幼儿兴趣同

---

① 陈嘉.从课程变革趋势看现代课程理念的确立[J].现代教育科学,2003(09):20—22.

行,使幼儿成为本真的自己,成为一个可持续发展的自己,充分展示自己的天性,让幼儿有一个幸福而快乐的童年。

综上所述,学校整体课程理念和价值逻辑必须是以"人"为奠基,以"人的全面发展"为目标,以"人"能否最大限度地得到全面发展为依据。我们应该明白,课程理念的重要目的就在于关注每个学生的个性特点,创造各种机会让学生得到与其成长相适应的教育,开发学生的潜质,使每个学生在课程教学中得到充分学习,学会学习与发展,促进个体的全面发展和社会化。

（撰稿者：胡基萍）

文化逻辑　　"小海燕"课程：让童年属于童年,让天真依然天真

三亚市第一幼儿园坐落于碧海蓝天、椰韵滩美、四季如春、风景秀丽的三亚湾畔。幼儿园始建于1959年,是三亚市示范幼儿园、海南省二级幼儿园,现有16个教学班,学生524人,教职工108人,其中,省级骨干园长1名,省级骨干教师6名,市级骨干教师2名。幼儿园先后被授予三亚市先进学校、三亚市三八红旗集体、海南省卫生先进单位等多项荣誉称号。作为省级规划课题研究单位参与出版了《幼儿园区角活动有效性的研究》成果著作。幼儿园课程方案"阳光教育　七彩童年"荣获省级、市级课程方案评比一等奖。为进一步提升幼儿园办园品质,本园现依据《国务院关于学前教育深化改革规范发展的若干意见》《3—6岁儿童学习与发展指南》《幼儿园教育指导纲要(试行)》,推进幼儿园课程建设,效果喜人。

第一部分　幼儿园课程哲学

三亚作为一座著名的热带滨海旅游城市,是海南自贸区建设的全国首个自由贸易港。三亚市第一幼儿园犹如一艘在知识港湾中航行的大轮船,孩子的成长是一条长长的航线,教师是领航者,孩子是小海燕,他们自由飞翔,快乐成长。

一　教育哲学

我们的教育哲学是"童趣教育"。童趣是温馨的阳光,使人有积极的探索兴趣;

童趣是自由而愉悦的心怀，使童年的稚气无忧无虑，向阳成长；童趣是醇香而芬芳的花蕊，是无限乐趣的想念，把所有的美好想念，化为能量的动力，实现彩虹之梦。童趣教育如花如水，润泽桃李，绽放芬芳，创造童趣，精彩启航。

童趣教育就是眷注生命的教育。儿童是自然人，儿童有其内在的需求。童趣教育以儿童发展为主，以蹲下来的姿态倾听，回应儿童的需求，以儿童身心发展为要素，遵循儿童的身心发展规律和身心特点，为儿童的健康成长打造温暖的旅程。

童趣教育就是基于儿童立场的教育。"把教育还给孩子，让教育充满童味，让孩子像个孩子（池田大作）"，在教育中，呵护童心，尊重孩子的天性。

童趣教育是不断生长的教育。"教育即生活，生活即生长（杜威）"。教育就是不问年龄大小，为儿童提供保证生长或充分生活条件的事业。儿童教育的目的就是要保护儿童的自然天性，逐步挖掘儿童成长的成长潜能。教育者要"尊重儿童未成熟状态"，让儿童在生活里不断生长，快活地嬉笑。

童趣教育是充满爱心的教育。"没有爱就没有教育"（陶行知）。幼儿教育是爱心的教育，在平等和谐的环境中，教师用温暖的爱心、真心、耐心与智慧滋养每个孩子，呵护童心；孩子在爱的呵护下，自由地释放天性。

基于上述教育哲学，我们提出幼儿园的办园理念：呵护童心，守望童年。我们秉持以下教育信条——

我们坚信，
教育是童心的对话；
我们坚信，
教师是童心的守护者；
我们坚信，
幼儿园是守望童年的地方；
我们坚信，
每一个孩子都是勇敢的小海燕；
我们坚信，
呵护童心、守望童年是教育最美的姿态；

我们坚信,

让童年属于童年、让天真依然天真是教育的使命。

二 课程理念

童是童话、童梦、童心、童乐;趣是野趣、兴趣、乐趣、雅趣。"童趣教育"把"趣"带入园,把"乐"留在童年的时光。课程以儿童视角为本位,以儿童问题为导向,追随儿童兴趣,追随儿童脚步,满足儿童探索,珍视儿童的自主体验,注重资源的开发。"小海燕课程"不仅蕴涵于儿童必修的基础性课程之中,还渗入于辅助性课程及选择性课程之中。我们力求好玩有趣的课程,让课堂充满稚趣。基于此,我们的课程理念是:让童年属于童年,让天真依然天真。

课程即童年的趣味。在孩子心中,童年是甜甜的,像糖果、像冰淇淋;是酸酸的,像草莓、像芒果;是香香的,像香蕉、像石榴;是幸福的……这些趣味深深地印刻在孩子的记忆中,回味无穷,快乐无比。"小海燕"课程致力于源自儿童生活,渗透在儿童参与中,整合及优化幼儿园、家长、社区、社会的各种资源,让儿童美好的幼儿园生活熏陶在爱与大自然和谐的教育背景中,让幼儿教育回归本真,让幼儿难忘。

课程即儿童的立场。儿童是独立于成人的个体,有自己的尊严和权利,有不一样的个性和需求。"小海燕"课程尊重儿童的人格和权利,尊重儿童身心发展的规律和学习特点,关注个别差异及儿童生命成长。为每位儿童提供发挥潜能,使其在已有的水平上,得到进一步发展的机会和条件,儿童能充分展示生命的力量,感受生命的意义和愉悦,让儿童成为他(她)自己。

课程即天性的发展。游戏是儿童的第一心理需求,儿童喜欢游戏几乎是与生俱来的。它是孩子的天性,是儿童生命成长必不可少的,是儿童神圣的权利,是一种适宜儿童心理发展规律的活动形式。没有游戏,幼儿就不可能实现真正的全面发展,也就无法实现学前课程的价值。"小海燕"课程以游戏为基本活动,以游戏组织各领域课程,开展各种生动有趣的活动,使儿童在玩中学,满足儿童学习的需要、发展的需要。

课程即天然的呵护。《幼儿园教育指导纲要(试行)》指出:"幼儿园应为幼儿提供健康、丰富的生活和活动环境,满足他们多方面发展的需要,使他们度过快乐而有意义的童年。"儿童应该享受大自然赋予的童年生活。"小海燕"课程就是为幼儿营造一个健康和谐、自主开放的学习生活环境,引导幼儿在生活和活动中生动、活泼、主动地学习,激发幼儿的创造力,呵护幼儿的童心,给孩子一个幸福童年。

在我们看来,儿童是活泼勇敢的"小海燕"。童年是最难忘且珍贵的时光,是美好而甜蜜的,"小海燕"都应有一个美丽而灿烂的童年!幼儿园把"童趣教育"融入幼儿的一日生活教育中,在教育中顺天性,展个性,养灵性,创思维,用游戏童趣呵护童心,守望童年,顺着每一个幼儿的天性去教育;与幼儿兴趣同行,使幼儿成为本真的自己,成为一个可持续发展的自己,充分发展自己的天性,让幼儿有一个幸福而快乐的童年。因此,我们将幼儿园的课程模式定为"小海燕"课程,让孩子们在充满"稚趣"的课程滋养下稚心辽阔,羽翼丰满,快乐起航。

第二部分 幼儿园课程目标

幼儿园的课程是为育人目标服务的。因此,我们基于幼儿园教育哲学,结合我园实际确立幼儿园的育人目标,进而明晰了幼儿园的课程目标。

一 育人目标

海燕拥有勇敢、坚强、乐观和大无畏的品质,我们希望孩子向海燕学习,期望通过三年的幼儿教育,我们能够守望孩子们的幸福童年,让孩子释放天性,健康成长,体验成长的快乐;铸造充满童年趣味的院子,让孩子们慢慢回味童香,让每位孩子成为灵动活泼的"小海燕",在爱的港湾中快乐而自由翱翔。因此,我们的育人目标是培养阳光的小海燕、勇敢的小海燕、自由的小海燕、乐观的小海燕、友爱的小海燕,具体要求如下。

——阳光的小海燕:孩子具有健康阳光的身心,具有多样的兴趣爱好,充满活力,喜欢参与幼儿园的一切活动,并在活动中保持浓厚的兴趣。

——勇敢的小海燕:大胆表达,乐于和他人沟通,遇事不慌乱,爱憎分明,善于用不同的方式方法表达自己的情绪情感。

——自由的小海燕:自主探究,具有好奇心和求知欲,有探索兴趣,对周围事物和现象充满好奇和兴趣,主动用多种感官探究事物。

——乐观的小海燕:喜欢大自然,热爱大自然并亲近大自然,具有活泼开朗的个性、落落大方的性情,有责任感,喜欢表达表现。

——友爱的小海燕：具有同情心，对周围的事物关怀备至，热爱集体，热爱家乡，热爱祖国，乐意交往。

总之，一个个孩子就像一只只自由飞翔的小海燕，他们活泼可爱，热情开朗，聪明伶俐，都是一个个独特的个体，心中都有一个多彩的梦想、一幅七彩的图画。

二　课程目标

为了培养阳光、勇敢、自由、乐观、友爱的小海燕，实现孩子的七彩梦想，幼儿园通过创设丰富多样且温馨和谐的环境，开展多种形式的活动，激发幼儿内在的潜能，并通过全面的、多彩的、启蒙的教育内容，在教育的过程中尊重幼儿发展的个体差异，支持和引导他们从原有水平向更高水平发展。因此，我园在《幼儿园教育指导纲要》《3—6岁儿童学习与发展指南》的基础上，将育人目标进一步细化和总结，并明确了小班、中班、大班的具体课程目标要求（见表2-1）。

表2-1　三亚市第一幼儿园"童味课程"目标表

小班	阳光	身体健康	喜欢参加体育活动；能身体平稳地双脚连续向前跳；能双手向上抛球；能熟练地用勺子吃饭。
		身心愉悦	情绪比较稳定，很少因一点小事哭闹不止；有比较强烈的情绪反应时，能在成人的安抚下逐渐平静下来。
	勇敢	善于沟通	喜欢与同伴交谈；别人对自己说话时注意听并作出回应；愿意表达自己的需要和想法，必要时能配以手势动作。
		大胆表达	愿意在集体面前讲话；能口齿清楚地读儿歌、童谣或复述简短的故事；喜欢用涂涂画画表达一定的意思。
	自由	勇于探究	喜欢接触大自然，对周围的很多事物和现象感兴趣；能用多种感官或动作去探索物体，关注动作所产生的结果；学习用各种感官感知物体的方法，发展感知能力。
		主动思考	能根据事物的形象进行思考，直接描述事物的特征。
	乐观	欣赏表现	喜欢听音乐或观看舞蹈、戏剧等表演；乐于观看绘画、泥塑或其他艺术形式的作品；容易被自然界中好听的声音所吸引。
		富于创造	经常自哼自唱或模仿有趣的动作、表情和声调；经常涂涂画画、粘粘贴贴并乐在其中；能模仿学唱短小歌曲。

续 表

	友爱	乐群友好	想加入同伴的游戏时,能友好地提出请求;在成人指导下,不争抢,不独霸玩具;与同伴发生冲突时,能听从成人的劝解。
		主动交往	愿意和小朋友一起游戏;愿意与熟悉的长辈一起活动。
中班	阳光	身体健康	积极参加体育活动;能助跑跨跳过一定距离,或助跑跨跳过一定高度的物体;能连续自抛自接球;会用筷子吃饭。
		身心愉悦	经常保持愉快的情绪,不高兴时能较快缓解;有比较强烈的情绪反应时,能在成人提醒下逐渐平静下来;愿意把自己的情绪告诉亲近的人,一起分享快乐,或求得安慰。
	勇敢	善于沟通	乐意与同伴交流;别人对自己讲话时能回应。
		大胆表达	能大方地在集体面前说话;能基本完整地讲述自己的所见所闻和经历的事情;愿意用图画和符号表达自己的愿望和想法。
	自由	勇于探究	喜欢接触新事物,经常问一些与新事物有关的问题;能对事物或现象进行观察比较,发现其相同与不同;能根据观察结果提出问题,并大胆猜测答案。
		主动思考	大胆探究,积极思考问题。
	乐观	欣赏表现	能够专心地观看自己喜欢的文艺演出或艺术作品,有模仿和参与的愿望;欣赏艺术作品时,会产生相应的联想和情绪反应;喜欢倾听各种好听的声音,感知声音的高低长短强弱等变化。
		富于创造	愿意参加歌唱、律动、舞蹈表演等活动;经常用绘画、捏泥、手工制作等多种方式表现自己的所见所想;能用自然的、音量适中的声音基本准确地唱歌。
	友爱	乐群友好	会运用介绍自己、交换玩具等简单技巧加入同伴游戏;对大家都喜欢的东西,能轮流分享;与同伴发生冲突时,能在他人帮助下和平解决。
		主动交往	喜欢和小朋友一起游戏,有经常一起玩的小伙伴;喜欢和长辈交谈,有事愿意告诉长辈。
大班	阳光	身体健康	主动参加体育活动;能连续跳绳;能连续拍球,能熟练地使用筷子。
		身心愉悦	经常保持愉快的情绪,知道引起自己某种情绪的原因,并努力缓解;表达情绪的方式,比较适度,不乱发脾气;能随着活动的需要转换情绪和注意。

续　表

勇敢	善于沟通	能主动地与同伴交流；能根据谈话对象和需要，调整说话的语气；能围绕话题谈话会，用轮流的方式交谈。
	大胆表达	在集体和他人面前大胆发表自己的看法；能有序、连贯、清楚地讲述一件事情；谈话时能用恰当的语言表达自己的情感，与同伴分享交流；愿意用图画和符号表现事物或故事。
自由	勇于探究	对自己感兴趣的问题，总是刨根问底；能通过观察、比较与分析，发现并描述不同种类物体的特征或某个事物前后的变化；能用一定的方法验证自己的猜测；学习观察的基本方法，发展初步的观察分析能力。
	主动思考	好问、好学，主动思考问题。
乐观	欣赏表现	艺术欣赏时，常常用表情、动作、语言等方式表达自己的理解；愿意和别人分享，交流自己喜爱的艺术作品和美感体验；乐于模仿自然界和生活环境中有特点的声音，并产生相应的联想。
	富于创造	积极参与艺术活动，有自己比较喜欢的活动形式；能用多种工具、材料或不同的表现手法表达自己的感受和想象；艺术活动中能与他人相互配合，也能独立表现。
友爱	乐群友好	能想办法吸引同伴和自己一起游戏；活动时能与同伴分工合作，遇到困难能一起克服；与同伴发生冲突时，能自己协商解决。
	主动交往	有自己的好朋友，也喜欢结交新朋友；有问题愿意向别人请教；有高兴的或有趣的事愿意与大家分享。

第三部分　幼儿园课程体系

我们根据《3—6岁儿童学习与发展指南》《幼儿园教育指导纲要》《幼儿园工作规程》进行课程设置，坚持"以幼儿为主体"的教育思想，重在培养孩子乐于学习，主动学习，把游戏融于幼儿园的一日活动中，制定了"小海燕"课程。

一 课程逻辑

在"童趣教育"之哲学引领下,我们提出了"呵护童心,守望童年"的办园理念和"让童年属于童年,让天真依然天真"的课程理念,并建构出符合幼儿园实际的"小海燕"课程逻辑体系(见图2-1)。

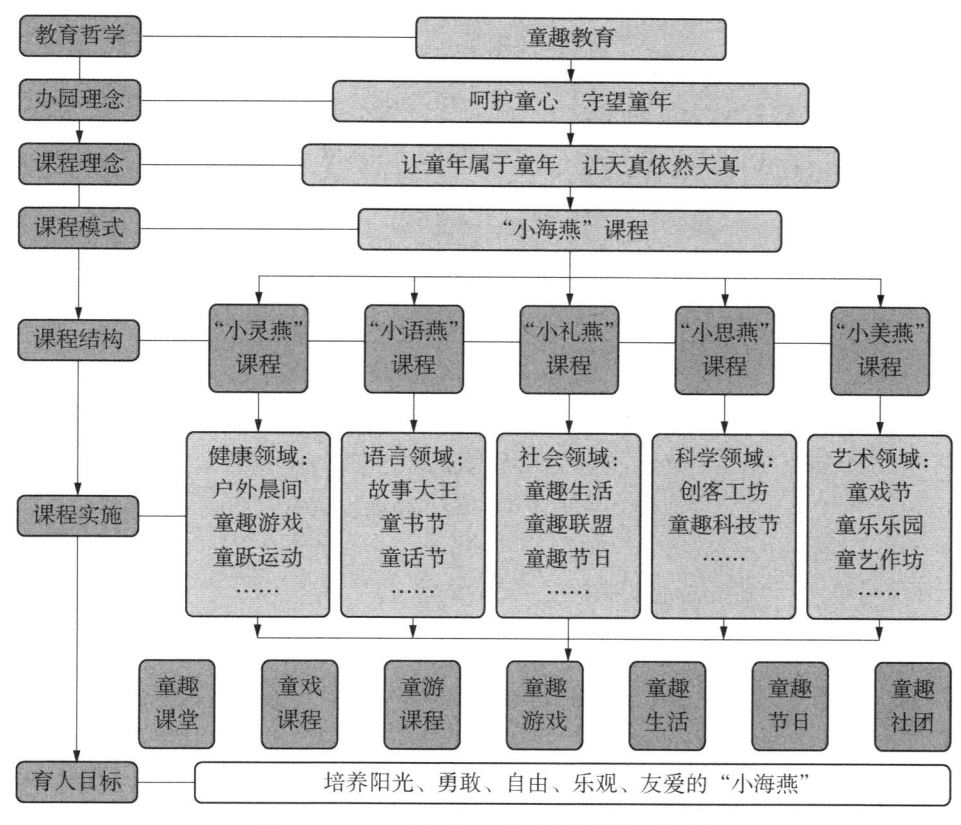

图 2-1 三亚市第一幼儿园课程逻辑图

二 课程结构

我园依据《3—6岁儿童学习与发展指南》将幼儿园课程分为"小灵燕"课程(健康领域)、"小语燕"课程(语言领域)、"小礼燕"课程(社会领域)、"小思燕"课程(科学领域)、"小美燕"课程(艺术领域)等五大领域,每一大领域包含三个层次(基础性课程、辅助性课程、选择性课程),形成了"5-3"课程结构(见图2-2)。

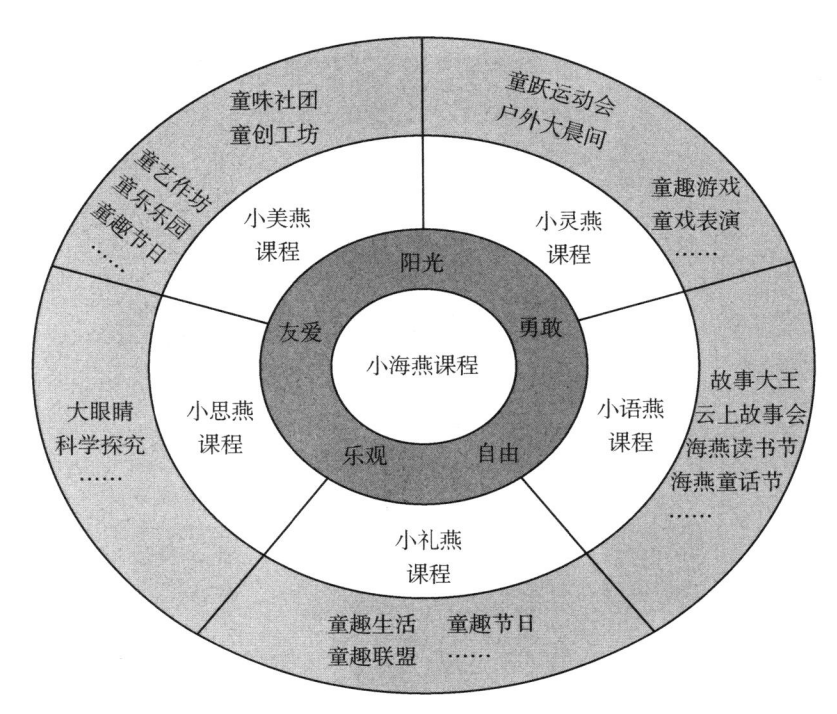

图 2-2 三亚市第一幼儿园课程结构图

上图中,各类课程内涵如下。

1."小灵燕"课程

"小灵燕"课程基于健康领域对幼儿身心健康发展的价值,从幼儿的身心状况、动作发展、生活习惯与生活能力等方面,设置了相关课程。从幼儿的身体健康角度出发我们又设置了户外大晨间、童趣游戏、童跃运动会等活动。

2."小语燕"课程

"小语燕"课程基于语言领域对幼儿语言学习与发展的目标,从倾听与表达、阅读与书写准备这两方面,为幼儿创设自由、宽松的语言交往环境,鼓励和支持幼儿与成人、同伴交流,让幼儿想说、敢说、喜欢说。为了丰富幼儿语言表达能力,培养其阅读兴趣和良好的阅读习惯,增强理解和表达能力,进一步拓展学习经验,我们开发了童语课程,开展了故事大王评比、云上读书会、海燕童书节和童话节等活动。

3. 小礼燕课程

小礼燕课程基于社会领域对幼儿社会性不断完善并奠定健全人格基础的过程。以发展幼儿的社会性为目标,以增进幼儿的社会认知、激发幼儿爱祖国、爱家乡、爱园、爱家、爱他人的"五爱"情感,提高幼儿的人际交往和社会适应为主要内容,设置了童爱课程。从培养幼儿的小公民意识角度出发,我们设置了"走进社会长知识""走进自然长灵性""走进课堂共成长"等童趣生活、童趣联盟、童趣节日等实践活动。

4. 小思燕课程

小思燕课程的价值取向不是注重知识的灌输和强化训练,而是注重创建趣味课堂,创设生活化游戏化的课程,引导幼儿通过直接感知、亲身体验和实际操作进行学习,激发幼儿探究兴趣,培养幼儿主动探究解决问题的能力。从科学探究和数学认知两大方面让幼儿在探究具体事物和解决实际问题中,尝试发现事物间的异同和联系,为此我们设置了大眼睛科学探索课程。

5. 小美燕课程

小美燕课程从艺术活动对幼儿发展的价值和艺术自身的特质出发,设置了课程的内容结构,引导幼儿学会用心灵去感受和发现美,用自己的方式去表现和创造美,为此我们设置了"童创工坊""童艺作坊""童乐乐园""童趣节日"等多项课程。

(三) 课程设置

"小海燕"课程以五大领域划分为五大类课程,每类课程下面均包含领航课程、护航课程和趣航课程三个方面。领航课程是基础性课程,以海南版教材为主,以主题活动,呈现不同领域的活动内容。

护航课程是辅助性课程,补充基础性课程的不足,使课程更加丰盈,包括亲子活动、阅读类、艺术类、科学类等多种课程形式。

趣航课程是基于幼儿兴趣的选择性课程,也是幼儿园的园本探索性课程。此课程基于游戏,充分挖掘课程资源建设,有助于培养幼儿多元化个性化的发展。趣航课程中包括各类游戏课程、社团课程、研学、戏剧课程、红树林课程等方面的活动(具体内容详见表2-2至表2-6)。

表 2-2 三亚市第一幼儿园"小灵燕"课程设置表

年龄段		领航课程			护航课程性	趣航课程
小班	上学期	主题一 幼儿园真好玩	皮球动起来	聪明的小鸡	情绪教育课程 亲子运动会 家长助教	童玩节 童趣游戏 童跃运动会 户外大循环 红树林课程 ……
		主题二 我爱我家	送饮料	小手洗干净		
	下学期	主题一 彩色乐园	多彩的沙包	保护小鼻子		
		主题二 小雨沙沙沙	过小河	帮助奶奶		
中班	上学期	主题一 我做哥哥姐姐了	我会系鞋带	身体的变化	情绪教育课程 亲子运动会 家长助教	童玩节 童趣游戏 童跃运动会 户外大循环 红树林课程 ……
		主题二 我的好朋友	心情播报	小脚丫真灵活		
	下学期	主题一 我爱你,妈妈	帮妈妈搬东西	大鞋和小鞋		
		主题二 我爱阅读	运书忙	健康阅读		
大班	上学期	主题一 花儿真美	圈儿变变变	蝴蝶传花粉	情绪教育课程 亲子运动会 家长助教	童玩节 童趣游戏 童跃运动会 户外大循环 红树林课程 ……
		主题二 大家一起变	大家一起来修桥	身体的变化——活动的关节		
	下学期	主题一 季节的故事	亲亲春姑娘	超级感冒		
		主题二 多民族大家庭	赛马	瞧我换牙了		

表2-3 三亚市第一幼儿园"小语燕"课程设置表

年龄段		领航课程			护航课程	趣航课程
小班	上学期	主题一 幼儿园真好玩	三只小猪上幼儿园	幼儿园就像我的家	分享阅读 开心鼠英语 故事爸爸妈妈	云上故事会 海燕童书节 海燕读书会 我是故事王 童趣游戏 红树林课程 ……
		主题二 我爱我家	夸夸我的妈妈	我的爸爸		
	下学期	主题一 彩色乐园	变色蜗牛	青蛙种豆		
		主题二 小雨沙沙沙	伞	小蝌蚪找妈妈		
中班	上学期	主题一 我做哥哥姐姐了	别说我小	我当哥哥姐姐了	分享阅读 开心鼠英语 故事爸爸妈妈	云上故事会 海燕童书节 海燕读书会 我是故事王 童趣游戏 红树林课程 ……
		主题二 我的好朋友	乔乔和巧巧	金色的房子		
	下学期	主题一 我爱你，妈妈	我的好妈妈	妈妈的节日		
		主题二 我爱阅读	图书的秘密	小猪变形记		
大班	上学期	主题一 花儿真美	冰淇淋太阳	小青虫的梦	分享阅读 开心鼠英语 故事爸爸妈妈	云上故事会 海燕童书节 海燕读书会 我是故事王 童趣游戏 红树林课程 ……
		主题二 变	野猫的城市	小熊住山洞		
	下学期	主题一 季节的故事	春天是一本书	落叶跳舞		
		主题二 多民族大家庭	五十六个民族一家人	阿凡提的故事		

表 2-4　三亚市第一幼儿园"小礼燕"课程设置表

年龄段		领航课程			护航课程	趣航课程
小班	上学期	主题一 幼儿园真好玩	走一走，瞧一瞧	我的朋友	礼仪课程 燕爸燕妈大讲堂	亲近自然 玩具分享日 童趣生活 童趣联盟 童玩节 美食坊 ……
		主题二 我喜欢的玩具	我喜欢的玩具	一起玩真好		
	下学期	主题一 色彩乐园	好看的衣服	会说话的红颜色		
		主题二 小雨沙沙	打雷闪电我不怕	池塘里的小不点		
中班	上学期	主题一 我做哥哥姐姐了	握握手	我是小小值日生	礼仪课程 燕爸燕妈大讲堂	探访家乡 小小美食家 图书集市 童趣生活 童趣联盟 童玩节 美食坊 ……
		主题二 我的好朋友	我们一起来分享	老师辛苦了		
	下学期	主题一 我爱你，妈妈	妈妈的节日	我给妈妈送礼物		
		主题二 我爱阅读	我喜欢的书	图书分享		
大班	上学期	主题一 花儿真美	花儿博览会	护花使者	礼仪课程 燕爸燕妈大讲堂	美丽的家乡 民族大团结 童趣生活 童趣联盟 童玩节 美食坊 ……
		主题二 好玩的水	保护水资源	欢乐泼水节		
	下学期	主题一 季节的故事	春天的节日	神奇的树		
		主题二 多民族大家庭	那达慕大会开始了	民族大联欢		

表2-5 三亚市第一幼儿园"小思燕"课程设置表

年龄段		领航课程			护航课程	趣航课程
小班	上学期	主题一 幼儿园真好玩	探望熊奶奶	送小动物回家	碰一碰,找朋友 比一比,排一排 正方形宝宝 小蝌蚪找妈妈 燕爸燕妈大课堂	红树林课程 创客工坊 大眼睛科学探索 童趣科技节 ……
		主题二 我爱我家	妈妈和宝宝	三只熊		
	下学期	主题一 彩色乐园	补图画	小花伞		
		主题二 小雨沙沙沙	马戏团	钉纽扣		
中班	上学期	主题一 我做哥哥姐姐了	串糖葫芦	生日礼物	我长高了 有趣的哈哈镜 我从哪里来 图书有几本 燕爸燕妈大课堂	红树林课程 创客工坊 大眼睛科学探索 童趣科技节 ……
		主题二 我的好朋友	小小修理工会	找找积木的面		
	下学期	主题一 我爱你,妈妈	花邮票	掷骰子比多少		
		主题二 我爱阅读	图形身份证	送货小火车		
大班	上学期	主题一 花儿真美	烧烤一串串	小熊排队	小小店员学插花 多变的天气 台风的形成 寻找黎家 燕爸燕妈大课堂	红树林课程 创客工坊 大眼睛科学探索 童趣科技节 ……
		主题二 变	小企鹅游泳队	排书架		
	下学期	主题一 季节的故事	钟点接龙	停车方案		
		主题二 多民族大家庭	民族娃娃来做客	体检站的小帮手		

表2-6 三亚市第一幼儿园"小美燕"课程设置表

年龄段		领航课程			护航课程	趣航课程
小班	上学期	主题一 幼儿园真好玩	打电话	给朋友做烧面	欢乐大森林 妈妈,我亲亲你 走和跑 小鸭子 咔咔福音乐亲子活动	童戏节 童趣游戏 童乐乐园 童艺作坊 童游课程 ……
		主题二 小手小脚动起来	小小手	我们大家做得好		
	下学期	主题一 色彩乐园	变色蜗牛	青蛙种豆		
		主题二 小雨沙沙	伞	小蝌蚪找妈妈		
中班	上学期	主题一 我做哥哥姐姐了	幸福拍手歌	哈哈镜	小跳蚤 我是一朵小花 会飞的抱抱 哈哈镜 咔咔福音乐亲子活动	童戏节 童趣游戏 童乐乐园 童艺作坊 童游课程 ……
		主题二 我的好朋友	章鱼和小鱼	请你和我跳个舞		
	上学期	主题一 我爱你妈妈	我的好妈妈	妈妈的节日		
		主题二 我爱阅读	图书的秘密	小猪变形记		
大班	上学期	主题一 花儿真美	我是一条小青龙	喂鸡	响棒 小云朵 渔歌子 捏面人 咔咔福音乐亲子活动	童戏节 童趣游戏 童乐乐园 童艺作坊 童游课程 ……
		主题二 变	爱护小树苗	海洋行动		
	下学期	主题一 季节的故事	春天是一本书	落叶跳舞		
		主题二 多民族大家庭	对歌大王	阿凡提的故事		

第四部分　幼儿园课程实施与评价

幼儿园课程实施过程，以"童趣课堂、特色课程、童趣游戏、童趣生活、童趣联盟、童趣社团"等不同形式相结合，灵活地推进课程实施。

一　建构"童趣课堂"，提升保教质量

在儿童眼里，生活是美好而神秘的，他们对一切都充满好奇与兴趣。童趣课堂以儿童的发展需要为出发点，尊重儿童的天性，利用孩子们天真活泼、好动、好问、好表现的天性，根据儿童的心理特征和年龄特点设计活动，在课堂中加入喜闻乐见的童趣元素，激发幼儿天性，激活课堂学习气氛。"童趣课堂"给予孩子们一个自由的空间和时间，让他们尽情地去观察、去探索、去讨论，让幼儿在快乐的学习中体验童趣课堂的快乐。

（一）"童趣课堂"的实施途径

教师以趣激趣，以情激情。教师在课堂中可以借助富有情绪色彩的形象场景，使学习材料趣味化，诱发幼儿的探究欲望，激发幼儿的情感，开展童趣化学习。基于儿童立场是创设教学情境的基本原则，教学情境要从幼儿的经验基础出发，要充分体现趣味化特征，激发幼儿好奇心，诱发幼儿主动探究的兴趣，促进幼儿在情境中发现问题和提出问题，解决问题，鼓励幼儿带着快乐的心情体验感悟。创设趣味情境，通过有趣的故事、游戏、生活等方式，催发幼儿积极情绪，激发幼儿学习兴趣。

（二）"童趣课堂"的评价方法

幼儿学习活动过程性评价需多样化，特别是要对儿童在过程中的态度、情感、行为付出努力的程度及创意性表现进行评价，抓住孩子学习过程中的闪光点，以恰当的评价调控学习过程，增强学习效果，实现情感内化。针对幼儿的学习特点和心理特征可用以下评价方法来进行过程评价。

1. 小组评价法

"小组评价法"的主要目的是培养幼儿的集体观念，让幼儿学会关心、学会欣赏、学会合作、学会以集体意识参与活动、参与竞争，自己的伙伴自己帮。评价时，让学生经过充分的过程体验，形成高效的合作学习习惯。

2. 肯定评价法

"肯定评价法"是在平常教育教学中,教师细心观察幼儿在活动中的表现,对幼儿的行为及时地给予肯定。每个幼儿都迫切希望自己的努力被肯定、被认可,因此这是激发幼儿内在潜能的重要途径之一。

3. 奖励评价法

"奖励评价法"是利用幼儿感兴趣的、生动活泼的形象贴纸,参与每一次的评价。这种评价幼儿易于接受,印象深刻,评价效果持续的时间长。例如运用五角星、花朵、红旗、大拇指、小动物(植物)、儿童卡通人物形象等,让幼儿从获得的贴纸中享受到成功的愉悦。在使用这些贴纸时,教师要充分尊重幼儿的个人选择,让幼儿利用自由挑选的贴纸来评价自己。

二 建设"童戏课程",发展办园特色

"童戏课程"是以幼儿喜欢的绘本为载体,融合音乐、美术、舞蹈和文学,创造条件让孩子们自创剧目充分展现自我,自由表现,激发幼儿的创造力,在轻松活泼的活动中释放天性,让"童戏课程"充满"童味"。在"童戏课程"中,每位幼儿都是小小的编剧,他们用童心抒发戏剧的精华。戏剧表演让改编的故事动起来、活起来,使幼儿释放自己的天性,让幼儿呈现一场精彩的趣曲人生,童趣在味,留下美好的童年。

(一)"童戏课程"实施路径

本课程每学期为一个教学周期,需三个月,共12个课时,每周一课时,以小中大班级幼儿为主要对象。以分组交流、合作学习、成果展示、表演展示等方法,通过教师、家长的支持获取教学资源,鼓励幼儿创编,展示成果。"童戏课程"的操作模式三要素:选、编、演。

1. 选

本着"我的戏剧我做主"的理念,从课程开始的脚本到各个角色、剧场工作都由幼儿通过竞选的方式来完成。幼儿在"选"的过程中充分表达自己的观点,体现以儿童为主的课程理念。

2. 编

选好戏剧剧目后,利用语言领域活动,通过家园配合,引导、鼓励幼儿创编剧本,培养幼儿的创造力,让每个孩子都成为"戏剧家"。

3. 演

为幼儿创造展示的舞台和机会,鼓励幼儿通过小组合作把创编的剧目演出来,让表演展示、大胆表现和合作交流成为幼儿课堂学习的主要方式,培养幼儿的自信心与成就感。

(二)"童戏课程"评价标准

本课程坚持以激励性的评价为主,根据幼儿的年龄特征,采取适当的评价方式,注重方法的多样性和灵活性,实行多元化评价,促进幼儿主动参与、自我发展。具体的评价方法有即时评价法、幼儿互评法、展示评价法。

1. 即时评价法

在课程实施的过程中,教师注意发现乐于参与活动,积极表现的幼儿,运用正面的激励性语言,及时表达对幼儿的肯定与赞赏,为全班幼儿树立榜样,帮助幼儿认识自我,树立信心。

2. 幼儿互评法

在"选"的环节中,以投票的方式进行互评。使用评价小贴纸,让幼儿对自己喜欢的作品用贴纸相互进行评价,让幼儿体验快乐,学会欣赏。

3. 展示评价法

将改编的优秀戏剧作品搬上舞台,依托幼儿园举办的童话节、展演周等活动,搭建平台,多元展示"童戏课程"的效果,在展演中选举最优秀创作奖、最炫设计奖、最佳表演奖、最美服装奖等,激发幼儿的学习热情,鼓励幼儿张扬个性,展示个人特长,发挥榜样的示范激励作用。

三 推进"童游课程",满足儿童探索需求

"童游课程"中的"游"指的是游历、畅游,是以挖掘和利用本土红树林为课程资源的园本课程,即"儿童快乐游历红树林"。课程是以儿童的问题为导向,站在儿童的立场,追随儿童的脚步而开设的儿童感兴趣的活动课程,以满足儿童探索的需求,促进儿童的智情发展。站在园本课程视角,适当开设符合儿童,符合本土的有特色的园本课程,以丰富幼儿园课程,健全幼儿园课程体系。

(一)"童游课程"的实施路径

课程的构建是一个不断发展的过程,它需要在实践中逐步完善。"童游课程"以项目化活动的形式开展,以各班根据幼儿问题兴趣生成的有价值的班本课程为形式进行实施。"童游课程"的操作模式三要素:问、研、引。

1. 问

以儿童的问题为课程导向,通过梳理、分析,提炼出有价值的可用于课程开展的问题,积极引导幼儿探索并与五大领域核心经验结合,生成相应的课程。

2. 研

研学是"童游课程"最重要的实施途径之一,通过研学为孩子提供可实践可操作可探究的条件和机会,让孩子的动手实践、自主探索、自我解决问题成为课程学习的主要方式。

3. 引

站在儿童的立场,追随儿童的脚步生成课程是"童游课程"的根本,因此,教师要观察儿童,会提问,激发兴趣,引导儿童针对问题开展活动,引领幼儿的个性化发展。

(二)"童游课程"评价标准

"童游课程"秉承真实性、过程性、生成性、发展性的原则,我们强调在真实生活情境下对幼儿的学习、成长、发展进行评价。首先,注重儿童在教育活动中的表现,是否主动,针对他们参与程度的高低、情绪表现、合作性、探索性等进行评价;其次,注重对教师提供的材料是否可观察可实践可操作的评价;再次,注重师幼关系在课程中互动的质量的评价;最后,注重教师活动中的调控能力,引导幼儿发现问题解决问题能力及教师观察能力的评价。

四 推动"童趣游戏",释放幼儿天性

"童趣游戏"就是让游戏贯穿在儿童的生活情境当中,在游戏中让儿童感受到游戏的乐趣,满足儿童心理需求;在童趣游戏中,游戏是儿童自由选择的、自主开展的、自发交流的、积极主动的过程。而游戏的原则是自然的、真实的、适合儿童本身的。儿童是游戏的主人,在这样的游戏过程当中,自主权是孩子的,没有成年人的干涉,儿童自己抒发内心的情趣,追求快乐;在"童趣游戏"中,儿童会运用各种材料和玩具,凭着自己的生活经验通过模仿和想象,自我创造性地反映现实生活的过程。

(一)"童趣游戏"的课程实施路径

"童趣游戏"包含室内自主游戏和户外自主游戏。室内自主游戏每天在各年龄本班级开展,教师追随幼儿兴趣,创设良好的环境,提供适宜的材料支持幼儿游戏,促进幼儿在游戏中获得多元的发展;室内自主游戏还包含多功能室游戏,教师结合幼儿身心发展和尊重幼儿的个性,创设丰富的课程;户外自主游戏,把游戏搬到户外,让自然的环境给幼儿提供更广阔的空间,将户外区域规划为既适合小组或个人的游戏区域,也有供集体使用的较大游戏空间,并打破班级界限,鼓励幼儿进行混龄游戏,这既有利于幼儿与同伴交往,也有助于培养他们的自信心。室内外游戏,让孩子有更多的玩耍空间,让幼儿的成长更具幸福感。

(二)"童趣游戏"课程评价

"童趣游戏"的评价是从游戏环境与材料互动、教师对游戏指导以及幼儿游戏水平等方面进行评价。评价过程注重教师观察,促进幼儿在游戏中获得学习和成长。具体评价维度如下。

1. 游戏环境与材料适宜度:游戏环境符合本班幼儿的年龄特点、兴趣与需要,有层次,有开放性,并保证创造性游戏的持续开展。

2. 教师观察指导的适宜度:教师观察幼儿的表现,理解和看懂幼儿的游戏行为,适时介入和指导。教师的指导具有引导性和启发性,支持游戏的进展。

3. 幼儿游戏水平的提升度:幼儿积极投入游戏,体现自主、自发,不断丰富游戏情节,具有一定的想象力和创造力。幼儿的合作意识和交往能力在游戏中有较好的体现和提升。

五 创意"童趣生活",助力幼儿成长

《幼儿园教育指导纲要(试行)》提出:"幼儿园应为幼儿提供健康、丰富的生活和活动环境,满足他们多方面发展的需要,使他们在快乐的童年生活中获得有益身心发展的经验。"

"童趣生活"强调关注幼儿的生活,课程设计来源于并始终贯穿于幼儿的一日生活。从孩子身边的生活中汲取营养,通过有趣味的生活化主题活动,培养幼儿的独立性、自主性,满足幼儿探索和自我服务的需要,使幼儿的相关能力得到提高和学习,为孩子将来能快乐生活打下基础。

(一)"童趣生活"的课程实施路径

"童趣生活"结合幼儿身心特点及生理需要,精心组织,包含"阅读好时光、睡前好故事、倾听好音乐、交流好时光、快乐午餐时光、花样散步时、快乐值日生"等活动,鼓励幼儿在生活的每个环节自主、自信地参与规则的设置,让幼儿真正成为生

活的小主人。

"童趣生活"课程通过实施生活化的主题活动,在生活中融合健康、语言、艺术、社会等多个领域内容,借助有趣的自我服务与管理、有趣的自主生活操作区开展。教师每周利用多功能室开设"创意生活馆",促进幼儿习得良好的生活习惯,助力其成长。

感受和体验生活是"童趣生活"课程的基础,让课程来源生活又回归生活,离不开家园共同配合与相互促进。"童趣生活"课程强调家园有效沟通,达成教育观念统一。教师要充分利用自然环境和社区资源,建立家园社区联盟,扩展幼儿的生活和学习空间。(见表2-7)

表2-7 三亚市第一幼儿园"童趣生活"家园社区联盟课程实施表

类别	课程目标	课程资源	活动实施
幼儿园与家庭	幼儿家长的文化背景等是"学习"可利用的资源,发挥家长作用,让家长能参与到教育中来,让家长更了解幼儿园的教育目标,从而达到家园共育,形成教育合力。	1. 家长进课堂(警察、医生、厨师等) 2. 家长委员会 3. 家长会 4. 家长开放日 5. 家长志愿者	1. 亲子活动 2. 警察叔叔进校园 3. 爸爸妈妈讲故事 4. 爸爸妈妈和我们玩玩小时候的游戏 5. 爱牙日活动(牙医进课堂)
幼儿园与社会	幼儿园和社会密切合作,充分利用社区资源,促进幼儿园课程的完善,共同为幼儿的发展创造有利的条件。	社区、公共场所(公园、图书馆、超市)、文化资源(博物馆、科技馆)	1. 春游、秋游 2. 参观军营 3. 参观消防队 4. 参观小学 5. 走进红树林 6. 净滩活动

(二)"童趣生活"课程评价标准

我们从幼儿发展评价指标出发,结合生活活动基本经验,梳理生活活动的幼儿发展评价内容(见表2-8),通过幼儿自主创造的奖励性机制来激励幼儿完成和提升各项活动。在生活活动各环节观察中我们最常用的记录工具是奖励表。奖励表是生活活动中幼儿发展评价常用的记录工具。

表 2-8　三亚市第一幼儿园"童趣生活"课程实施评价表

项目	评价内容	评价等级 ABC
环境创设	氛围宽松,能满足幼儿生活活动需要,有利于提高幼儿生活自理和自我管理能力。	
	生活设施和用品符合幼儿年龄特点,体现安全、卫生、实用。	
教师组织	引导幼儿形成合理、有序的一日生活活动常规,减少消极等待的现象。	
	注意培养幼儿良好的生活、卫生习惯和生活自理能力。	
	注重对幼儿的安全、卫生、营养和保健等方面进行随机的、渗透性的教育。	
	亲近幼儿,关注个别幼儿的特殊需要,给予适时适宜的支持与帮助。	
	注重家园合作,对幼儿一日生活活动的常规要求一贯、一致。	
	能根据季节和幼儿实际,适当调整活动时间和内容。	
幼儿表现	在集体生活中情绪安定、愉快。	
	有良好的饮水、饮食、如厕、盥洗、午休等生活卫生习惯,能保持个人和生活场所的整洁、卫生。	
	有生活自理的意识和与年龄阶段相适应的能力。	
	懂得必要的安全、卫生、保健常识,知道基本的保健和自我保护方法。	
	有为同伴、集体服务的意识和能力,遵守生活活动规则,能正确使用和整理基本的生活用品、用品。	

六　设计"童趣节日",浓郁课程氛围

"童趣节日"以儿童为本,引导儿童共同参与、积极体验、快乐成长。我们结合幼儿的兴趣爱好及中华传统节日,通过主题活动,以多样的活动方式让幼儿了解不同节日的习俗及文化,让孩子每天都沉浸在"过节"的快乐氛围中,使其幼儿园生活有趣有质量。

(一)"童趣节日"课程实施路径

"童趣节日"课程包含童趣传统节日课程和童趣园本节日课程。中华传统节日是一种文化,文化是人类,或者是一个民族、一群人共同具有的符号。"童趣节日"

课程是以中华传统节日为载体开设的一系列主题活动。在大的主题框架下,各班级根据本班幼儿的年龄特点,师生共同生成班级传统活动课程,使幼儿在积极的参与中体验传统节日的文化,感受节日的氛围,促使幼儿健康成长。"童趣园本节日课程"是根据幼儿的兴趣爱好,结合主题,创设的具有本园特色的节日,如四月份的童书节、六月份的童话节、九月份的童玩节、十二月份的童戏节。我们努力让园本节日活动成为幼儿的项目化学习活动。

表 2-9 三亚市第一幼儿园"童趣节日"课程

时间	节日	主题	活　　动
一月	元旦	过年了	剪窗花、做灯笼、贴对联、我的心愿树
二月	元宵节	我们一起闹元宵	甜甜的汤圆(做汤圆、吃汤圆)、猜灯谜
四月	童书节	读书快乐　快乐读书	图书集市、小书制作展、我是书香宝宝、爸妈故事会
五月	母亲节	润物春雨——母亲节	我给妈妈送礼物、我和妈妈的悄悄话、我的妈妈
六月	儿童节	快乐过六一	"六一"家长才艺汇演、大手牵小手
六月	父亲节	送去真心,幸福点缀	我喜欢的爸爸、自制小礼物、亲子小游戏
六月	端午节	小小粽子送真情	好吃的粽子、五彩绳、自制香包、龙舟比赛
六月	童话节	品味童话　快乐成长	经典童话电影展播、动画片歌曲演唱、童话剧展演
十月	国庆节	祖国妈妈我爱您	国庆节的由来、认识国旗、歌唱祖国
十月	中秋节	团团圆圆过中秋	中秋节的由来、好吃的月饼、月亮姑娘做衣裳
十月	重阳节	重阳节,浓浓敬老情	给爷爷奶奶按按摩、自制爱心贺卡、说一句温暖的话
十二月	童戏节	童戏、童真、童趣、	戏剧班展演

(二)"童趣节日"课程评价标准

根据各班节日主题活动方案设计,综合活动的实施,对活动过程与活动结果进行评价。一是活动的设计是否凸显主题思想,是否可以操作,是否体现"我的节日我做主"的课程理念;二是活动目标是否符合幼儿的发展规律,活动形式是否丰富多样,教师对活动的重难点把握是否准确;三是针对节日活动的特点在节日课程实施的过程中,记录幼儿的行为与反应,关注幼儿在活动过程中的态度方法、行为方式,并对其及时作出表扬以及正面导向性评价。

七 创设"童趣社团",发展儿童兴趣

"童趣社团"是在实施基础性课程和园本课程的过程中,尝试通过"小社团"活动,作为课程的补充,以求更好地将幼儿个性特点与课程内容有机整合,促进幼儿全面发展。

(一)"童趣社团"的实施路径

幼儿园开发丰富多彩、可供选择的社团课程资源,并且做到与幼儿园的育人目标相匹配,与幼儿的兴趣需求相匹配,与课程内容相匹配。社团课程以班级上课的形式,每班每周利用两个个别化学习时间开展。基本实施方法:社团负责教师安排课程时间—撰写课程纲要—教研组及分管领导审核—发布选课信息—教师根据班级幼儿特点选课—社团开课—社团负责教师全程监督指导—社团展示—社团总结评价。通过开展社团活动,补充课程的不足,使幼儿增长知识与技能,同时展示丰富多彩的园所文化和蓬勃向上的精神风貌,较好地满足了幼儿自主选择和个性发展的需求。

(二)"童趣社团"的评价标准

"童趣社团"评价以幼儿喜欢的"集赞"方式进行,在活动中一个要求达标就积累一个小勋章,十条要求共对应十个小勋章。九个及以上的勋章对应"真棒",六个到八个勋章对应"还能更棒",六个以下勋章对应"再接再厉"。评价要求中包含了活动形式、活动目标、幼儿行为与教师行为。

表2-10 "童趣社团"的评价表

评价视角	评 价 内 容	评价人
活动形式	体现幼儿为主体,教师为主导的活动形式	教研组
	内容科学有趣,操作性强	教研组
活动目标	目标适宜且具体,符合幼儿的身心发展规律	教研组
	促进幼儿的技能和创新意识的发展	教研组

续 表

评价视角	评价内容	评价人
幼儿行为	幼儿积极参加,对活动感兴趣,主动学习	教研组
	有小组交流、同伴互助合作学习的意识	教研组
	大部分幼儿能达成目标对应的要求,有所收获	教研组
教师行为	关注幼儿活动生成,及时推动	教研组
	面向全体,关注个别差异,因材施教	教研组
	语言简洁有趣,便于幼儿理解,教态自然大方,有感染力	教研组

八 共建"童趣联盟",推进家园共育

陈鹤琴先生指出:"幼儿教育是一种很复杂的事情,不是家庭一方面可以单独胜任的,也不是幼儿园一方面可以单独胜任的,必须两方面结合方能得到充分的功效。"父母要对幼儿园的教育给予大力支持,做到家园一致,这样才能使我们的教育更有效的发展。"童趣联盟"即家长与幼儿园在充满童趣童味的环境下,统整家园资源,形成并实施家园共育课程,培养家长参与幼儿园教育的科学性、合理性,达成家园教育的一致性,丰富服务幼儿成长的课程资源,让每个孩子幸福快乐成长。

(一)"童趣联盟"的实施路径

1. 构建班级家园联盟,加强沟通合作

首先要统筹部署,组织落实,做好"童趣联盟"共建工作,建立健全以班级为单位的家委会,整合资源,完善各班家委会机构,成立家长助教团、家长义工队,构建起"幼儿园、家庭、社会"三位一体的教育网格,提高家园合作的广度、深度和融洽度。家园双方设有专人负责做好联络、布置的工作,每学期至少召开一次共建会议,有活动时随时召开,使家园双方做到联系密切、交流畅通、合作协调,家园携手,呵护孩子健康成长。

2. 挖掘利用家长资源,丰富课程内涵

幼儿园的家长来自各行各业,是幼儿园重要的课程资源。因此,我们充分挖掘和利用家长资源,开展爸妈进课堂、故事妈妈、运动爸爸等课程,让家长走进幼儿园,与孩子互动,开展与自己工作领域相关的主题活动,让幼儿走近课堂教学领域以外的知识,丰富幼儿的经历。幼儿园还整合了各班的课程资源,进行资源共享,开展大课堂课程,即一个家长同时给几个班级的孩子授课。同时,也主动邀请家长参与幼儿园的活动。家园合作的双向教育模式,既开阔了幼儿的眼界,丰富了生活,更为孩子们提供来自生活与家庭的、多元化的、差异而独特的课程资源,全面拓展了孩子们的知识面,同时也提高了家长参与幼儿教育的热情。

(二)"童趣联盟"的评价标准

家园共育中最为重要的一点就是要保证教师和家长之间的平等地位,只有明确这一点,才能顺利展开"家园联盟",帮助幼儿健康成长。评价对象是教师与家长。

在"童趣联盟"家园合作中,老师应扮演合作者、保护者、倾听者、接纳者、指导者及研究者的形象。园所针对教师的家园沟通家园共育的情况,进行学期末的考核,优秀教师可获得"家园能手"的称号,对表现优秀者进行表彰,以资鼓励;家长扮演观察者、学习者、支持者和教育者的角色。教师可针对本班家长平时对幼儿的关注度及对教师工作的支持,学期末在班内评选出几名"优秀家长",对表现优秀者进行表彰,以资鼓励。

表 2-11 "童趣联盟"评价表

教师	评价人	家长	评价人
和家长紧密合作,共同营造适合幼儿成长的教育环境	教研组家长	观察幼儿园,对幼儿园近期的教育目标、教育计划有所了解	教师、幼儿
保护家长隐私,不谈论家长的家长里短	教研组家长	有效学习如何进行家庭教育	教师、幼儿
耐心倾听家长心声,做到"知无不言,言无不尽"	教研组家长	支持幼儿园开展的活动	教师、幼儿
遇到教育问题时,虚心接受家长意见,改进自己的教育方式	教研组家长	对孩子进行教育,进行有效的陪伴	教师、幼儿
运用自己所学的最新教育理念对家长进行指导	教研组家长	配合并积极参与幼儿园各项工作	教师、幼儿
进行科学研究,不断改进家庭教育指导的方法	教研组家长		

总之,"童趣课程"把童趣教育融入幼儿的一日生活中,顺天性,展个性,养灵性,创思维,呵护童心,让童年属于童年,让天真依然天真。"童趣课程"全面贯彻党的教育方针,认真贯彻落实《幼儿园工作规程》和《幼儿园教育指导纲要(试行)》《3—6岁儿童学习与发展指南》精神。顺着幼儿的天性去教育,与幼儿兴趣同行,使幼儿成为本真的自己,成为一个可持续发展的自己,充分展示自己的天性,让幼儿有一个幸福而快乐的童年。

(撰稿者:蒲日芳、林天真、麦婷、周永丽、吉家香、吉小莎、陈早君、陈慧婷、赵云、黄兰萍、卢娜)

第三章　主体逻辑：目标的完整性

◇

主体逻辑是构成学校课程文化的重要内容。主体逻辑表现为目标的完整性，从构建素质教育要求的新基础教育课程体系的角度来看，完整的课程目标至少要从四个层次去分析。课程目标的思维认知，追求多元，防止单一；课程目标的思维过程，追求实践，防止空想；课程目标的思维反馈，追求创新，防止守旧；课程目标的思维聚焦，追求持续，防止间断。课程目标的科学制定与完整实现，是追求人文素养与科学素养的完美统一。

逻辑,就是思维的规律。课程主体逻辑,顾名思义,就是作为教学主体的课程要遵循思维规律,要符合学生的认知习惯。刘启迪在其《课程目标:构成、研制与实现》一文中提到:"课程目标是构成课程内涵的第一要素。课程内容的设计和课程实施的进行,基本上是以人们对课程目标的学习、认识以及变通把握为重要前提的;即使是课程评价,它的实行也是以课程目标的实现程度和水平为重要依据和准绳。"①目标作为人的驱动力,既要思考过程,又要重视结果,在认知上要有系统性和完整性。

一、课程目标的思维认知

课程目标是对特定教育阶段的课程进行的价值和任务界定,是特定教育阶段的学校课程所要达到的预期结果。从观念上看,人们对课程目标的理解和认知与课程内容设计不具有同一性,存在偏差。一般而言,家长和学生对课程认知表现为语、数、英、体、美等分科课程,具有传统意义上的惯性思维,学习课程的目标就是应试,实现人生价值的追求。新课程强调知识与技能、过程与方法、情感态度与价值观的三维目标,既强调知识的获得,又重视获得的过程,更要激发学生的积极性、主动性,不再是单一的应试追求,也不为多数人所理解。

在以人为本的理念下,学生往往被视作教育主体,这个主体是在过程中经流水线、标准化而逐渐打造出来的,是家长的期盼、社会的需求,脱离了作为课程目标的主体逻辑性。课程目标是育人目标的具体表现,也是课程功能的现实表征,是一定阶段的学校课程力图促进这一阶段学生的基本素质在其主动发展中最终应达到的预期水准。

人大附中三亚学校秉承"全面发展+突出特长+创新精神+高尚品德"的育人目标,以"五育"并举思想为灵魂贯穿国家课程、地方课程和校本课程的核心,通过对国家课程、地方课程和校本课程的充实完善、转化改良或专门创建,逐步建立健全有机统一的德智体美劳"五育"并举学校课程体系,协调统筹各学科的核心素养,依据关键能力和必备品格两个方面,确定形成包括认知力、合作力、创造力、健美力

---

① 刘启迪.课程目标:构成、研制与实现[J].课程·教材·教法,2004(08):24—29.

和品格力在内的"生长力"课程理论基础，努力创造适合每个学生发展的教育，寻求规律，力求完整。

二、课程目标的思维过程

教育是有目的地培养人的活动，学生是发展的主体，是教育活动中具有主动发展可能性的人，课程目标的思维过程就一定要使教育活动适应学生的身心发展规律。我国新课程改革的核心目标是要实现课程功能的转变，即改变课程过于注重知识传授的倾向，强调形成积极主动的学习态度，引导学生学会学习、学会生存、学会做人。课程目标的形成要依据学习者的需要、学科的发展、教材内容、学生的具体情况和当代社会生活的需求等，既微观又宏观，不仅全面更加具体，是教会学生学习、生存及做人的具体实践。要想二者有机联系起来，就需要寻找规律，形成闭环。

人大附中三亚学校在其育人目标方向的指导下，其课程目标不仅要有满足知识获得的需要，更要通过课程的实施满足学生人格力、智慧力、健康力、审美力、创造力的培养需要；不仅要满足学生共性的学习需求，还应满足学生个性发展的需求和社会多样化发展的需求，更应满足学生的创新精神、创造实践能力的需求。课程是学校教育的主要载体，是培养目标实现的主要内容与途径。"蓄力教育"的五个要素在目标定位上，就是"品格力"定方向、"认知力"长才干、"合作力"聚力量、"健美力"美身心、"创造力"助梦想，这"五位一体"的培养路径充分结合了人的精神和身体成长需要，有机统一了人的个体性和社会性的辩证关系，是对马克思主义"人的全面发展"思想的继承和深化。

三、课程目标的思维反馈

思维反馈是着力提高学生服务国家、服务人民的社会责任感、勇于探索的创新精神和善于解决问题的实践能力，其核心是解决好培养什么人、怎样培养人的重大问题。课程的实施与管理体现了对课程目标的贯彻与执行，"做一个有力量的中国人"，这就要求学校为学生们打造一片适合健康成长的沃土，使之成为发展自我的内在需求。课程目标的反馈由绝对性反馈发展到差异性反馈，绝对性反馈是对学生是否达到了目标的要求或"达标"的程度所作出的被动反馈,这种反馈过于重视统一性,忽视了反馈的差异性和层次性。我们提倡对学生提出的不同反馈及时加以引导,以促进所有学生都在"最近发展区"上获得充分的发展。

"蓄力课堂"的课程目标要求体现"生本立场",突出"启智、冶性、锤志"的教育理念,核心素养下的"蓄力课堂"分为关键能力和必备品格,其中必备品格叫品格力;关键能力则分为认知力、合作力、创造力和健美力,这五种力的结合恰恰体现了我们"蓄力课堂"德智体美劳五育并举的落地实施。

"蓄力课堂"明确教学目标,落实"堂堂清",致力于引导学生主动学习,不断培养学生的思维能力、探究能力、创新能力,让学生肯学、想学、会学,鼓励学生灵活探究、触类旁通、学以致用,真正实现课堂高效。

综上所述,设定课程目标时,要以主体逻辑方式,审视课程目标是否符合学生的认知规律,全面、综合评价,及时反馈,形成闭环。

四、课程目标的思维聚焦

在新课程改革背景下,课程权力下放,国家、地方和学校在课程层面分级管理,各司其职。学校作为课程政策的实践主体,具备一定的课程自主权,其职责在于整合、落实三级课程,以实现总体课程目标要求。[①] 随着学生年龄的增长,在依次演进的每个年段、每个年级,按照学生发展的动态水平层次,把预期教育结果按难度低高分解后由简单到复杂、从低级到高级地排列成一道螺旋式上升的阶梯,从而在课程实施中适应和促进学生的智能发展跃上一个又一个阶梯,一步一步地把预期教育结果内化为学生的发展成果,因此学校的"生长力"课程实施为螺旋上升阶梯式,这既体现出学校十二年制教育教学的整体性,又给予各学段、各学科足够的空间进行具有本学科特征的评价开发,使评价更能彰显学校特色和学科特色。我们谨遵校训,敢于创新,五育并举,五力齐发,在开足开齐国家课程,全面发展的基础上,开发校本化课程,按内容和形态分类,体现"突出特长"。

[①] 袁利平,杨阳.人的全面发展:学校课程建设的价值坐标[J].中国教育科学(中英文),2021,4(01):81—90.

人大附中三亚学校把"崇德、博学、创新、求实"的校训落实到"蓄力课堂"中,有效实施学科教学,以打造生动多彩、内容丰富的课堂。"蓄力课堂"内涵特征与实践操作不仅把课程作为目标或计划,更把课程作为活动或进程。在教师引导下,学生自发学习、感受、探究、获得经验或体验。我们为学生全方位发展搭建平台,尽可能提供资源,促进学生健康发展。"蓄力课堂"是因材施教、踏实稳进的课堂。三级课程的有效设置,基础课程的牢固掌握,为学生低起高飞助力。"蓄力课堂"是"汇智"课堂,打造空中课堂,实现双师授课,整合教学资源,为学生高飞蓄力。

(撰稿者:王平)

文化逻辑　　"生长力"课程:为每一个孩子设计有力量的学习经历

中国人民大学附属中学三亚学校是经海南省三亚市人民政府和中国人民大学批准,由人大附中联合学校总校、人大附中和人大附中实验小学指导建立的一所全日制公立学校。学校占地面积400亩,位于三亚市海棠湾,风光秀丽,气候宜人。校园分办公区,小学教学区、初中教学区、高中教学区、学生活动区、学生宿舍区等,建设有航天创客实验室、航天测控站、天文台与天文教室、海洋科学实验室、分子生物学实验室、虚拟现实实验室等特色教学功能场所,拥有一流的办学条件与教学设备。我们依据教育部《关于全面深化课程改革落实立德树人根本任务的意见》(教基二〔2014〕4号)《关于深化教育体制机制改革的意见》《关于深化教育教学改革全面提高义务教育质量的意见》《关于做好普通高中新课程新教材实施工作的指导意见》《关于新时代推进普通高中育人方式改革的指导意见》《关于全面加强和改进新时代学校体育工作的意见》《关于全面加强和改进新时代学校美育工作的意见》《关于全面加强新时代大中小学劳动教育的意见》等重要文件精神,推进学校课程变革,取得了可喜成效。

第一部分　学校课程哲学

学校教育哲学是基于学校实践活动、存在于学校个体情境中的一种观念性存在,是由本体观、属性观、目的观、人性观和实践观组成的结构体系。学校课程哲学是学校教育哲学的有机组成部分,是一所学校课程建设的价值追求。

一 学校教育哲学

人大附中刘彭芝校长指出:"教育应该让每个孩子都能健康快乐地成长,使他们适应未来的生存环境,过和谐、幸福、有价值、有意义的生活。"这体现了人大附中的教育理念,也体现了时代赋予所有教育工作者的使命和责任。刘彭芝校长提出"爱是教育的最高境界,爱是自然流溢的奉献,尊重是教育的真谛,尊重是创造的源泉"。

我们认为,人大附中的教育哲学"爱与尊重",旨在更好地培育学生发展核心素养,蓄力未来。基于此,人大附中三亚学校提炼出自己的学校教育哲学:蓄力教育。我们认为教育是民族振兴、社会进步的重要基石,是功在当代、利在千秋的德政工程。在解决培养什么人、怎样培养人、为谁培养人这些根本问题的同时,还要让教育能够持续不断为民族蓄力,这对实现中华民族的伟大复兴具有重要意义。在教学实践探索中提倡德智体美劳五育并举,同向发力。

"蓄力教育"是脚踏实地的终身教育。十年树木,百年树人。教育之路是一个慢工,急求而不得。我们既要有仰望星空去追逐梦想的勇气,也要有脚踏实地去实现梦想的努力。蓄力教育关注学生的终身成长,实现各类教育资源共享,通过坚持不懈的探索,把教育作为一种工作责任、一种精神境界、一种人生追求、一种生活乐趣,为学生成长蓄力,为祖国腾飞蓄力。

"蓄力教育"是爱与尊重的个性教育。个性化教育的最终目标,就是实现"一生一案",量身定制,真正为每一个学生提供适合的教育。个性化教育催生出爱与尊重的教育范式,和孔子提出的有教无类有异曲同工之妙,因材施教充分尊重学生的意愿,相信每一个孩子都有成功的潜能,用尊重的态度、仁爱的方式去教育,使学生厚积薄发,完成蜕变。

"蓄力教育"是面向未来的智能教育。未来,国与国之间的竞争是教育的竞争。我们国家今天的经济成就、社会发展,离不开过去我们重视教育、投入教育。为了更好地适应时代的发展,我们应该探讨如何锻造出更加智能的教育模式,"智"指能动性,包括自动化、自学习、自组织、自适应化等。我们要努力做到管理的智能化、教和学的智能化、校园服务的智能化,多元融合,形成教育合力。同时探索基于核心素养培养的课程体系建设,构建行业导向课程群,更加注重课程实施内容的创新,要求学生具备踏实的学科基础,且具有较高的技术拓展水平,让学生获得高品质的教育,才能更好地蓄力。

我们的教育信条如下:

我们坚信,
教育是一种力量;
我们坚信,
为爱蓄力,唯有尊重;
我们坚信,
学校是蓄力未来的地方;
我们坚信,
教师是生命成长的赋能人;
我们坚信,
每一个孩子都拥有无限的潜力;
我们坚信,
让生命充满力量是教育最美的图景;
我们坚信,
让每一个孩子做有力量的中国人是教育的使命。

基于这一教育哲学,依据人大附中的办学理念"尊重个性,挖掘潜力,一切为了学生的发展,一切为了祖国的腾飞,一切为了人类的进步",我们将人大附中三亚学校的办学理念定为:为爱蓄力,唯有尊重。

我们认为,当今社会每个人最需要的就是爱和尊重。建立在爱与尊重基础上的教育才能走进学生的内心,尊重意味着以平等的眼光看待并重视学生为人的价值,不是要学生成材、成器,而是要学生成人,这是对生命独特个体的尊重,更是爱的最高境界,尊重个体、充满爱的教育才能让学生真正做自己,真正为未来蓄力。

二　学校课程理念

基于对上述办学理念的理解,在课程培养目标的引领下,我们确定人大附中三亚学校的课程理念是：为每一个孩子设计有力量的学习经历。

课程即力量的积蓄。为了实现爱与尊重的蓄力教育，我们倡导"以尊重为爱蓄力"，通过优化课程结构，更新课程内容，加强课程的综合性、实践性和选择性，着力培养学生的突出特长、创新精神和实践能力，使学生的素质全面提高。通过构建"以学生为本"的素质教育课程体系，以促进人的个性自然和谐发展为宗旨，让学生享受到最适合其健康、快乐发展的教育的同时，充分挖掘和展示其自身才能和潜质，在充分保障学生选择权的基础上使其既能全面发展，又能突出特长，从而构建承载梦想的"蓄力课程"，将"爱与尊重"的美好品质烙印在人大附中学子的身上和心中。

课程即学习的经历。课程是为学生提供学习的氛围、学习的空间和学习的过程，让学生在学习过程中经历成长，经历挑战，经历收获。每一门优秀的课程就是学生一段难以忘怀的学习经历。学校在课程理念上实现了突破性变革，即树立起课程是为学生提供学习经历并获得学习经验的观念。学校应该以学生发展为本，构建体现时代特征和学校特色的课程体系，以德育为核心，强化科学精神和人文精神的培养。以学习方式的改变为突破口，重点培养学生的创新精神和实践能力，加强课程的整合，促进课程各要素间的有机联系。通过提供基于多元智能理论的六大方面课程的经历，注重学生的全面发展，真正实现学生由学校人向社会人的转化。各项课程有不同的实施形态，不同类型的课程和不同学科都制订相应的"课程标准"。

课程即个性的生长。以课程创造适合每个学生发展的教育，使课程满足学生个性化多元发展的需求，面向人类科学与社会发展的未来，着眼于学生成长与人生发展。大鹏一日同风起，扶摇直上九万里。后生可畏，不要小看新一代，只要给足发展的空间，他们终有一天能乘风破浪大展宏图。每个学生天赋不同，秉性各异，都是鲜活的而不可复制的生命个体。我们要努力创造适合每一个学生发展的课程，体现教育的真谛。

课程即梦想的摇篮。中华民族的伟大复兴梦想是和每一个人的梦想紧密联系在一起的，学校教育就是为每一个有梦想的孩子蓄力，让他们的梦想腾飞。释放心灵才能启航梦想，通过积极探索各类课程，除建设国家规定的基础课程，还要根据学生学情匹配特色课程，涵盖各个领域，配备主题实验室，在这里可以让学生发现自己的另一种可能。

总之，我们努力"为每一个孩子设计有力量的学习经历"，精心规划学校课程，用教育的力量武装学生,营造具有生命力的课堂,让我们的学生有潜力、有实力、有动力、有活力、有魄力、有魅力、有想象力,更重要的是有生长力,让课程理念伴随孩子成长的脚步。我们构建出焕发着蓬勃生机的"生长力"课程模式,教有力量的知识,育有力量的学生,成有力量的教师,做有力量的教育。

第二部分　学校课程目标

学校课程目标是育人目标的具体表现,也是课程功能的现实表征,是一定阶段的学校课程力图促进这一阶段学生的基本素质在其主动发展中最终应达到的预期水准。

一　育人目标

作为一所新建学校,我们秉承了人大附中的办学思想、办学理念和管理模式,努力创造适合每个学生发展的教育。学校的校训是"崇德、博学、创新、求实"。人大附中的育人目标是"全面发展＋突出特长＋创新精神＋高尚品德"。从本质上说,要实现以上育人目标,归根到底就是实现"立德树人",这是教育事业发展必须始终牢牢抓住的灵魂。因此,应坚持"五育"并举的精神,实现文化知识学习与思想品德修养的统一,理论学习与社会实践的统一,全面发展与个性发展的统一。加强德育,促进学生心理健康、意志坚强;加强智育,学习科学知识,认识世界的基本;加强体育,体魄强健是人的一切活动的基础;加强美育,培养学生良好的审美情趣和人文素养;加强劳动教育,培养学生热爱劳动,热爱劳动人民的情感。有机融合,提高学生综合素质,关注学生的学习过程,唤醒学生的学习内力。因此,人大附中三亚学校的育人目标是:让每个学生都成为有力量的中国人。一个具有力量的人应该具备德、智、体、美、劳五个方面的力量,我们需要培养具有品格力、认知力、合作力、健美力和创造力的社会栋梁。

(1) 品格力:做事先做人,当代学生培养目标应将品德养成和品格形成摆在第一位。人大附中三亚学校的学生要具备正直的人格、善良的心灵、诚信的品质、宽容的胸怀和自律的行为。培养学生爱党、爱国、爱人民的深厚信仰,具有修身、齐家、治国、平天下的家国情怀和以中华民族复兴为使命的责任担当,展现建设中国特色社会主义现代化强国的有力作为。

（2）认知力：认知力是个体吸收、接受信息，并且对信息进行有效加工的能力。人大附中三亚学校对学生认知力的要求是在"学科认知"和"思维智慧"等方面有突出特长，并能适应当代社会变革与发展。

（3）合作力：合作力是指学生在认识自己能力的基础上，与他人建立良好的关系，具备良好的交流沟通能力，在团队中能与人合作，能有效管理与解决冲突，参与社区社会服务，积极为社会总体利益作出贡献。

（4）健美力：健美力指学生在保证身心健康的同时具备良好的审美力。所谓健康，不仅指体格健康，还指心理健康，适应力强。人中附中三亚学校的学生要具备健康的体魄，也要具备应对各种挑战的心理适应能力，尤其是在心理问题多发的当下，更要具备自我调控和缓解的能力。而审美不仅代表整体思维，也代表细节思维。美是一种底层能力、愉悦的能力，一个有着高级审美力的人，一定是自信的，既不需要刻意标榜自己的独具一格，也不会人云亦云。

（5）创造力：创造力是知识、智力、能力及优良的个性品质等复杂多因素综合优化构成的，是在前几种能力基础上的提升。创造力对一个人，一个民族，乃至一个国家都有着举足轻重的作用。陶行知先生曾指出："处处是创造之地，天天是创造之时，人人是创造之人。"人大附中三亚学校的教育目标是充分发挥学生特长，提供一切机会和平台，让学生在自由的空气中发挥智慧和才华。

二　课程目标

在学校育人目标方向的指导下，我校课程应满足学生"全面发展＋突出特长＋创新精神＋高尚品德"的需求，不仅要满足知识获得的需要，更要通过课程的实施满足学生人格力、智慧力、健康力、审美力、创造力的培养需要；学校课程不仅要满足学生共性的学习需求，还应满足学生个性发展的需求和社会多样化发展的需求，更应满足学生的创新精神、创造实践能力的需求。课程是学校教育的主要载体，是培养目标实现的主要内容与途径。"蓄力教育"的五个要素在目标定位上，就是"品格力"定方向、"认知力"长才干、"合作力"聚力量、"健美力"美身心、"创造力"助梦想。这"五位一体"的培养路径充分结合了人的精神和身体成长需要，有机统一了人的个体性和社会性的辩证关系，是对马克思主义"人的全面发展"思想的继承和深化。为了实现培养目标，我们根据各学段、各年级学生的年龄和身心特点，将培养目标进行细化，形成小学、初中、高中课程目标，具体如下表（见表3-1）。

表 3-1 人大附中三亚学校"蓄力课程"各学段课程目标

育人目标\年级	品格力	认知力	合作力	健美力	创造力
一年级上	爱亲敬长，尊敬老师，尊敬长辈；初步养成良好的生活、卫生习惯，按时作息，生活有规律。	初步了解一年级必需的基本知识和基本技能，经历从日常生活中抽象出数的过程，理解常见的量，掌握必要的简单技能。	熟悉学校的学习和生活环境，具有参与集体活动的意识；能在生活活动中学会信任他人。	能跟着老师上体育课程；初步了解简单的运动项目名称，基本的安全运动知识和方法，尝试不同工具、媒材，通过看、画画、做做等方法大胆、自由地表现所见所闻所感所想。	能从具体事物的观察、比较中提出感兴趣的问题。能用语言初步描述信息。
一年级下	喜欢和老师、同学交往，熟悉学校环境，养成良好的饮食和个人卫生习惯，自己能做的事情自己做。	掌握一年级必需的基本知识和基本技能；能准确进行运算，在具体情境中，能选择适当的单位进行简单的估算。	能更加积极地参与集体活动，并对他人保持信任。	比较喜欢上体育课，学会常见的球类游戏；了解运动前做准备活动等安全运动的常识。观察身边的用品，初步了解形状与运动的关系。	能依据已有的经验，对问题作出简单猜想。能有运用观察与描述、比较与分类等方法得出结论的意识。
二年级上	在学校里情绪安定，心情愉快，具有初步的自我保护意识和能力；能基本遵守规则，懂得注意安全。	初步了解生活中的自然、社会常识，掌握初步的测量、识图和画图的技能，能在教师的指导下，从日常生活中发现问题并提出简单的问题，并尝试解决。	课堂上能积极参与班集体活动和小组活动，在学习小组中能信任小组成员，并接受他人的帮助。	掌握所学运动项目的动作术语，初步发展柔韧性、灵敏性和平衡能力，初步了解个人卫生保健知识和方法。能观赏自然景物科学生，感兴趣的美术作品。	能了解科学探究需要制订计划。能简要讲述探究过程与结论，并与同学讨论、交流。

续表

育人目标 年级	品格力	认知力	合作力	健美力	创造力
二年级下	了解天气、季节变化等对生活的影响，学会照顾自己；能看到自己的成长和进步，并为此而高兴。	经历简单的数据收集、整理和分析的过程，了解简单的数据处理方法和分析问题、解决问题的一些基本方法，知道同一个问题可以有不同的解决方法。	能积极参与班集体活动和小组活动，能信任小组成员，并接受他人帮助，能主动分享自己的观点。	在体验运动的过程中初步了解运动现象，学习民族传统体育活动项目的基本动作。采用语文、音乐等学科内容相结合，进行无主题想象。	能利用多种感官或者简单的工具，观察对象的外部形态特征及现象。能具有对探究过程进行反思、评价与改进的意识。
三年级上	能热爱班集体，获得与同伴友好交往、合作的基本方法，玩得愉快、开朗地学、学会做事、学会关心他人。	初步体验与社区和社会生活相联系的学习过程。能对调查过程中获得的简单数据进行归类，体验数据中蕴涵着的信息，表达自己的想法。会独立思考问题，体验与他人合作交流解决问题的过程。	能在集体活动中投入情感，能主动关心集体成员，作出贡献后能进行得当的分享。	能尝试参加新的体育活动、体育游戏和比赛，坚持完成有一定困难的体育活动。初步认识线条、形状、色彩与肌理等造型元素，学习使用各种工具，体验不同媒材的效果。	能从对具体现象与事物的观察、比较中，提出可探究的科学问题。能用比较、统计图表的词汇，符号、记录、整理信息，陈述证据和结果。

78

续 表

育人目标\年级	品格力	认知力	合作力	健美力	创造力
三年级下	遵守社会道德规范，养成基本的文明行为习惯；乐于与他人分享与合作。	学会简单的调查研究方法，并尝试应用，比如观察法、在观察、操作等活动中，能提出一些简单的猜想，尝试回顾解决问题的过程。	能在集体学习活动中投入情感，能关心团队进展和他人遇到的困难，并及时提供帮助。能积极共享自己的成果。	乐于参加多种体育活动，了解奥林匹克运动知识；能表现出主动规避运动伤害和危险的意识和行为。认识设计和工艺的造型、色彩、媒材、学习对比与和谐，对称与均衡等形式原理。	能基于已有经验和所学知识，从现象和事件发生的条件、过程、原因等方面提出假设。能依据证据，运用分析、比较、推理、概括等方法，分析结果，得出结论。
四年级上	亲近自然，喜欢在自然中活动，初步具有保护环境、爱惜资源的意识。	能借助计算器解决简单的应用问题，初步形成数感和空间观念，感受符号和几何直观的作用。	在需要时能想到组成团队进行合作，具备初步的组织能力。	了解个人卫生保健知识和方法，初步了解疾病预防知识。欣赏符合学生认知水平的中外美术作品，用语言或文字等多种形式描述作品，表达感受与认识。	能基于所学知识，制订简单的研究计划。能正确讲述自己的探究过程与结论，能倾听别人的意见，并与之交流。

续 表

年级	育人目标 品格力	认知力	合作力	健美力	创造力
四年级下	珍爱生命，热爱自然，爱护动植物，节约资源，能为保护环境做力所能及的事。	能进一步认识到数据中蕴涵着信息，发展数据分析观念，通过实例感受简单的随机现象。	组成团队后，各组员可以根据自身的优势进行合理的分工。	能改善体形和身体姿态；了解体能的构成，能通过多种练习发展柔韧性、灵敏性、速度、力量。结合其他学科内容，进行美术创作与展示，并发表创作意图。	能运用感官，选择恰当的工具、仪器，观察并描述对象的外部形态特征及现象。能对自己的探究过程方法和结果进行反思，做出自我评价与调整。
五年级上	了解家乡的风景名胜，主要物产等有关知识，感受家乡的发展变化；能明辨是非，做错事勇于承认和改正。	能在观察、实验、猜想、验证等活动中，发展合情的推理能力，能进行有条理的思考，能比较清楚地表达自己的思考过程与结果。	习惯于在探究性任务中以合作的方式学习，分工明确，配合协调。	认识到适当的体育活动是有效的积极性休息方式；选择合适的工具、媒材，记录与表现所见所闻，所作的能力，发展美术构思与创作的能力，表达思想与情感。	能基于所学的知识，功能、变化角度提出可探究的科学问题。能基于所学的知识、概念图，统计图表等方式记录整理信息，表述探究结果。

80

续 表

育人目标 年级	品格力	认知力	合作力	健美力	创造力
五年级下	热爱革命领袖，了解英雄模范人物的光荣事迹；在他人的帮助下能定出自己可行的目标，并努力去实现。	能独立思考，尝试从日常生活中发现并提出简单的问题，并运用一些知识加以解决。	在合作中出现分歧，可自行协商，初步学会彼此理解和妥协。	能通过体育活动进行积极性休息，可以选择较适宜的锻炼时间、场地和运动方法等。从形态与功能的关系，认识设计和工艺的造型、色彩、媒材。	能基于所学的知识，从事物的结构、功能、变化角度提出有针对性的假设，并能说明假设的依据。能基于所学的知识，运用分析、比较、推理、概括等方法得出科学探究的结论，判断结论与假设是否一致。
六年级上	爱祖国，尊敬国旗、国徽，初步了解有关祖国的历史；能欣赏自己和他人的优点，并激励自己不断进步。	能探索分析和解决简单问题的有效方法，了解解决问题方法的多样性。经历与他人合作交流解决问题的过程，尝试解释自己的思考过程。	能熟练地进行合作学习，善于接纳多元意见，对合作行为能作出评价。	增加对奥林匹克运动知识的了解，掌握有一定难度的基本身体活动方法。能用简单的美术术语对美术作品的内容与形式进行分析，表达对美术作品的感受与理解。	能基于所学的知识，制订比较完整的实验计划，初步具备实验设计的能力和控制变量的意识，并能制定设计单一变量的实验方案。能基于所学

续 表

年级\育人目标	品格力	认知力	合作力	健美力	创造力
		能回顾解决问题的过程，初步判断结果的合理性；在他人的鼓励和引导下，体验克服困难、解决问题的过程，初步养成乐于思考、勇于质疑，言必有据等良好习惯。			的知识，采用不同的表述方式，如科学小论文、呈现探究过程与结论；能基于证据质疑，并评价别人的探究报告。
六年级下	能为自己是中国人感到自豪；有应对挑战的信心与勇气，自信向上、诚实勇敢、有责任心。		能对合作进行较为全面的评价和反思。	基本掌握一些运动项目的技术动作组合，形成良好的体育道德意识和行为。能用多种美术媒材进行策划、创作与展示，体会美术与传统文化环境、美术与生活的关系。	能基于所学的知识，通过观察、实验、查阅资料、调查、案例分析等方式获取事物的信息。能对探究活动进行过程性反思，及时调整，并对探究活动进行总结性评价、完善探究报告。

续表

育人目标 年级	品格力	认知力	合作力	健美力	创造力
初一上	能了解青少年身心发展的基本常识，掌握促进身心健康发展的方法，理解个体成长与社会环境的关系；学会调控情绪，能够自我调适、自我控制；感受生命的可贵，养成自尊自信、乐观向上、意志坚强的人生态度。	体验从具体情境中抽象出数学符号的过程，能探索具体问题中的数量关系和变化规律，掌握各类数学表述的方法。	对他人或自己形成积极的心理倾向和健康的情感，能在新成立的班集体中积极、愉快而又有兴趣地参与合作学习，尊重同伴，独立思考。	初步形成体育锻炼的习惯，能简要分析体育比赛中的现象与问题。有意识地运用线条、形状、色彩、肌理、空间和明暗造型元素以及形式原理，选择传统媒介和新媒材。	能通过任务引领型和项目活动形式，学会制作简单网页，初步了解编程。
初一下	了解与他人和集体关系知识，认识处理我与他人和集体关系的基本社会规范和道德规范，掌握爱护环境的基本方法，形成爱护环境的能力；体会生态环境。	探索并掌握图形的基本性质与判定，掌握基本的证明方法和基本的作图技能。	能耐心地从他人那里获取有关事实，听取意见，有为别人提供事实、发表意见、解释问题，提出建议的能力，如询问有关人和事，请求解释，提出解决问题的思路等。	初步形成积极的体育态度，基本掌握体育锻炼身体的知识和方法，形成自主、合作和探究学习与锻炼的能力。能探索不同的创作方法，发展具有个性的表现能力，表达思想与情感。	熟练掌握网页设计与制作技巧，能熟练编制属于自己的程序，并解决真实的问题。能用自己的手创造，发展动手能力和创造能力。

83

续表

育人目标 年级	品格力	认知力	合作力	健美力	创造力
	与人类生存的关系，爱护环境，形成勤俭节约、珍惜资源的意识。				
初二上	理解人类生存与生态环境的相互依存关系，认识当今人类所面临的生态环境问题及其根源，掌握环境保护的基础知识；逐步掌握社会沟通的技能，学习参与社会公共生活的方法，尊重他人，诚实守信，乐于助人，有责任心，追求公正的品质。	体验数据收集、处理、分析和推断的过程，理解抽样方法、体验用样本估计总体的过程；进一步认识随机现象，能计算一些简单事件的概率。	对同学能主动地关心和帮助，对他人的提议和想法表示拥护，并在其基础上进一步发展，如对别人的意见进行复述并补充，对别人的帮助表示感谢等。	基本掌握并运用运动技术，如1—2组技术动作组合，基本掌握并运用其他较复杂的民族民间传统体育活动项目的技术。能运用对比与和谐，对称与均衡，节奏与韵律，多样与统一等形式原理以及各种材料制作和工艺制作。	能体验新科技带来的乐趣与知识。学会操作，认识到创造性思维的重要性，体会到创造性思维能给自己创造快乐体验，具有创造性思维能力。

84

续 表

育人目标\年级	品格力	认知力	合作力	健美力	创造力
初二下	知道法律的基本知识，了解法律在个人、国家和社会生活中的基本作用和意义；能学会搜集、处理、运用信息的方法，提高媒介素养；能够积极适应信息化社会；形成热爱劳动、注重实践，崇尚科学、自主自立、善于合作、勇于创新的个性品质。	通过表述数量关系的过程，体会模型的思想，建立符号意识；在研究过程中，进一步发展空间观念，经历借助图形思考问题的过程，初步建立几何直观。	能在合作讨论谈话时引起其他人讲话或使其停止讲话，如讨论时启发沉默者发言。	具有较强的安全运动能力，掌握常见运动损伤的紧急处理方法和溺水的应急处理方法。能通过设计改善环境与生活，表达设计意图。	能够运用信息学、编程知识实现模拟小车的组建等，能以日常生活为灵感来设计创意构思游戏。
初三上	知道我国的基本国情，学会面对复杂多样的社会生活和多样的价值观念，以正确的价值观为标准，作出正确的道德判断和选择；	能建立数据分析观念，在多种形式的数学活动中，发展合情推理与演绎推理的能力。能独立思考，体会数学的基本思想和思维方式。	具备遵守纪律、听从安排，关注他人、礼貌待人，有于发言，相互勉励的能力，如不随意离开座位，发言声音适中，实施鼓	能将安全运动的意识正迁到日常生活中，了解生活方式与健康的关系，基本掌握青春期保健知识，通过描述、分析、比较与讨论等方式，认识美术的不	能实现复杂算法和高级数据结构，并解决实际问题，能挑战奥林匹克联赛等。

85

续表

育人目标 年级	品格力	认知力	合作力	健美力	创造力
	树立规则意识、法治观念，有公共精神，增强公民意识。		励志性评价、维护组内纪律等。	同门类及表现形式、尊重人类文化遗产，对美术作品和美术现象进行简短评述。	
初三下	初步了解当今世界发展的现状与趋势；学会运用法律维护自己、他人、国家和社会的合法权益；热爱集体，热爱祖国，热爱人民，热爱社会主义，认同中华文化，继承革命传统，弘扬民族精神，有全球意识，独立视野，热爱和平。	能针对他人所提出的问题进行反思，初步形成评价与反思的意识。积极参与数学活动，对数学有好奇心和求知欲。能感受成功的快乐，体验独自克服困难、解决数学问题的过程，有克服困难的勇气，具备学习自信心。敢于发表自己的想法，勇于质疑，敢于创新，养成认真勤奋，独立思考、合作交流等学习习惯，形成严谨求实的科学态度。	能有意识地、直率地表达不同意见，或对他人的观点，用简单的语言进行批评，见解明了的语言总结讨论要点。如反驳他人，总结其他同学的发言要点与不同观点等。	能在运动项目练习中提高灵敏性、速度、力量、心肺耐力和健身能力。能用多种美术媒材、方法和形式进行记录、规划、创作表演与展示。了解美术与人类生存环境、传统文化、多元文化之间的关系。	具有工程思维，动手能力强，具备勇于探索的研究精神，对于实际问题复杂性有自己的认识，简化地抽象地解决主要矛盾。

86

续表

育人目标\年级	品格力	认知力	合作力	健美力	创造力
高一上	能够面对简单情境问题，引证走中国道路的社会主义道路的成功事例，能正确表述中国共产党的行动指南。	能够在熟悉的情境中抽象出概念和规则，在特例的基础上进行归纳，并形成简单的命题，能模仿学过的方法解决简单问题，能够解释概念和规则的含义，了解命题的条件与结论，能抽象出问题。	在新集体中能展示出与不同的团队进行有效的协作和相互尊重的能力。	能在教师的指导下制订体能锻炼计划并实施，能选择性地掌握基本知识技能，具有追求美的愿望，能探索、发现自身的美和生活中的美，主动参与艺术活动。	能通过调查等方式，了解用户特定需求和需要解决的问题，能借鉴、创造案例和规范，尝试制订设计和技术问题解决方案，体验创造设计的一般过程与方法，具有参与创造的愉悦情感。
高一下	能叙述宪法的规定，认同中国共产党的领导核心，认同中华祖国、中华民族、中华文化等，解释国家层面的价值目标。	能够了解语言表达的推理和论证，能在解决相似问题中感悟通性通法，在交流学习过程中，能结合实际情境解释相关的抽象概念。	在各学科的学习中能自主发展有效的合作学习活动。	能制订和实施体能锻炼计划，掌握比赛基本知识、裁判方法和比赛进行运用，能在艺术活动中运用艺术要素、媒体材料进行设计和操作；能认同中华优秀传统文化艺术和世界多元文化艺术。	能运用技术语言分析用户特定需求，明确需要解决的问题，能根据对象和现有条件制订解决一个或多个单一的方案，能针对某个实际问题解决实例，设计一

续 表

育人目标 年级	品格力	认知力	合作力	健美力	创造力
					般的试验方案,撰写试验报告,初步掌握技术设计的一般方法,形成基本的技术设计能力,具有良好的人机观念和亲近技术的情感。
高二上	能用史实证明只有社会主义才能救中国,明确马克思主义中国化的最新成果。	能够在关联的情境中抽象出一般的概念和规则,能够将已知命题推广到更一般的情形,能够在新的情境中选择和运用方法解决问题。能够用恰当的例子解释抽象的概念和规则,理解命题的条件与结论,能够理解和构建相关知识之间的联系。	在综合实践活动中能表现出主动性和灵活性;在小组合作中能做出必要的妥协以达成共同目标。	能运用所掌握的知识观赏与分析体育比赛,主动运用所学的运动知识和技能,分析、解决运动项目学练和比赛中的问题。能在文化、艺术与生活、科学相关联的情境中,感受艺术情趣;能体验、讨论艺术作品,艺术活动中归纳艺术的形象塑造。	能运用人机理论面对较为复杂的技术情境,发现用户的多方面需求及关联性,多角度分析需要解决的技术问题,通过多种渠道搜集有关产品的各种信息并进行处理,能制订符合一般设计原则和规范的多个方案,能尝试通过设计一般

88

续 表

育人目标 年级	品格力	认知力	合作力	健美力	创造力
					技术试验等方式体验技术创新的一般方法，形成初步的技术创新设计能力，感受技术设计相关的文化现象。
高二下	能用具体事例表明中国特色社会主义制度的特点和优点，展现结合执政的方式，能结合奋斗历程理解中国特色社会主义道路、理论、制度、文化的价值表达。	能够理解并运用概念、规则推理和论证，能提炼出一类解决问题的方法，理解其中的思想、任交流的过程中，能够用一般的概念解释具体现象。	能通过合作完成研究性学习课题研究，并能形成规范的学习成果。	能运用科学锻炼原理设计和实施个人体能发展计划，能够胜任裁判角色，主动积极地观赏重要体育赛事，并能做较为全面的评论。能选择适当的表现手段，进行新颖独特的创编、设计和实践，表达思想情感和意义。	能运用用户模型分析方法，提炼用户的独特需求，确认解决的特定技术问题，能依据设计需求订订符合一般规范和原则的设计方案，并能进行初步的多方案比较与权衡，能通过技术试验与技术探究等方法掌握创新的一般方法，形成一定的创新能力。

89

续表

育人目标\年级	品格力	认知力	合作力	健美力	创造力
高三上	能面对复杂情境问题比较世界各国的发展道路,跟进国内改革开放的实践,阐述马克思主义中国化最新成果的时代特征、着眼于全面从严治党的意义和社会主义核心价值观,具有文化自信。	能在综合的情境中抽象出问题,并用恰当的语言予以表达,能够在得到的结论的基础上形成新命题。能够针对具体问题运用创造方法解决问题。能通过抽象对象、运算或关系理解结构,能感悟归纳的一般性。能感知高度概括、有序多样的知识体系。	在备考期能为集体工作分担责任,重视班级成员的个人贡献,能关注学习同伴的学习状态,必要时给予帮助。	能根据个人特点设计和实施个性化的体育发展计划,选学达到三级运动员水平。接近或达到三级运动员水平。能比较具象、抽象、意象等形象塑造在传统与现代艺术中的表现力。	能综合运用多种方法,挖掘用户的潜在需求,多视角认识所需要解决的技术问题,形成对用户需求和技术问题的敏感性。能运用工程多种方法进行比较权衡,在多个方案中选定满足要求的最佳方案或改进原有方案。
高三下	能阐述走中国特色社会主义道路的坚定信念,跟进全面深化改革的进程,洞察不同价值观的影响,知悉社会主义核心价值观是全体人民的共同价值追求。	能在现实问题中把握研究对象的特征,并用准确的语言予以表达,能够感悟通性通法的原理和其中蕴含的思想,在交流过程中能够运用原理解释自然现象和社会现象。	能在备考中共同克服困难,调适身心状态,相互帮助共同进步。	能较好地组织所学运动项目的比赛,达到三级裁判员水平。能熟练科学地阐释相关运动原理,并解决运动实践中的复杂问题。能阐释中外文化艺术精品,并对文化内涵做出初步的辨析和评价。	能自行设计技术试验,并进行探究、熟练运用设计与创新的一般方法,结合各种社会文化因素,形成较高的创新能力。

第三部分　学校课程体系

学校课程设计要为孩子指引明确的发展方向,要体现学校的实践历程,在学校现有文化基础上进一步完善学校课程框架,实现学校的发展愿景。

一　学校课程逻辑

人大附中三亚学校的课程以校训"崇德、博学、创新、求实"为基本出发点,落实具有自贸港特色的"五育并举"课程理念,将德智体美劳五个方面的素养对应为品格力、认知力、合作力、健美力和创造力,作为育人目标。

在国家课程和地方课程的开设上,分为"语言、数学、社会、自然、体健、艺术、技术和综合"八大门类,力争开齐开足,并在一定程度上进行国家课程的校本化。

在校本课程的开设上,分为"学科拓展、主题探究、技艺提升、行业实践和社团活动"五个类别,从多种课程形态指向"蓄力"目标。

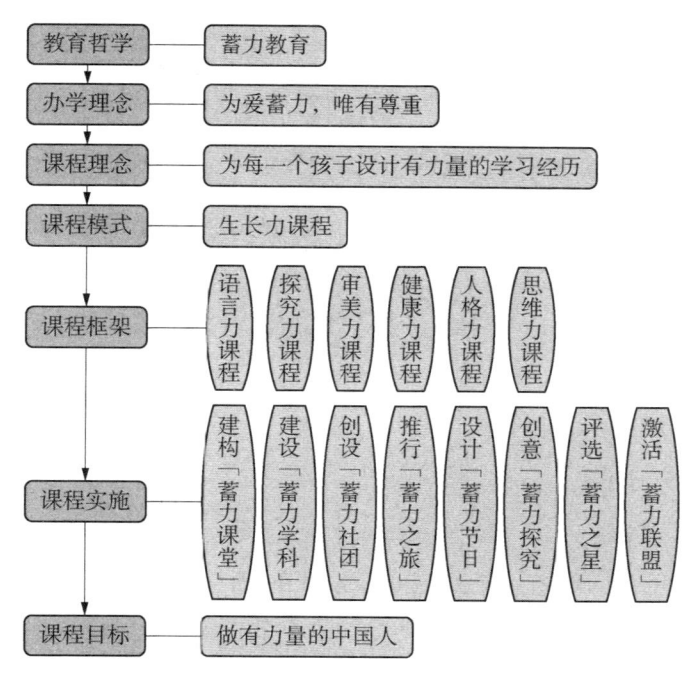

教育哲学	蓄力教育
办学理念	为爱蓄力,唯有尊重
课程理念	为每一个孩子设计有力量的学习经历
课程模式	生长力课程
课程框架	语言力课程 / 探究力课程 / 审美力课程 / 健康力课程 / 人格力课程 / 思维力课程
课程实施	建构"蓄力课堂" / 建设"蓄力学科" / 创设"蓄力社团" / 推行"蓄力之旅" / 设计"蓄力节日" / 创意"蓄力探究" / 评选"蓄力之星" / 激活"蓄力联盟"
课程目标	做有力量的中国人

图 3-1　人大附中三亚学校"生长力"课程逻辑图

二　学校课程结构

在国家课程和地方课程的开设上,分为"语言力、探究力、审美力、健康力、人格力、思维力"等六大领域,力争开齐开足,并在一定程度上进行国家课程的校本化(见图 3-2)。

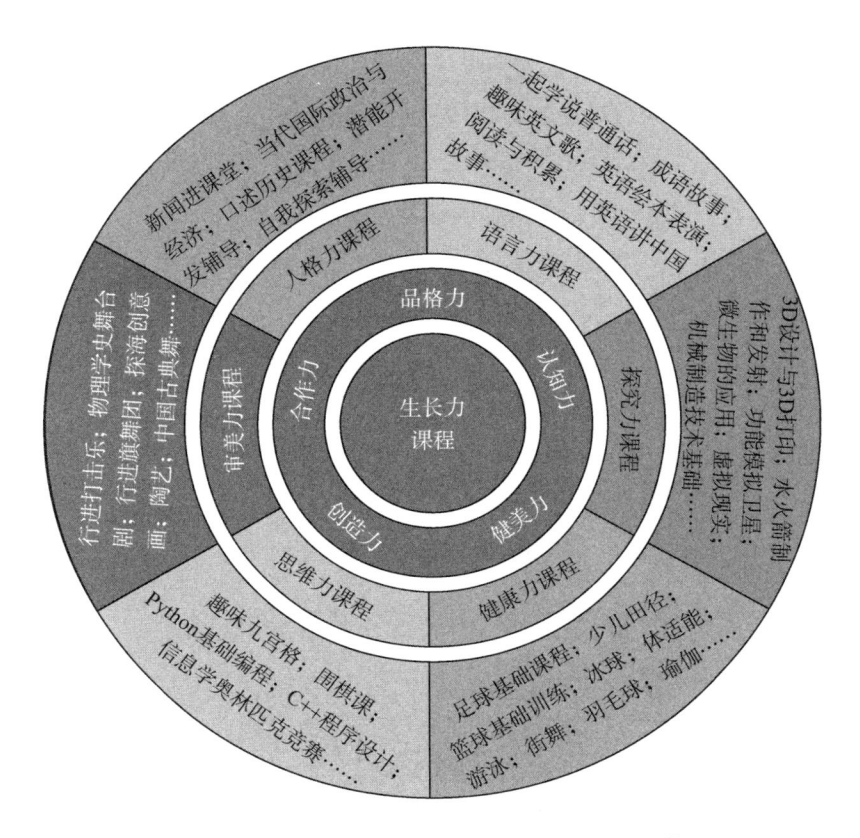

图 3-2　人大附中三亚学校"生长力"课程结构图

上图中,各领域课程具体如下。

（1）语言力课程,是指语言与交流类课程,主要包含一起学说普通话、成语故事、趣味横生小古文、趣味英文歌、英语绘本表演、阅读与积累、Wordlist、用英语讲中国故事、英语国际音标及解题策略、让世界了解三亚——旅游英语 An Open Door、A New Shared Future 等。语言力课程培养和发展学生的记忆力、认知力、表达力、自信力、沟通力、为人处世能力及自省力。

（2）探究力课程，是指科学与技术类课程，主要包含创意手工课、趣味科学、少儿编程（航天）、3D设计与3D打印、水火箭制作和发射、功能模拟卫星、微生物的应用、虚拟现实、机械制造技术基础、木工与金工实习、自制棉花糖机及静电除尘装置、病原微生物与人类、校园盐碱地微生物种类提取分离、抗逆基因筛选等。探究力课程培养学生的好奇心、想象力及科学精神，鼓励孩子们能勇于尝试、探究世界，独立思考。

（3）审美力课程，是指艺术与审美类课程，主要包含童声合唱、书法基础、行进打击乐、经典碑帖的选择与临摹、行进旗舞团、探海创意画、速写基础、陶艺、中国古典舞、水彩基础、素描石膏体、校园指挥家、走进交响乐、美术鉴赏——中外美术赏析、电影的元素、物理学史舞台剧、走进巴洛克音乐、篆刻基础、走进古典音乐、走进歌剧等。在审美力课程中，学生学会基本的艺术知识和艺术技能，发展发现美、欣赏美、体验美的品格和能力。

（4）健康力课程，是指体育与健康类课程，主要包含花样跳绳、足球基础课程、少儿跆拳道、冰球、篮球基础训练、少儿田径、小场地短式网球、体适能、体育游戏、广播操、游泳赏析及技术动作训练、街舞、大众健美操、羽毛球、瑜伽、健美操等。健康力课程促进青少年健康成长、增强体质、锤炼意志、健全人格。

（5）人格力课程，是指自我与社会类课程，主要包含小学生历史人物早知道、新闻进课堂、人际交往辅导、生涯规划也是一门学问、自信心训练辅导、当代国际政治与经济、中共党史我来讲、中美外交博弈、探秘中国传统文化、团队合作辅导、历史核心素养的提升、潜能开发辅导、自我探索辅导、中国海疆风云、发展自我辅导等。学生在人格力课程学习过程中发展正直的人格、诚信的品质、宽容的胸怀和自律的行为，拥有家国情怀和责任担当。

（6）思维力课程，是指逻辑与思维类课程，主要包含智慧五子棋、趣味九宫格、有趣的扑克牌、围棋课、网页制作与开发、Python基础编程、C++程序设计、信息学奥林匹克竞赛、算法艺术、数学日记、数学小论文、人工智能、数学拓展课、数学竞赛课等。思维力课程培养学生主动思考、发现和解决问题的能力，提高学生的创新思维、逻辑能力。

三　学校课程设置

基于上述课程结构，我校结合不同学段，在小学、初中、高中学段分别进行了"生长力"课程设置，不断培养和深化学生语言力、探究力、审美力、健康力、人格力和思维力。

(一)小学课程设置(见表3-2)

表3-2 小学"生长力"课程设置表

课程\年级	语言力课程	探究力课程	审美力课程	健康力课程	人格力课程	思维力课程
一年级上	一起写好字;一起读书吧(Ⅰ);趣味英文歌(Ⅰ);英文绘本阅读;趣味英语	创意手工课	童声合唱;书法基础	接力赛跑;阳光体育亲子趣味运动会	我是小学生了;小学生历史人物早知道(Ⅰ)	智慧五子棋;趣味四宫格;桥牌基础
一年级下	趣味英文歌(Ⅱ)	你不知道的动物冷知识;小学生手工	校园小歌手;行进打击乐	花样跳绳;少儿跆拳道	争做文明小学生;小学生历史人物早知道(Ⅱ)	趣味六宫格;桥牌基础
二年级上	群文阅读;英语绘本表演(Ⅰ)	积木搭建和拼图	黑白装饰画;书法临摹方法	篮球基础训练;少儿田径	红领巾爱学习;身边的传统节日故事(Ⅰ)	趣味九宫格;少儿编程
二年级下	一起学说普通话;英语绘本表演(Ⅱ)	趣味科学	创意儿童画;书法笔法初阶	篮球基础训练;小场地短式网球	童心向党;身边的传统节日故事(Ⅱ)	有趣的扑克牌;桥牌基础;少儿编程
三年级上	成语故事;英语绘本表演(Ⅲ)	少儿编程(航天)	探海创意画;如何欣赏书法	篮球基础;网球基础;体能训练	不可不知的中国传统艺术	"生活中的数学"摄影基础;桥牌基础;少儿编程

94

续表

课程\年级	语言力课程	探究力课程	审美力课程	健康力课程	人格力课程	思维力课程
三年级下	趣味横生小古文;英语绘本表演(Ⅳ)	3D设计与3D打印	同天创意画;古诗词演唱	篮球基础;网球基础;体能训练	节水技能;了不起的中国建筑	数学故事演讲;围棋基础;桥牌基础;少儿编程
四年级上	演讲入门;英文阅读分享(Ⅰ)	航天观摩与体验;海南文化巡礼	经典碑帖的选择与临摹;不可不知的中国传统艺术	足球基础;网球提高;轮滑球基础	光荣的少先队	数学日记;围棋基础;桥牌基础;编程基础
四年级下	数学故事演讲;英文阅读分享(Ⅱ)	航天观摩与体验;海南文化巡礼	经典碑帖的选择与临摹;不可不知的中国传统艺术	足球基础;网球提高;轮滑球基础	爱国爱家爱集体祖国发展我成长	数学小论文;围棋基础;桥牌进阶;编程基础
五年级上	演讲进阶(Ⅰ);名著选读(Ⅰ)	趣味科学;小游戏设计;亚特水族馆考察	古诗词演唱;书法作品创作	足球基础;轮滑球进阶	节能技术大比拼	围棋进阶;桥牌进阶;人工智能基础
五年级下	演讲进阶(Ⅱ);名著选读(Ⅱ)	趣味科学;小游戏设计;水稻国家公园考察	古诗词演唱;书法作品创作	轮滑球进阶;足球基础	国防观摩与实践	围棋进阶;桥牌进阶;人工智能基础
六年级上	英文名著选读与分享(Ⅰ)	新闻进校园;龙江手工艺风情小镇观摩	行进旗舞团;影视赏析与表演;书法作品创作	冰球基础;足球进阶	志愿行动(Ⅰ);环保在身边(Ⅰ)	围棋进阶;桥牌进阶;人工智能应用

续 表

课程 年级	语言力课程	探究力课程	审美力课程	健康力课程	人格力课程	思维力课程
六年级下	英文名著选读与分享（Ⅱ）	旅游与生活；龙海创业小镇观摩	行进旗舞团；影视赏析与表演；书法作品创作	冰球进阶；足球进阶	志愿行动（Ⅱ）；环保在身边（Ⅱ）	围棋；桥牌进阶；人工智能应用

（二）初中课程设置（见表3-3）

表3-3 初中"生长力"课程设置表

课程 年级	语言力课程	探究力课程	审美力课程	健康力课程	人格力课程	思维力课程
初一上	精品阅读——新概念英语（Ⅰ）；这样记单词就是轻松	水火箭制作和发射；你身边的生物学；飘洋过海到碗里；功能模拟卫星	校园摄影；速写基础	体育游戏；广播操；球类训练	新闻进课堂；海南历史文化名人十五讲；双语澳洲；人际交往辅导	数学预习案；网页制作与开发；Python基础编程；C++程序设计；信息学奥林匹克竞赛
初一下	阅读与积累（Ⅰ）；精品阅读——新概念英语（Ⅱ）	初中生物理学科素养知识挑战；海洋初探；教学仿真卫星	陶艺；中国古典舞；速写写生训练	球类训练；游泳赏析及技术动作训练	生涯规划也是一门学问；中国传统节日民俗；自我意识辅导	数学说题；算法艺术；信息学奥林匹克竞赛普及组

续　表

课程 年级	语言力 课程	探究力 课程	审美力 课程	健康力 课程	人格力 课程	思维力 课程
初二上	经典阅读——新概念二（Ⅰ）；Word list	微生物的应用；旅游与生活课程；虚拟现实；游戏设计	校园演奏家；水彩基础；素描石膏体	街舞；球类训练；水上运动训练；大众健美操	古装剧中的真假历史；创造性思维培养；自信心训练辅导	数学日记；信息学奥林匹克竞赛提高组
初二下	阅读与积累；经典阅读——新概念二（Ⅱ）	3D打印生物模型；奇妙的无人机	校园指挥家；水彩进阶；素描静物	球类训练；水上运动训练	当代国际政治经济；中共党史我来讲；情绪辅导；考试心态辅导	数学小论文；人工智能；信息学奥林匹克竞赛提高组进阶

（三）高中课程设置（见表3-4）

表3-4　高中"生长力"课程设置

课程 年级	语言力 课程	探究力 课程	审美力 课程	健康力 课程	人格力 课程	思维力 课程
高一上	英语拓展提高——新概念（Ⅲ）；趣味识单词；用英语讲中国故事；英文歌曲弹唱	走进神秘湘西；化学兴趣课程；细胞的结构模型制作；地理也可以这样"玩"；机械制造技术基础；水火箭制作和发射	走进交响乐；美术鉴赏；中外美术赏析	球类训练；田径训练；水上运动训练	中美外交博弈；中国古代礼俗；历史转折中的人物；悦纳自我辅导	基础夯实班；数学拓展课；精英提优课；数学竞赛课；信息学奥林匹克竞赛提高组冲刺

97

续表

课程\年级	语言力课程	探究力课程	审美力课程	健康力课程	人格力课程	思维力课程
高一下	英语国际音标及解题策略	化学兴趣课程；化学提高课程；校园植物名牌设计；木工与金工实习；自制棉花糖机及静电除尘装置	电影的元素；物理学史舞台剧；走进巴洛克音乐；篆刻基础	球类训练；田径训练；水上运动训练	探秘中国传统文化；中国古代文化名城；团队合作辅导	基础夯实班；数学拓展课；精英提优课；数学竞赛课；信息学奥赛省竞赛选进阶
高二上	英语经典选读——读后续写技能提升	病原微生物与人类；校园盐碱地微生物种类提取分离、抗逆基因筛选；候鸟人群社会调查；电脑辅助建模；无人机技术；天文选修（上）	走进古典音乐；走进歌剧	瑜伽；球类训练；田径训练；水上运动训练	高中政治主观题解题能力提升课；历史核心素养的提升；潜能开发辅导；自我探索辅导	自制电磁炮；信息学奥林匹克竞赛省选冲刺
高二下	让世界了解三亚——旅游英语 An Open Door, A New Shared Future	传统发酵技术的应用；专题拓展——遗传学、细胞生物学；快速成型技术；机器人技术；天文选修（下）	走进浪漫主义音乐；走进音乐剧	健美操；球类训练；田径训练；水上运动训练	平"语"近人与高中政治；中国海疆风云；发展自我辅导；考试心态辅导	信息学奥林匹克竞赛国赛冲刺

第四部分 学校课程实施与评价

课程的实施与管理体现了对课程理念的贯彻与执行,"做一个有力量的中国人"是我校的课程目标,这一目标就要求学校为学生们打造一片适合他们健康成长的沃土,使之成为发展自我的内在需求。随着学生年龄的增长,在依次演进的每个年段、每个年级,我们按照学生发展的动态水平层次,把预期教育结果按难度分解后由简单到复杂、从低级到高级地排列成一道螺旋式上升的阶梯,从而在课程实施中适应和促进学生的智能发展跃上一个又一个阶梯,一步一步地把预期教育结果内化为学生的发展成果,因此我校的"生长力课程"实施为螺旋上升阶梯式。这既体现出我校十二年制教育教学的整体性,又给予各学段、各学科足够的空间进行具有本学科特征的评价开发,使评价更能彰显学校特色和学科特色。我们谨遵校训,敢于创新,五育并举,五力齐发,在开足开齐国家课程,全面发展的基础上,开发校本化课程,按内容和形态分,体现"突出特长"。

一 建构"蓄力课堂",提升课程实施品质

学校把"崇德、博学、创新、求实"的校训落实到"蓄力课堂"中,将学科教学有效实施,打造生动多彩、内容丰富的蓄力课堂。

(一)"蓄力课堂"的内涵特征与实践操作

"蓄力课堂"不仅把课程作为目标或计划,更把课程作为活动或进程。在教师引导下,学生自发学习、感受、探究、获得经验或体验。学校为学生全方位发展搭建平台,尽可能提供资源,促进学生健康发展。

"蓄力课堂"是因材施教、踏实稳进的课堂。三级课程的有效设置,基础课程的牢固掌握,为学生低起高飞助力。

"蓄力课堂"是"汇智"课堂,打造空中课堂,实现双师授课,整合教学资源,为学生高飞蓄力。

(二)"蓄力课堂"的评价标准

"蓄力课堂"的评价应体现"生本"立场,突出"启智、冶性、锤志"的教育理念,核心素养下的"蓄力课堂"分为关键能力和必备品格,其中必备品格叫品格力;关键能力则分为认知力、合作力、创造力和健美力,这五种力的结合恰恰体现了"蓄力课

堂"德智体美劳五育并举的落地实施。

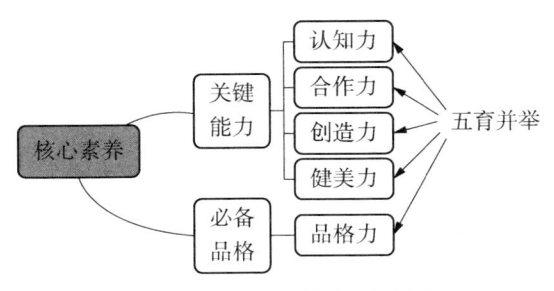

图 3-3 "蓄力课堂"内涵表

1. 学生课堂表现评价表（见表 3-5）

表 3-5 人大附中三亚学校学生课堂表现评价表

项目	评价等级			个人评价	同学评价	老师评价
	A	B	C			
听课情况	认真听课，没有走神、讲闲话等情况	听课比较认真，偶尔有走神、讲闲话等现象	听课不认真，走神、讲闲话现象比较严重			
发言情况	积极举手发言，并有自己的见解	能举手发言，答案中自己的思想较少	很少发言，不表达自己的观点			
合作学习情况	善于与人合作，虚心听取别人的意见	能与人合作，能接受别人的意见	缺乏与人合作的精神，难以听取别人的意见			
我这样评价自己						
伙伴眼中的我						

老师的话	

评价说明：
选出评价等级，填入相应位置。

2. 教师授课评价表（见表 3－6）

表 3－6　教师授课评价表

学校			年级		学科		执教人	
课题							时间	
评价因素	分值	要　求　标　准						得分
教学目的（体现目标意识）	10	1. 教学目标全面、具体、明确，符合大纲、教材和学生实际。 2. 重点和难点的提出与处理得当，抓住关键，能以简驭繁。 3. 教学目标达成意识强，贯穿教学过程始终。						
教学程序（体现主体意识）	20	1. 面向全体，体现差异，因材施教，全面提高学生素质。 2. 传授知识的量和训练能力的度适中，突出重点，抓住关键。 3. 给学生创造机会，让他们主动参与，主动发展。 4. 体现知识形成过程，结论由学生自悟与发现。						
教学方法（体现训练意识）	20	1. 精讲精练，体现思维训练为重点，落实"双基"。 2. 教学方法灵活多样，符合教材、学生和教师实际。 3. 教学信息多项交流，反馈及时，矫正奏效。 4. 从实际出发，运用多媒体等教学方法。						
情感教育（体现情感意识）	15	1. 教学民主，师生平等，课堂气氛融洽和谐，注重培养学生的创新能力。 2. 重视对学生动机、兴趣、习惯、信心等非智力因素的培养。 3. 注重学生思想品德的教育。						

续 表

评价因素	分值	要求标准	得分
教学基本功(体现技能意识)	10	1. 用普通话教学,语言规范简洁,生动形象。 2. 教态亲切、自然、端庄、大方。 3. 板书工整、美观、言简意赅,层次清楚。 4. 能熟练运用现代化教学手段。 5. 调控课堂能力强。	
教学效果(体现效率意识)	15	1. 教学目标达成,教学效果好。 2. 学生会学,学习生动,课堂气氛活跃。 3. 教学量适度,学生负担合理,时效高。	
教学特色(体现特色意识)	10	1. 教学有个性特点。 2. 教师形成教学风格。	
总分	100	得分	

二 建设"蓄力学科",丰富学科课程内涵

按照"实行国家、地方和学校三级课程管理体制"的要求,学校以一切为了学生发展为指导思想,整合学校优质资源,将学生的需求与教师的能力相结合,为学生提供更多的可选择性课程和主动学习平台,适当加深加宽国家学科基础课程的内容和要求,形成"蓄力学科"课程群,满足各种需求的学生学习需要。人大附中三亚学校的特色学科建设是希望把每个学科都变成有独特理念、有丰富课程、有教学范式、有学法指导和有学科团队的有特点的学科。

(一)"蓄力学科"的建设路径

"蓄力学科"的建设路径为:学科理念、学科课程、学科教学、学科学习和学科团队。针对这五个方面,将学科课程建设落到实处。这里以"横纵交叉体系化语文"为例进行说明。

(1)学科理念:依据语文学科课程"综合性与实践性相结合""工具性与人文性相统一"的基本特点,紧紧围绕"语文核心素养",以小初高三个学段一体化贯通式课程内容为经,以学段内"国家课程""地方课程"与"校本课程"为纬,整体构建人大附中三亚学校的"横纵交叉体系化语文"课程。

（2）学科课程：打造"精品化""特色化""本土化"课程，"精品化"课程理解为在新课程改革背景下常规课程的示范性课程，包括新课程理念统摄下的课程设计和小、初、高三学段课程一体化设计，形成积蓄与提高、铺垫与绽放的互为补充、相互促进的课程关系。"特色化"课程是针对教师专业发展、研究专长等成果在课程建设上的呈现。"本土化"课程是向中职高校寻求支持，建构出培养海南本土人才的课程。

我们根据教育部颁发的《中小学语文课程指导纲要》的要求，从学校的实际出发，积极创造条件，大力推进我校小、初、高语文课程建设（见表3-7）。

表3-7 "横纵交叉体系化语文"学科课程建设

年级	国家课程	校本课程
一年级上	我上学了；汉语拼音；识字；自然；想象；识字；儿童生活；观察	春天到了；自己去吧；狗熊请客；树上落黄莺
一年级下	识字；心愿；伙伴；家人；识字；夏天；习惯；问好	读读童谣和儿歌；摇摇船；小刺猬理发；一二三四五；小兔子乖乖；小白兔
二年级上	童话；识字；故事；自然；道理；人物；观察；狐狸	小鲤鱼跳龙门；"歪脑袋"木头桩；孤独的小螃蟹；小狗的小房子；一只想飞的猫
二年级下	春光爱心；童话；道理；自然科技；故事；人物；历史	愿望的实现；神笔马良；一起长大的玩具；七色花；大头儿子和小头爸爸
三年级上	想象生活；热爱学习；热爱自然；感受秋景；走进童话；体会人物；预测情节，续编故事；细致观察；抓住特点；热爱自然，体会壮丽山河；感受美妙自然，感知生动语言；培养仁爱之心	所见；安徒生童话；格林童话；稻草人；雪白和玫瑰红；大克劳斯和小克劳斯

续　表

年级	国家课程	校本课程
三年级下	童真童趣;勇敢坚强;仁爱之心;民族风情;风景名胜;脚踏实地;社会公德;信任他人	中国古代寓言;伊索寓言;克雷洛夫寓言
四年级上	感受自然之美;以不同的角度思考问题;处处留心,连续观察;神话故事;幸福和希望;童年的美好回忆;革命情怀;了解故事情节	爱的教育;三寄小读者
四年级下	乡村生活;自然科技;母亲;自然;作者笔下的动物;走遍万水千山;成长;人物品质;故事长廊	假如给我三天光明;草房子
五年级上	对花鸟的热爱,我爱阅读;民间故事;热爱祖国;学习说明性文章;父母之爱;四时景物的动静态美;书山有路勤为径	苏菲的世界;鲁宾逊漂流记
五年级下	童年往事;古典名著之旅;遨游汉字王国;家国情怀;描写人物特点;思维的火花;异域风情;幽默和风趣	城南旧事;童年
六年级上	感受自然;祖国在我心中;选择阅读方法;轻叩小说的大门;围绕中心写作;珍爱家园;艺术的魅力;初识鲁迅	狼王梦;鲁迅杂文精选
六年级下	人生感悟;民生民俗;深深的怀念;外国名篇名著;科学精神;难忘小学生活	假如给我三天光明;科学家故事100个
初一上	四季美景;亲情感悟;童真童趣;人生意义;人与自然;想象翅膀	朝花夕拾;西游记
初一下	人物精神;家国天下;小人物;中华美德;哲理光彩;科幻探险	骆驼祥子;海底两万里
初二上	活动探究与新闻写作;阅读与传记写作;阅读与积累,古诗文;阅读与散文写作;阅读与说明文写作;阅读与积累,古诗文	红星照耀中国;昆虫记

续　表

年级	国家课程	校本课程
初二下	阅读与仿写,传统文化;阅读与说明文写作;阅读与读后感写作,古诗文;活动探究与演讲词写作;阅读与游记写作;阅读与故事写作,古诗文	儒林外史;钢铁是怎样炼成的
初三上	活动探究与诗歌创作;议论文阅读与写作,观点要明确;古诗文积累;议论文写作;言之有据;小说阅读;议论文阅读与写作,论证要合理;经典名著段落欣赏	艾青诗选;水浒传
初三下	现代诗歌阅读与学习扩写;小说阅读;写作,审题立意;古诗文阅读;写作,布局谋篇;阅读与思考,准备与排练,演出与评议;议论文阅读;写作,修改润色;古诗文阅读;写作,有创意表达	儒林外史;简爱
高一上	诗歌小说;新闻通讯;古代诗歌;家乡文化;乡土中国;古今论文;古今散文;词语积累	篇章阅读
高一下	古代散文;中外戏剧;学术文章;信息时代;书信演讲;古今小说;名著阅读;古代散文	篇章阅读
高二上	红色文化;思想经典;语言逻辑;外国名著;理论文章;散文小说	名著阅读
高二下	古代散文;诗歌戏剧;古代诗歌;现代文学;古代散文;科学论著	名著阅读
高三上	第一轮复习、第二轮复习	专题攻关
高三下	第三轮复习、第四轮复习	专题攻关

（3）学科教学:在完成国家课程和校本课程的基础上,结合不同学段学生认知水平的差异,安排合理的学科主题活动,促进学生的特长发展。小学部是组织书写

活动、诗文诵读、小小演说家和"说说变化中的人亚学校"。依据低学段学生的认知特点,从"观察"与"表达"两个途径促进学生发展,赋予奠基意义。初中部是组织学生进行"经典阅读伴我成长""探寻红色足迹""飞翔自贸港""走进社会"等主题活动,将学生的知识积累与成长需求、社会发展紧密结合在一起,促进新时代学子的健康成长。高中部是为了更好地落实新课改精神,注重文化传承、人文体验和较高的信息素养。因此在高中阶段组织学生"国学研习"(对传统文化的学习、研读)、"天地人"表演(对海天科学幻想、地球环境再造和人类使命的表演演绎)、"祖国腾飞与我"(培养学生的责任与担当,赋予社会责任感,与人大附中的教育理念契合)等主题活动,将"传承—体验—实践"这条主线贯穿高中教育始终,为培养社会栋梁打好坚实基础。

(4)学科学习:语文素养是学好其他课程的基础,也是全面发展和终身发展的基础。学生通过学校、家庭和社区等教育资源,进行综合性学习活动,增加了语文实践的机会。不同学段的学生学习不同的教学内容,采取合适的学习策略,可以促进语文素养的整体提高。当然,也可以将语文学科作为工具学科,更好地进行跨学科学习。

(5)学科团队:语文学科教研组目标是成为一支理念先进、教学基本功扎实、有特色有专长、具有一定程度的课程开发能力、可以躬身实践"蓄力教育"的语文教师队伍。学校将语文教师发展规划分为三步:一是三年"达标工程",通过教学常规培训、展示课活动、精品课品鉴等促使教师紧抓常规教学,及早胜任教学工作;二是五年"名师工程",逐步培养一批业精技湛、师德高尚、能够担当学科建设与发展任务的名师队伍,积极发挥名师示范作用,在三亚市乃至海南省产生重要影响;三是八年"先生工程",结合语文教师专业成长规律以及学科特点,逐步形成集系统的专业知识、先进的新课程教改理念、擅长学生学法理论及科学有效的训练方法于一身的"先生",以适应学校高端发展的需求。

(二)"蓄力学科"的评价要求

"蓄力学科"的评价是指如何评价每个学科的总体要求,包括学科建设方案、学科课程建设、学科教学改革、学科学法指导、学科团队建设五个方面(见表3-8)。

表 3-8　人大附中三亚学校"蓄力学科"评价表

人大附中三亚学校　　学期　　学年 "蓄力学科"评价表 学科：			
评价项目	评价要求	分数	得分
学科建设方案 20%	有无	5	
	科学	5	
	独特	5	
	是否可行	5	
学科课程建设 20%	丰富度	10	
	育人可能性	10	
学科教学改革 20%	改革成效	20	
学科学法指导 20%	教学质量	20	
学科团队建设 20%	是否稳定	20	
综合评价	分值	100	

90 以上为"优秀",80—89 为"良好",60—79 为"合格",60 分以下为"不合格"。凡是"不合格"的学科课程需要重新修订。

三　创设"蓄力社团",发展学生兴趣爱好

社团活动课程以"全面发展＋突出特长＋创新精神＋高尚品德"的育人目标为指导,学校依据学生综合素养,广泛调查学生兴趣,充分挖掘学生潜能,开设学科拓展类、综合类、科学创新类和文体类社团,实现学生品格力、认知力、合作力、创造力和健美力的提升,满足学生学习的差异性和个性化需求。

(一)"蓄力社团"的主要类型与管理

学生社团涉及面广泛,内容丰富多彩,在丰富校园文化活动、促进校本课程形成、培养社会需要的特长学生等方面发挥了重要作用。目前学校的社团中有访心剑道社、推理社、人亚调查组、读书社、蒸汽之都动漫社、IT 吉他社、Dream line 中国舞社、航天社、机器人社、军送社、表演社、DIY 艺创社等在内的 34 个。

社团活动管理方面,学校成立了由校长担任组长,副校长为副组长,德育处主要负责人和各年级社长为成员的社团工作领导小组。学校先后制定了《学生社团管理办法及细则》《社团考评细则》《学生社团指导教师制试行办法》等管理制度,从制度上保证学生社团活动的开展。社团每周召开一次社团负责人例会,德育处认真听取各社团管理工作汇报,解决存在的问题,并及时拟定各类方案,帮助社团健康成长。学校对社团的成立、运行、考核进行全过程管理与指导。一是制定了严格的社团成立条件。二是规范了成立社团的审批条件与流程。三是实行导师制,采取"学生聘请、教师自荐和学校任命"相结合的方式,学生在教师的具体指导和督促下开展活动。四是广泛宣传。学校为学生社团的宣传提供便利与强有力的支持。五是科学评价考核。德育处对学生社团行使监督职责,指导老师负责对各社团社员进行指导;社团负责人负责对社员的管理并进行考评;社团每学期末至少开展一次大型展示活动。德育处对在社团工作和活动中取得突出成绩的先进集体和先进个人进行表彰,授予"优秀社团""社团活动先进个人"和"优秀社团干部"等称号,并给予奖励。

(二)"蓄力社团"的评价要求

社团立足本校校情,结合学生学情,发挥教师特长引领,保证学生的自主性,提高学生的积极性,鼓励学生的创造性,力求活动的成效性,推进素质教育深入发展,营造优良校风。在此准则的指导下,评价起到导向作用。学校从社团筹备、活动过程的监测、活动效果的多元化以及特色创新等方面全方位地进行评估评价(见表3-9)。

表3-9 人大附中三亚学校社团评价表

评价维度	评价内容	评价标准	评价方式
社团筹备	社团主题	主题健康积极,课程资源丰富,准备充分。	1. 阶段性评价与过程性评价相结合。 2. 过程性评价:活动过程记录、活动成果展示。 3. 评价方式多元化:自评、互评、组评、师评、家长评相结合。 4. 社团成果展评,评出优秀社团,参加星级社团评比。
	活动方案		
活动过程	特长发展	积极参与社团活动,发展自我特长。	
	活动过程		
活动效果	社团学习成果	能形成自己的学习成果,积极参与社团成果展示交流。	
特色创新	活动亮点	社团成果展示有特色、有创新、有亮点。	

四 推行"蓄力之旅",落实研学旅行课程

"蓄力之旅"是富有教育意义的课程开发。我们期望通过"蓄力之旅",学生亲历社会实践,形成有积极意义的价值体验,能主动分享体验和感受,与老师、同伴交流思想认识,深化社会规则体验、国家认同、文化自信,初步体悟个人成长与职业世界、社会进步、国家发展和人类命运共同体的关系,增强根据自身兴趣专长进行生涯规划的能力,强化对国家的认识和感情,具有中国特色社会主义共同理想和国际视野。

通过"蓄力之旅"养成独立的生活习惯,愿意参与学习服务活动,增强服务学校的行动能力,形成探究社会问题的意识,形成对自我、学校、社会负责任的态度和社会公德意识。

通过"蓄力之旅"能关注自然、社会、生活中的现象,深入思考并提出有价值的问题,将问题转化为有价值的研究课题,学会运用科学方法开展研究,能主动运用所学知识理解与解决问题,并做出基于证据的解释。

(一)"蓄力之旅"课程设计

走出校园,与大自然相遇,在大自然和实践中仔细感知、加深认知,成就意义非凡的研学活动,将蓄力的种子种在孩子们心中,生根发芽,未来可期!

红色研学之旅:在青年节来临之际,初一年级的学生们来到红色娘子军研学基地,身着红军军装,重温革命历史故事,在团课之前,学生们向大队辅导员交还队旗,将红领巾珍藏在锦盒中之后,在团旗下庄严宣誓,开启新青年的第一次精神洗礼。

主题研学活动:在"三月三"来临之际,初二年级的学生开展"访黎寨、感风情、学技艺、悟精髓——槟榔谷黎苗文化旅游区"主题研学活动。通过黎村访古、探秘非遗、椰子战争等活动,在大自然和实践中仔细感知、加深认知,收获科学知识,感悟人文生活。

深入探究研学活动:在端午节来临之际,高中部的学生开展了"访黎寨、感风情、学技艺、悟精髓"深入探究研学课题实践活动。通过访古黎村、非遗探秘等活动,在大自然和实践中感知黎族的悠久历史,在品读黎寨风情的同时,加深对民族民间文化的认知,收获不一样的人生体验。

(二)"蓄力之旅"的课程评价

表 3-10　人大附中三亚学校"蓄力之旅"课程评价表

一级	二级	水 平 要 点	分值	自评	组评	师评
研前准备	相关信息和知识准备	1. 没有搜集到本次研学旅行所需信息和知识。				
		2. 在教师、家长或同学的帮助下,收集到本次研学旅行所需信息和知识。				
		3. 独立搜集归纳本次研学旅行所需信息和知识。				
	研学所需技能	1. 对于本次研学所需提前掌握的技能很生疏。				
		2. 基本掌握本次研学所需提前掌握的技能。				
		3. 熟练掌握本次研学所需提前掌握的技能。				
	物质准备	1. 几乎没有准备本次研学所需地图、工具、学习用品和生活用品等物资。				
		2. 准备了部分本次研学所需地图、工具、学习用品和生活用品等物资。				
		3. 基本准备了全部本次研学所需地图、工具、学习用品和生活用品等物资。				
	安全意识	1. 安全意识薄弱。				
		2. 具备一定的安全意识。				
		3. 熟知研学旅行过程中存在的安全隐患,提前做好规避措施。				
研学过程	研学思考	1. 能针对课程项目进行初步思考,思考角度较少,思考深度过于表层或者片面。				
		2. 能针对课程项目进行一定思考,并进行简单分析。				
		3. 能针对课程项目进行多角度思考,练习利用所学知识进行综合分析,在论证的基础上发现并提出解决问题的路径。				

续 表

一级	二级	水 平 要 点	分值	自评	组评	师评
	实践操作	1. 在他人的帮助下尝试进行研学实践操作,对步骤流程一知半解。				
		2. 与他人合作完成研学实践操作,基本完成实践操作步骤。				
		3. 能独立完成研学实践操作,熟悉步骤,操作规范。				
	研学态度	1. 对课程项目执行采取应付、消极的态度。				
		2. 能够按照研学导师要求执行课程项目,在鼓励中完成研学的任务和要求。				
		3. 对课程项目执行态度积极,能够主动认真完成研学的任务和要求。				
	研学记录	1. 对研学旅行过程的记录支离破碎,表述不清晰。				
		2. 对研学旅行过程的记录基本完整,但缺乏条理性。				
		3. 对研学旅行过程的记录十分完整,条理清晰。				
研后总结	成果质量	1. 几乎没有完成课程项目。				
		2. 课程项目成果质量一般。				
		3. 课程项目成果深刻而独到,富有创新性。				
	表达沟通能力	1. 缺乏表达和交流的意愿。				
		2. 表达和交流缺乏逻辑、含混、不连贯、不完整,有语法错误。				
		3. 表达沟通清晰、连贯、完整。				
小计	研前准备( );研学过程( );研后总结( );总分( )		等级			

五 设计"蓄力节日",浓郁学校课程氛围

"蓄力节日"是通过形式多样、丰富多彩的节日活动,让学生拓展视野,带动全校学生更多地了解校园文化、地方文化、国家文化以及国际文化,以此不断推进素质教育,为学生德智体美劳全面发展创设时空条件与实践体验的舞台,并进一步增强广大青少年学生爱祖国爱家乡的情感,增强其实现中华民族伟大复兴中国梦的理想信念。

(一)"蓄力节日"的课程设计

为丰富学校的课程体系,在做好国家、地方课程的同时,结合国家、省、市的相关文件精神,以及学校的办学理念和育人目标,开发了"蓄力节日"课程。这些节日课程有的是自上而下地规划,有的是自下而上地生长。"蓄力节日"课程的实施是在有效时间内,以不同节日为契机,开展的风格迥异的特色课程。"蓄力节日"课程,让学生走进自然、接触社会,初步了解有关各类节日的风土人情,引导学生形成互相关爱、热爱自然等良好的社会情感,以节日教育促进学生认知、情感、行为互为发展。

传统节日:以"了解我们的传统节日"为突破口,让师生在学习中了解传统节日的由来、传说、民俗以及相对应的诗词文化,引导学生主动搜集资料,激发学生的民族自豪感,弘扬民族文化,树立国家意识,传承民族精神。比如在我国的传统节日中秋节时,我们会邀请家长进校园,开展相关的主题活动,同时聘请公益人员教我们"打月饼"。学生在吃到甜美的月饼同时,学习节日的传说、由来,感受民俗以及相应的诗词文化。家校社会三结合,使活动更生动更有意义。又比如在端午节时,我们会请学生们带好提前煮熟的鸡蛋,放在一个小袋子里,挂在身上,到校后举行"撞蛋比赛",并为获胜的"蛋将军"佩戴上五彩"小王冠"(五彩线)。学生们在娱乐的同时,既吃了蛋,也能记住这一节日。虽是端午节,但我们也会提前请同学们查一查南北端午节的差异都有哪些,提高学生的认知力。

现代节日:在教育越来越重视多元文化的今天,对现代节日文化的开发与利用显得越来越重要。我们结合学校系列教育活动,充分利用现代节日的感化功能,提高学生的思想道德素质和文明礼仪素养,促进学生的个性化发展,为营造现代化良好的人文环境和建设和谐社会做出贡献。比如3月12日植树节,我们与社区取得联系后在住宅楼前后的绿化带,师生及家长共同种下一棵小树苗,呵护它成长。这不仅仅是科普实践活动,更是家校社会三方结合,对学生进行的环保教育、爱的教育,能够促进学生的认知力、合作力、创造力和健美力。

校园节日:校园节日是不可多得的教育资源,节日活动是开阔学生视野,培养学生兴趣,展示学生特长的重要载体。在新课程背景下,综合实践活动为校园节日活动提供了课程化的平台。比如校园节日中的艺术节,我们会按照学年段,把艺术节分成小学和中学两个专场。在艺术节当天,我们邀请家长来到学校,与学生们共同参加才艺大赛的演出,不仅学生的才艺得到展示的平台,班级的团队建设也更富有集体主义教育意义,而家长的到来,更增加了节日的娱乐性、趣味性,同时也为家长和孩子们创造美好的亲子时光。

(二)"蓄力节日"的课程评价

"蓄力节日"采用过程性和终结性综合的方式,结合学生在活动过程中的表现和最终呈现的成果给予最终的评价。过程性评价主要考察学生的活动参与、方法应用、体验获得和能力发展(见表3-11)。

表3-11 人大附中三亚学校"蓄力节日"课程评价表

评价内容 \ 等级	评价人			总评
	自己	小组	老师	
能积极、主动参加活动				
能完成小组分配的任务				
在活动中与同学和睦相处,团结合作,共同完成任务				

注:等级分为 A、B、C、D、E

六 创意"蓄力探究",做活主题课程

主题探究类选修课程是在课程实施过程中引导学生在自然、生活和社会中发现问题和提出问题,在教师的指导下经历主动探究过程的课程。蓄力探究课程属于校本课程的一部分,以选修课的形式开展。

(一)"蓄力探究"的主题课程

"蓄力探究"课程每学期10节课,每节课80分钟。申报时间一般是新学期开学前,由在本专业领域有一定造诣、有责任心的教师申报。学生根据个人的兴趣特长自主选择或在教师指导下自愿选课。

教师实施教学的对象是对主题探究感兴趣的学生,教学内容可结合社会实际,从生活、自然、社会、学科等选取教学主题。教学形式有较大的灵活性,包括课堂讲授、查阅文献、实地调查、动手实验、共同讨论等。其实施过程如下(见表 3-12):

表 3-12 "蓄力探究"课程实施过程

具体项目	内　　容
选题意向	学生提出初始的选题意向,进行简单的预研究,撰写个人开题报告,在课堂集中展示。
分组	经过全班同学的展示和交流,在自愿的基础上形成课题小组,推选组长,明确个人的职责。
开题	进行小组课题的可行性分析,了解前人的研究成果,找出课题的创新点和技术路线,确定详细的研究计划,明确分工,撰写开题报告。
实施	进行课题研究,课题指导教师对其研究进程进行指导和监督,各小组之间进行阶段性展示和讨论,研学教师对各小组出现的共性问题组织集中点评和讨论。
结题	学生对其研究成果进行总结,撰写较为规范的结题报告,参加年级答辩或制作展板展示。

(二)"蓄力探究"的课程评价

表 3-13 人大附中三亚学校"蓄力探究"课程学生评价表

姓名:		班级:		学科:	
评价项目	评价内容		自我评价	小组评价	教师评价
学习态度	积极参加学校活动,探究兴趣较浓,遇到困难不退缩。				
合作意识	能与同伴合作,互相配合、交流,共享信息,共同探讨疑难问题。				
探究过程	经历发现问题、提出问题、拟定研究计划、实施研究过程、总结探究结论的过程。				

续 表

评价项目	评价内容	自我评价	小组评价	教师评价
认知能力	扩展认知视野,增长经验,能综合运用知识,通过问题解决获得新知识,发展新技能。			
实践创新	善于观察、分析、思考,能提出创新的问题、观点或见解。			
成果发布	能用语言或图像、实物或行动等方式对学习成果进行交流,态度大方自然,注意表达方式。			
我的改进				

方面说明:(1)评价结果分为 A、B、C、D 四个等级。(2)A 表示好;B 表示较好;C 表示一般;D 表示尚可。

七 评选"蓄力之星",做强个性发展课程

"蓄力之星"意在鼓励学生个性发展,增强对其他学生的榜样教育辐射作用,树立典型,在学生中创设积极向上的学习氛围,培养学生全面发展,激发学生勇于争先的进取精神,形成良好的学风、校风,增强校园活力,提高学生的积极性。

(一)"蓄力之星"的课程设计

"蓄力之星"课程设计由德育处发出倡议,制定"蓄力之星"的项目,学生根据自己的实际情况自由申报,原则上每位同学每学期不限申报项目数量(但为能使学生更成功地取得蓄力之星,不建议报 5 项以上,可循序渐进,本着保质保量对自己负责的态度申报)。由班主任教师组织相关学科的教师与申报"蓄力之星"的同学结对协商课程,签订学习契约,秉着以人为本、因材施教的方针制定出适合该生个性化的课程方案,在每学期末,班主任会组织相关教师、同学及申报者本人做申报评价。评价达 A 者,即为申报成功,由班主任上报德育处,由学校进行颁星奖励,被评上的同学须交个人 7 寸生活照片 1 张,学校将通过学校网站、广播站、橱窗等途径对"蓄力之星"进行宣传、报道。

(二)"蓄力之星"的评选要求

(1)勤奋之星:学习刻苦,成绩突出,在学习方面起模范带头作用。自主学习,勤思好问,乐于探究,积极进取,各科学习成绩优秀。

(2) 诚实之星：诚实守信，言行一致，不说谎话，不说大话，知错就改，讲信誉，答应别人的事一定要做到，做不到要向对方说明情况，不随意拿别人的东西，借东西及时归还。

(3) 劳动之星：热爱劳动，积极参加校内外劳动，勤俭朴素，自己能做的事自己做，主动为家庭做一些力所能及的事，有良好的劳动卫生习惯，珍惜劳动成果。坚持搞好班级和卫生区卫生，值日认真负责。衣着整洁，不乱扔垃圾，不乱涂乱画，不随地吐痰。

(4) 体育之星：热爱体育锻炼，在体育比赛中有突出表现。

(5) 礼仪之星：尊敬师长，孝敬父母，对人有礼貌，主动问好，见面行礼，尊老爱幼，同学友好相处，互相关心，互相帮助，相互尊重，相互合作。举止文明，尊重他人，乐于助人，遵守学校的各项规章制度。

(6) 奉献之星：乐于助人，任劳任怨，踏实肯干，甘于奉献。

(7) 自强之星：不怕挫折，知难而进，自立自强，人格高尚。

(8) 快乐之星：个性开朗活泼，能给他人、集体带来无限快乐与活力。

(9) 才艺之星：具有文艺、书法、美术等特长，在各类比赛中取得优异成绩。

(10) 孝顺之星：孝敬父母，关爱长辈，理解、体谅父母，尽力为家庭分忧解难。

(11) 俭朴之星：生活简朴，不摆阔气，不讲吃穿，不乱花钱。

(12) 进步之星：学习态度端正，学习进步大。

八　激活"蓄力联盟"，落实家校共育

家校共育关系的建立有利于培养学生良好的行为习惯，家庭是学生接受教育最早，时间最长的场所，学校则是培养学生良好行为习惯的主要渠道。因此，家庭教育和学校教育之间的一致和配合，更有利于培养学生良好的行为习惯。

和谐的家校共育关系可以促进学校和家庭之间的信息交流，建立家校联系后，能使这一渠道更畅通，学校与家庭教育更有时效性、针对性，目标要求更一致。家校共育关系可以使学校充分利用家长这一有力的教育资源去优化、促进学校内外的教育环境，使学生接受的教育更完整。

坚持立德树人根本任务，注重家庭、注重家教、注重家风，按照区域统筹、学校主导、家庭主体、社会支持的基本原则，发挥优势，改革创新，努力构建人大附中三亚学习"蓄力联盟"，开创家校共建的新局面。

（一）"蓄力联盟"的组织建设

"蓄力联盟"主题课程发挥学校指导作用，明确家长主体责任，研究建立学校、家庭、社会协同育人体系。

1. 召开家长会

一是每学期在期中考试结束后召开全校性家长会。由校长总负责，各班主任有序组织。家长会上校长就学生教育、乘车、安全、心理疏导、特殊儿童关爱等问题作书面报告。各班主任和各任课教师对学生近阶段学习成绩、在校表现、家庭作业辅导、亲子读书等和家长交流。二是各班根据情况召开个性化家长会。当班级管理、教育出现较大共性问题或者是家长和学校、教师之间沟通不和谐时就要及时召开家长会。召开家长会的班级要根据出现的问题及时与家长沟通，使问题得以有效化解。召开家长会的班主任或任课教师要做好记录，收集好家长会的过程性资料。三是创设家长交流平台。家长会不仅仅是家校联系的有效途径，也是家长之间相互交流家庭教育方法的最好平台。在家长会上，班主任或任课教师可推荐、邀请有特色的"育儿"家长在家长会上作经验交流。四是成立家长委员会。家长委员会由家长组成，委员长由家长推荐，委员会实行流动制。家长委员会不定期召开，学校与家庭中出现问题，家长委员会要收集大多数家长的意见，及时召开会议将问题集中及时解决。五是发放致家长一封信和家长问卷调查，通过书面调查和宣传达到"共育"的良好效果。六是各班主任要做好家长会过程性资料的收集和整理，并上报教务处归档。

2. 开展家长"开放日"活动

一是开放科目涉及语文、数学、英语、体育、音乐、美术、综合实践课、科学、品德与生活、品德与社会、地方课程、校本课程等所有学科；二是开放时间是一天，每学期两次。在开放日，学校会邀请部分家长到校，通过老师和家长零距离的接触，增进大家的交流和沟通，并且通过现代网络技术的开通，增设家校共同沟通的渠道，真正实现"开放日"互相学习交流提高的作用；三是各学科老师在思想上、行动上都要重视，钻研教材，精心备课，制作课件，充分运用现代教育技术进行课堂教学；四是开放日发放家长调查表，细致深入了解家长心声，提高教师的教育教学；五是各班主任和学科教师收集、整理好家长"开放日"的资料，并上报教务处归档。

3. 走访家庭，听取意见

学校领导带队，深入学生家庭，尤其是关注特殊儿童（残儿、孤儿、留守儿、单亲儿童等）。

家访活动的内容包括宣传党和国家、自治区出台的有关教育政策法规，有关的教育改革思路、新课程理念等；介绍本单位开展家访活动的意义、做法；每月任课教师、班主任要走访所教班级学生四分之一的家庭，每学期走访完所带班级学生。每次走访前要做好充分准备，做到有目的、有目标的走访，认真听取社会各界、家长对学校、学校领导及任课教师的反映，虚心接受各方面意见，认真进行梳理记录，形成家访手记，并积极进行整改。学期结束后每位教师要将家访记录上交教务处，家访记录将作为年终教师考核之一。

4. 家校联系

扎实有效地通过家校联系卡、电话、短信、校讯通等平台及时将学生学习生活、学习方法、思想品德、心理健康情况、校内外安全须知、学校活动、调整作息时间、放假等信息第一时间反映给家长等。

5. 及时梳理

每学期结束要将本学期学校组织开展的"蓄力联盟"活动进行梳理，发现问题，归类整理，便于今后改进。

（二）"蓄力联盟"的评价要求

表3-14 人大附中三亚学校"蓄力联盟"评价表

评价时间：　　年　　月　　日	
您孩子所在年级？	
您与孩子的亲子关系如何？	
您对今天进行的蓄力联盟活动感觉如何？	○非常满意　○很满意 ○一般　　　○不满意
您对我校开展"蓄力联盟"家校共育课程有什么意见或建议？	
您对"蓄力联盟"家校共育课程中的内容有哪些期望？	

总之，我校坚持党中央"构建德智体美劳全面培养的教育体系"，秉持刘彭芝校长"爱与尊重"的教育理念，以"蓄力教育"为教育哲学，引领课程建设，引领教师发展，引领学校文化，坚持"全面发展＋突出特长＋创新精神＋高尚品德"的育人目标，在海洋文化及海南自贸港的历史背景下，在课程的开发与管理上，实现学生品格力、认知力、合作力、健美力和创造力的提升。

（撰稿者：宓奇、韩雪、卜令常、高琳、李皜真、任支钰、李泓乐、王平、孙靓）

第四章　学习逻辑：内容的整合性

◇

　　课程作为学校特色文化发展的核心，是孩子们学习体验的过程，是孩子们认识社会、丰富经历、提升能力的学习过程。课程的学习逻辑是一种"构筑世界""结交同伴""塑造自身"的三位一体的对话性实践。为了促进对话实践的有效开展，课程内容的整合要实现多维关注，打破学科知识的界限，让整个世界成为学生学习实践的媒介。

美国著名的课程学者威廉 F. 派纳认为："课程是一种特别复杂的对话,课程不再是一个产品,更是一个过程。"①我们认为,课程作为学校特色文化发展的核心,是孩子们学习体验的过程,是孩子们认识社会、丰富经历、提升能力的学习过程,课程具有自己独特的学习逻辑。

◆ 一、什么是学习逻辑

根据佐藤学提出的"学习的三位一体论",我们认为,课程的学习逻辑是指学习是一种"构筑世界""结交同伴""塑造自身"的三位一体的对话性实践,这三种学习实践不是孤立存在而是相互联系的。

第一,学习是一种构筑世界的对话性实践。学生在学习教育内容的过程中,从自己的视角与学习内容中呈现的概念、原理和结构进行对话,通过对事物的观察和实践,用独特的意义符号构筑自己的认知世界。

第二,学习是一种结交同伴的对话性实践。"独学而无友,则孤陋而寡闻。"每一个学生在学习中,都必须与他人结交同伴关系,与同伴进行充分对话,借助同伴丰富自己对客观世界的认知并完善自身。同伴分有形的同伴和无形的同伴,有形的同伴是指在课堂学习中的老师和学生;无形的同伴是指学习内容中的作者、人物、编者等。学习的过程就是与这些有形的同伴和无形的同伴进行对话性实践的过程。

第三,学习是一种塑造自身的对话性实践。在学习的过程中,学生通过开展与自我的对话,加深对自我的认知、剖析,然后将自我进行"塑造",不断地完善自我。

◆ 二、把握学习逻辑的途径

课程的学习要充分考虑孩子们的学习需求,以丰富孩子们的学习经历为取向,

---

① Pinar, W. F., Reynodls, W. M., Slattery, P. &Taubman, P. M. Understanding curriculum: an introduction to study of historical and contemporary curriculum discourses [M]. New York: Peter Lang, 1995.

从而促进孩子们成长。因此把握课程学习逻辑的三种途径是基于儿童的立场、基于生活世界、基于伙伴交往。

（一）伦理性实践：基于儿童立场

学习的伦理性实践需要重建学校课程。学校课程要促进学生健全人格的形成，促进学生全面发展，应当在孩子成长的过程中去发现孩子的学习潜能，聆听孩子的内心需求，启迪孩子的智慧品德，使学习变得美好而有意义。因此，学校在进行课程建构时要基于儿童立场，关注孩子们的学习需求，不能为了课程而课程。整合内容的时候不要"千校一面"，每个学校要围绕本校的教育哲学、育人目标、课程理念等进行全盘考虑，根据时代发展对未来人才培养的需要，按照国家基础教育的基本要求和当代中国学生核心素养的发展框架，以立德树人、五育融合为宗旨进行课程体系建构。所有的课程不是简单地做内容的加减法，做成学科大杂烩，而是把所有内容按一定的逻辑统整、分类，以嵌入的方式实施，即把碎片化的内容整合成一个逻辑严密的有机整体。此外，课程学习要注重学生学习的主体地位，在这种课程中，教师不再是知识的传授者，而是学习征途中的"灯塔"，发挥着指引学生的作用。

例如，三亚市吉阳区月川小学"生命河"课程在学校课程建设中重点关注儿童立场，以促进学生健全人格的形成，促进学生全面发展为导向，紧扣"让每一个生命都温润美好"的办学理念，以培养"品行好、脑子活、身体棒、兴趣广"的"润美少年"为目标，确立了"润美教育"哲学和"在这里，生命之川如此生动美丽"的学校课程理念，并建设学校课程，让课程润养每个孩子的生命之河。

（二）认知性实践：基于生活世界

学习的认知性实践就是要实现学生和生活世界的对话性，因此学校课程要重建为生生、师生、师师相互学习、共同成长的意义世界。学校课程是反映全体师生广泛认可的课程价值追求，是学校基于生活世界的一种理解。因此课程内容的整合要围绕学校的办学理念提出自己的课程理念，有整体规划和体系意识，关注课程的纵向关联和横向关联，不能单一地把一门一门的校本课程进行叠加，要把课程设计、实施与评价贯通起来。

例如，三亚市吉阳区月川小学"生命河"课程为了重建对话的意义世界，把学生的生活世界的各类资源作为整合学校课程内容的基础，建构了"润德课程、润智课程、润言课程、润健课程、润趣课程、润创课程"六大课程,课程内容涵盖国家学科课程、项目学习课程、社团课程、研学课程、节日课程、环境课程、仪式课程等,尽可能地把学生生活的世界连接到学生的学习实践中。

(三) 合作性实践:基于伙伴交往

合作性实践将以追求学习成绩为目的的独立性学习活动转变为基于伙伴交往的对话性实践。学生要在学习过程中开展活动式学习,以学习素材为介,模仿人际沟通,加强与学习同伴的互动交流,通过对话交流,合作探究,互相启发,使学习成为共享成长经验的实践活动。如三亚市吉阳区月川小学"生命河"课程的实施主要以学生的合作对话为主要学习手段,每一项课程实施的评价要求都离不开与他人的合作交流。

总之,学习是一种"构筑世界""结交同伴""塑造自身"的三位一体的对话性实践,为了促进对话实践地有效开展,课程内容的整合要实现多维关注,打破学科知识的界限,让整个世界成为学生学习实践的媒介。

(撰稿者:邢翠睿)

文化逻辑　"生命河"课程:生命之川,如此生动美丽

在热带天堂三亚形如弯月的月川河畔,一座生长在传统文化里的校园,正在优雅地绽放着自己的独特魅力。三亚市吉阳区月川小学始建于1909年,原是一所私塾,1965年后迁至现校址至今,是一所历史悠久的百年老校,现为省级规范化学校。学校共占地13 952.9平方米,依次划分为教学区、运动区和生活区,布局井然、环境优美。教学区建筑面积约11 059平方米,建有综合运动场、舞台、体育综合架、篮球足球羽毛球场,配有科学实验室、图书阅览室、美术室、音乐室、舞蹈室、综合实践室、党员活动室等功能室14间,各班配有多媒体电子白板,教学设施设备齐全。学校现有学生1837人,设37个教学班;在岗教职工100人,正副校长3名,中层领导8名,其中,专任教师99人(在编在岗教师58人,外聘41人),在编高级教师5人,一级教师26人,二级教师27人,工勤人员1人。省级学科带头人1名,省级骨干教师2人,市级骨干教师6人。从学历层次看,在岗教师本科54人,大专44人,中师毕

业1人,学历达标率100%。学校先后通过了省级标准化、规范化学校评估验收及均衡国检,先后荣获全国优秀少先队集体、三亚市教育质量先进单位、网络教研先进单位、小学基础测评先进单位、中小学教师专业发展先进单位、中小学实践创新先进单位、三八红旗集体、卫生先进单位、文明学校、内涵发展先进学校等称号。学校秉承"让每一个生命都温润美好"的办学理念,积极进取、开拓创新、加强校本研究,发挥自身优势,丰厚办学底蕴,凸显办学特色,彰显办学品位。如今,学校依据教育部《关于深化课程改革落实立德树人根本任务的意见》《关于深化教育教学改革全面提高义务教育质量的意见》《海南省深化教育教学改革全面提高义务教育质量行动方案》,推进学校课程建设,取得了可喜的成效。

第一部分　学校课程哲学

古老的月川村里静静地流淌着一条形如弯月的河流,她承载着月川人的梦想,背负着月川历史的沧桑壮美;白鹭与她欢歌,红树林在她身畔成长,一代又一代的月川人在她怀抱里演绎着生命的希望和美好。作为位于月川河畔的学校,月川小学以课程为润养生命的源泉,汇成一条让师生生命温润美好的生命之河,由此,我们提出了学校的教育哲学——润美教育。

一　学校教育哲学

"润美教育"是一种教育信仰、一种教育思想和一种教育行动。

"润美教育"是用爱润泽生命的教育。苏霍姆林斯基说:"有爱的教育,才是真正的教育。"教育是植根于爱的,没有爱就没有教育。在教育过程中,我们用温暖和情感去浇灌,用足够的爱与信任去润泽每个生命,让每个生命蓬勃地发展。

"润美教育"是用智慧润泽生命的教育。德国第斯多惠说:"教育的艺术,不在于传授,而在于激励、鼓舞和唤醒。"我们认为,润物无声的教育智慧是要唤醒孩子生命中最美好的东西和潜能,发现每个孩子的特点和个性差异,创造激励孩子们多元发展的机会,让每个孩子的生命之河在学校美丽之川的润养下更灵动。

"润美教育"是用文化润泽生命的教育。在学校教育中,我们致力于为学生提供适合生命发展的课程,构建适合生命拔节的课堂,创设适合生命成长的环境,引领每一个学生构筑自己的梦想并为之不断努力,自我实现,从而遇见最美的自己。

我们认为,"润美教育"的全部意义就是"让每一个生命都温润美好",遵循这个办学理念,我们确立了我们的教育信条:

我们坚信,
教育是澄澈的对话;
我们坚信,
生命是一条川流不息的河;
我们坚信,
学校是生命自由徜徉的地方;
我们坚信,
以爱润泽生命是教师的专业智慧;
我们坚信,
让生命之川生动美丽是教育的神圣使命;
我们坚信,
让每一个生命温润美好是教育最美的姿态。

二 学校课程理念

学校要促进学生健全人格的形成,促进学生全面发展,应当在孩子成长的过程中去发现孩子的学习潜能,聆听孩子的内心需求,启迪孩子的智慧品德,使学习变得美好而有意义。为此,在"让每一个生命都温润美好"的办学理念的引领下,我们确立了学校的课程理念:在这里,生命之川如此生动美丽。其具体内核如下。

课程即生命润养。教育就是对生命进行润养,使生命之河变得生动美丽。我们的课程就是要打造一条滋养师生生命的河川,让学生在这条环境适宜、具有丰富资源的河川里得到润养,得到生长。

课程即自由呼吸。课程不仅是传递知识的载体,同时也是让生命自由呼吸的旅程。自由呼吸意味着儿童是课程的主人,课程要创设轻松自由的氛围,"川"阔凭鱼跃,激发学生的主体意识,唤醒生命发展的潜能,让儿童无拘无束地施展才能。我们的课程设置尽量遵循儿童发展的需求,通过灵活多样、趣味十足的课程内容去丰富他们的精神世界，拓宽学生的视野，让他们自由自在地汲取心灵的养分，使自己的心灵变得温润、豁达、美好，富有创新源泉。

课程即多元生长。"天生我材必有用。"每一个孩子都是一个独特的存在，我们要让每一个孩子都相信自己可以成才。学校的课程要为每一个孩子注入成才的活水，提供适合个性发展的多元课程，让孩子们在课程的润养下挖掘自身优势，多元化发展。

课程即遇见美好。我们的课程为学生的生命打造一个生态水世界，让每一个孩子在这里扎进去，游出来，遇见最美的自己和美好的未来。

总之，课程是润养学生生命，让生命生动美丽的生态系统。我们紧扣住"润美教育"主旋律，将学校课程模式命名为"生命河"课程，使学校成为润养学生生命之河的美丽之川。

第二部分　学校课程目标

学校根据时代发展对未来人才培养的需要，按照国家基础教育的基本要求和当代中国学生核心素养的发展框架，结合学校的教育哲学，以立德树人，五育融合，培养具有"健康阳光、好学上进、勤劳诚信、文明朴实"的海南特色印记的少年为宗旨，提出学校的育人目标，并制定相应的课程目标。

一　学校育人目标

每个孩子都是一条纯净的小河，我们将以丰富的资源润养，培养"品行好、脑子活、身体棒、兴趣广"的"润美少年"，具体内涵阐释如下。

品行好——川河般温润而执着：仁爱有礼、诚信自律、自信向上、勤劳俭朴；

脑子活——川河般灵动而深邃：好学上进，勤探善思，潜能无限，乐于创新；

身体棒——川河般清澈而明净：身心健康，体魄强健，意志坚强，乐观阳光；

兴趣广——川河般丰富而多姿：兴趣广泛，视野开阔，情趣高雅，富有个性。

二　学校课程目标

学校结合各学科义务教育课程标准中的年段目标、各年级课程要实现的培养目标以及学生的实际情况，把各年级的育人目标分解如下（见表4-1）。

表 4-1 三亚市吉阳区月川小学各年级课程目标

目标 年级	品行好	脑子活	身体棒	兴趣广
一年级	1. 喜欢上学,学会与他人交朋友	1. 掌握初步的阅读能力	1. 愉快地上体育课和参加课外体育活动	1. 口才好;能讲简短的故事、能背简单的古诗词、《三字经》、儿童诗
	2. 了解学校的规章制度,尽快适应小学生活	2. 了解数学运算、数学思维、逻辑推理	2. 知道所学运动项目或游戏的名称或术语	2. 书法好:有良好的书写姿势和书写习惯,能用铅笔书写工整的楷书作品
	3. 注意家庭生活和上学路上的安全	3. 乐于参加实践活动	3. 做出正确的基本身体活动动作	3. 运动好:会做广播体操,有一项自己喜欢的运动
	4. 养成早睡早起的好习惯	4. 有初步的艺术认知能力和艺术表现	4. 学习小足球游戏和基本技术	4. 才艺好:喜欢艺术课程,有一门自己擅长的才艺
	5. 养成良好的卫生习惯,关注自己的仪态仪表,逐步养成良好的自我认同感	5. 初步学会观。	5. 学习体操类运动、游泳运动、跳绳的基本动作	
	6. 养成良好的生活习惯,有良好的精神面貌		6. 初步掌握基本的安全运动知识和方法,注意运动中的安全	
	7. 养成基本的学习好习惯,做事不拖拉、不马虎		7. 初步了解饮食、用眼、口腔卫生和个人卫生常识	

续　表

目标＼年级	品行好	脑子活	身体棒	兴趣广
	8. 不怕困难,乐于在别人帮助下战胜困难		8. 认识正确的身体姿态	
			9. 完成多种柔韧性练习	
			10. 乐于参加户外运动	
			11. 认真完成体育学习和锻炼任务	
			12. 体验情绪变化	
			13. 在新的合作环境中愉快地进行体育活动和游戏	
			14. 活动中表现出对同学的关心与爱护	
二年级	1. 了解祖国传统节日、民风民俗、传统礼仪、积极的民间文化等	1. 有一定的阅读能力和表达能力,有初步的语言能力	1. 乐于上体育课和参加课外体育活动	1. 口才好:能讲童话故事,能背简单的古诗词、《弟子规》、儿童诗,能模仿创编简单的儿童诗
	2. 有初步的集体意识和自主管理意识、责任意识	2. 初步掌握数学运算、数学思维、逻辑推理	2. 初步了解运动	2. 书法好:注意字的间架结构,能用铅笔书写美观的楷书书法作品

续 表

目标 年级	品行好	脑子活	身体棒	兴趣广
	3. 初步养成遵守秩序、爱护环境、爱护公物的好习惯,学习做一个文明的小公民,有初步的法治意识	3. 初步有实证意识、科学概念	3. 做出正确的身体活动动作	3. 运动好:做广播体操和校本韵律操时姿态优美,掌握一项自己喜欢的运动技能
	4. 初步了解家乡的美丽山水、丰富物产,认识为家乡作出贡献的人们,热爱自己的家乡,为祖国的变化而自豪	4. 有一定的观察能力	4. 学习2种以上常见的球类游戏和基本技术	4. 才艺好:初步了解一些艺术知识,喜欢艺术课程,初步掌握一门才艺
	5. 敢于尝试新鲜事物	5. 初步展现实践能力	5. 学习武术类运动、跳皮筋的基本动作	
	6. 能够意识到消极情绪的危害,在成人的帮助下能够化解自己的消极情绪	6. 会简单的艺术欣赏和艺术表现	6. 注意运动中的安全	
	7. 创造性地帮助家人和朋友化解消极情绪		7. 注意饮食、用眼、口腔卫生和个人卫生常识	
	8. 懂得培育植物,热爱生命		8. 保持正确的身体姿态	
			9. 完成多种灵敏性练习	

续 表

目标 年级	品行好	脑子活	身体棒	兴趣广
			10. 积极参加户外运动	
			11. 认真完成体育学习和锻炼任务	
			12. 在体育活动中乐于帮助同学	
三年级	1. 树立基本的公德意识	1. 逐步提高阅读能力、表达能力、语言能力,有初步的思维品质	1. 愿意参加新的体育活动和游戏	1. 口才好:能流畅地诵读美文、背诵古文,能创编简单的童话
	2. 关注社会、关注他人,懂得规则、法律对于社会公共生活的重要意义	2. 有一定的数学运算、数学思维以及逻辑推理能力	2. 了解一些奥林匹克运动的知识	2. 书法好:初步了解一些书法知识,能用钢笔写工整的楷书书法作品初步学会用毛笔临写楷书书法作品
	3. 了解生产、消费活动与人们生活的关系	3. 有一定的实证意识,掌握一定的科学概念,有初步的科学探究能力	3. 了解多种运动术语或动作名称的含义	3. 运动好:至少掌握一项自己喜欢的运动技能
	4. 知道科学技术对人类的重要影响	4. 有收集信息的意识,会处理简单的信息,有创新的意识	4. 做出有一定难度的基本身体活动动作	4. 才艺好:了解较多的艺术知识,有一定的艺术认知与审美,有初步的艺术欣赏能力,有一定的艺术表现能力;至少掌握一门才艺

续 表

目标年级	品行好	脑子活	身体棒	兴趣广
	5. 了解自己的特点,发扬自己的优势,有自信心,知道人各有所长,要取长补短	5. 有一定的实践能力,尝试与他人合作	5. 初步掌握球类运动、体操类运动项目的基本技术	
	6. 理解做人要诚实守信,学习做有诚信的人	6. 初步在学习中发现问题	6. 基本掌握体育活动和日常生活中的安全常识	
	7. 懂得感恩和基本的礼仪常识	7. 有一定的艺术认知与审美,有初步的艺术欣赏能力,有一定的艺术表现能力	7. 知道运动系统的基本构成	
	8. 学会欣赏、宽容和尊重他人		8. 注意保持良好的体形	
	9. 体会同学之间真诚相待、互相帮助的友爱之情		9. 了解体能的构成	
	10. 学会和同学平等相处,知道同学之间要相互尊重,友好交往		10. 通过多种练习发展柔韧性、灵敏性	
			11. 适应寒暑、燥湿等气候变化	
			12. 坚持完成有一定困难的体育活动	
			13. 保持高昂的情绪	
			14. 主动与同伴进行交流与合作	

续 表

目标\年级	品行好	脑子活	身体棒	兴趣广
			15. 初步了解体育道德	
四年级	1. 有一定的集体意识和自主管理意识、责任意识	1. 有很好的阅读能力、表达能力、语言能力和思维品质	1. 了解多种运动术语或动作名称的含义	1. 口才好：能流畅地诵读美文、背诵古文，能创编简单的童话
	2. 体会父母的辛劳，管好自己，做些力所能及的家务事，为家庭事务出主意，用自己的创意和行动为家庭做贡献	2. 有初步的文化意识	2. 做出有一定难度的基本身体活动动作	2. 书法好：了解一定的书法知识，掌握书写的方法，能用钢笔写结构匀称、比例适当、笔画规范的楷书书法作品；正确地使用毛笔临写楷书
	3. 养成遵守秩序、爱护环境、爱护公物的好习惯，做一个文明的小公民，有初步的法治意识	3. 有较好的数学运算、数学思维、逻辑推理能力	3. 初步掌握游泳运动、武术运动、其他民族民间体育活动项目的基本技术	3. 运动好：了解一定的运动知识，至少能够较好地掌握一项运动技能
	4. 理性看待友谊，懂得什么是真正的友谊	4. 实证意识逐步加强，掌握较多的科学概念，有一定的探究能力，初步展现科学思维、科学态度	4. 表现出主动规避运动伤害和危险的意识与行为	4. 才艺好：了解较多的艺术知识，有一定的艺术认知与审美，有初步的艺术欣赏能力，有一定的艺术表现能力；至少较好地掌握一门才艺

续 表

目标 年级	品行好	脑子活	身体棒	兴趣广
	5. 养成守信的品质	5. 初步掌握收集信息的方法,能处理稍复杂的信息,有初步的创新能力	5. 知道人体所需主要营养素的作用	
	6. 掌握化解冲突、应对欺负的基本方法和技能	6. 有较强的实践能力,学会与他人合作	6. 矫正不正确的身体姿态	
	7. 做理智的消费者,学会文明购物,树立科学合理的消费观,养成勤俭节约的好习惯	7. 能在学习和生活中发现问题,能解决简单的问题	7. 通过多种练习发展力量和速度	
	8. 认识农业、工业生产的重要意义,懂得各行各业的劳动者都是平等的,体会劳动者的艰辛和辛勤付出,尊重和感谢劳动者,珍惜他人劳动成果,树立正确的劳动观和爱岗敬业的意识	8. 有较好的艺术认知与审美,有一定的艺术欣赏能力,艺术表现能力逐步增强	8. 坚持完成有一定困难的体育活动	
	9. 关注和热爱家乡文化,了解和感受家乡的发展,激发热爱家乡之情和建设家乡的责任感、使命感		9. 保持高昂的情绪	

续　表

目标\年级	品行好	脑子活	身体棒	兴趣广
			10. 注意规范自己的体育行为	
五年级	1. 懂得正确地安排、合理地规划课余生活	1. 掌握一定的阅读技能,阅读能力逐步提高,会用多种方式表达,语言能力和思维品质逐步提高	1. 认识到体育活动是一种有效的积极休息方式并付诸实践	1. 口才好:初步学会演讲的基本技巧
	2. 遇到问题,能真诚坦率地与别人沟通,有效地化解矛盾	2. 有一定的文化意识	2. 获得成功的体验并感受体育活动中的乐趣	2. 书法好:初步了解中国书法史,体会汉字的独特魅力,树立正确的审美观,能正确地使用毛笔临写楷书,初步做到有提按,笔画、结构具有一定的范本特征,有一定的背临帖能力
	3. 远离烟酒,拒绝毒品,提高防范意识	3. 能熟练地进行多种数学运算,有较强的数学思维能力和逻辑推理能力	3. 增加对奥林匹克运动知识的了解	3. 运动好:了解较多的运动知识,至少能够掌握两项运动技能
	4. 有集体意识和自主管理意识、责任意识	4. 有较强的实证意识,掌握大量的科学概念,逐步提高科学探究能力,有一定的科学思维、科学态度	4. 了解多种运动项目的名称及其健身价值	4. 才艺好:艺术认知与审美能力、艺术欣赏能力逐步提高,有较强的艺术表现能力,至少熟练地掌握一门才艺

续 表

目标＼年级	品行好	脑子活	身体棒	兴趣广
	5. 了解祖国的幅员辽阔,彼此尊重不同民族的文化,互帮互助	5. 熟练掌握收集信息的方法,能处理较复杂的信息,有一定的创新能力	5. 初步掌握球类项目、体操类运动的组合技术	
	6. 热爱祖国的文字,了解祖国的古代科技,认识中华民族的传统美德,为伟大祖国感到自豪	6. 有较强的实践能力,善于与他人合作并完成自己的任务	6. 了解运动损伤的预防与简易处理方法	
	7. 懂得家庭成员之间要相互尊重,理解家庭中的民主协商和责任分担	7. 善于发现学习和生活中的问题,能解决发现的一些问题	7. 知道青春期的身体特征和机能变化	
	8. 探寻和弘扬优秀家风	8. 艺术认知与审美能力、艺术欣赏能力逐步提高,有较强的艺术表现能力	8. 知道与体育锻炼有关的青春期保健常识	
	9. 懂得公共生活的有序、和谐需要每个公民的共参共建,具有公民意识、法治意识		9. 初步了解不同的身体姿态所代表的礼节意义	
	10. 热爱祖国		10. 通过多种练习提高力量水平	
			11. 正确认识自己及他人的身体条件和运动能力,并对自己充满信心	

续　表

目标\年级	品行好	脑子活	身体棒	兴趣广
			12. 遇到挫折时注意控制自己的情绪	
			13. 乐意融入团队体育活动并完成自己的任务	
			14. 对体育道德具有一定的认识并能努力实践	
			15. 正确对待体育活动中的弱者	
六年级	1. 做个懂法、守法的公民	1. 掌握大量的阅读技能，有较强的阅读能力，会用多种方式进行表达，有较强的语言能力和思维品质	1. 基本形成自主学习、合作学习和探究学习的能力，初步掌握科学锻炼的方法	1. 口才好：学会演讲的基本技巧，初步学会辩论
	2. 依法享受权利，依法履行义务	2. 有较强的文化意识，有一定的文化自信	2. 经常观看现场或电视实况转播的体育比赛	2. 书法好：了解中国书法史，体会汉字的独特魅力，树立正确的审美观，能正确地使用毛笔临写楷书，做到有提按，笔画、结构具有一定的范本特征，力争创作简单的毛笔书法作品

续　表

目标\年级	品行好	脑子活	身体棒	兴趣广
	3. 了解保护未成年人健康成长的专门法律	3. 能熟练运用多种方法进行数学运算,有很强的数学思维能力、逻辑推理能力,能解决生活中稍复杂的数学问题	3. 完成有较大难度的身体基本活动动作	3. 运动好:了解运动知识,至少能够较好地掌握两项运动技能
	4. 会尊重他人,宽容他人	4. 学会用多种方法求证生活中的科学现象,能熟练地掌握大量的科学概念,有较强的探究能力和科学思维,初步形成严谨、认真的科学态度	4. 较好地掌握游泳运动的基本技术和简单的武术套路,初步掌握有一定难度的其他民族民间体育活动项目的基本技术	4. 才艺好:有较高的艺术认知与审美能力以及艺术欣赏能力,能自信地、创造性地进行艺术表现,能对艺术文化进行传承。至少出色地掌握一门才艺
	5. 懂得尊重自然规律,树立保护环境的意识	5. 会用多种方式大量收集信息,能对手机的信息进行处理、分析,创新能力逐步提高	5. 在日常生活中表现出基本的卫生保健行为	
	6. 懂得欣赏和尊重不同的文化	6. 善于实践,能很好地与他人合作,并能出色地完成自己的任务	6. 知道营养对生长发育和身体健康的重要影响	
	7. 拥有科学精神,维护世界和平	7. 善于发现学习与生活中的问题,能创造性地解决问题	7. 保持良好的身体姿态	

续 表

目标 年级	品行好	脑子活	身体棒	兴趣广
		8. 有较高的艺术认知与审美能力以及艺术欣赏能力,能自信地、创造性地进行艺术表现,能对艺术文化进行传承	8. 通过多种练习提高速度水平和发展心肺耐力	
			9. 在比较困难的体育活动中表现出自信和克服困难的勇气	
			10. 有自制能力	
			11. 正确对待弱者	

第三部分 学校课程体系

为了实现上述课程目标,学校建构"生命河"课程体系。

一 学校课程逻辑

依据"润美教育"之哲学及"让每一个生命温润美好"的办学理念和育人目标,学校梳理现有课程,建构体现"在这里,生命之川生动美丽"的课程理念的"生命河"课程体系,以实现"品行好、脑子活、身体棒、兴趣广"的育人目标。学校"生命河"课程包含润德课程、润智课程、润言课程、润健课程、润艺课程、润创课程六大课程领域。丰富多彩的课程共同承载育人功能,实现育人目标(见图 4-1)。

二 学校课程结构

学校根据"润美教育"理念和中小学生六大核心素养,设计"生命河"课程结构。"生命河"课程设置包含润德课程、润智课程、润言课程、润健课程、润趣课程、润创课程六大课程,六个方面的课程相互融合,共同促进学生全面发展(见图 4-2)。

教育哲学	润美教育
办学理念	让每一个生命都温润美好
课程理念	在这里，生命之川如此生动美丽
课程模式	生命河课程

课程模块	润德课程	润智课程	润言课程	润健课程	润趣课程	润创课程
	礼仪课程 仪式课程 安全教育 生命教育 我们的节日	心中有数 胸有成图 有据有理 奇思妙数 ……	经典传诵 出口成章 妙笔生花 唱响川美 E表达	健康卫士 我爱足球 绳舞飞扬 趣味乒羽 心灵驿站	棋逢对手 绘画天地 心灵手巧 笔走龙蛇 天籁之音	趣味实验 多彩生物 仰望星空 我爱编程 劳动之乐

课程实施	构建 润美课堂	建设 润美学科	打造 润美社团	激活 润美校园	设计 润美项目	创意 润美节日	做活 润美仪式

育人目标	品行好	脑子活	身体棒	兴趣广

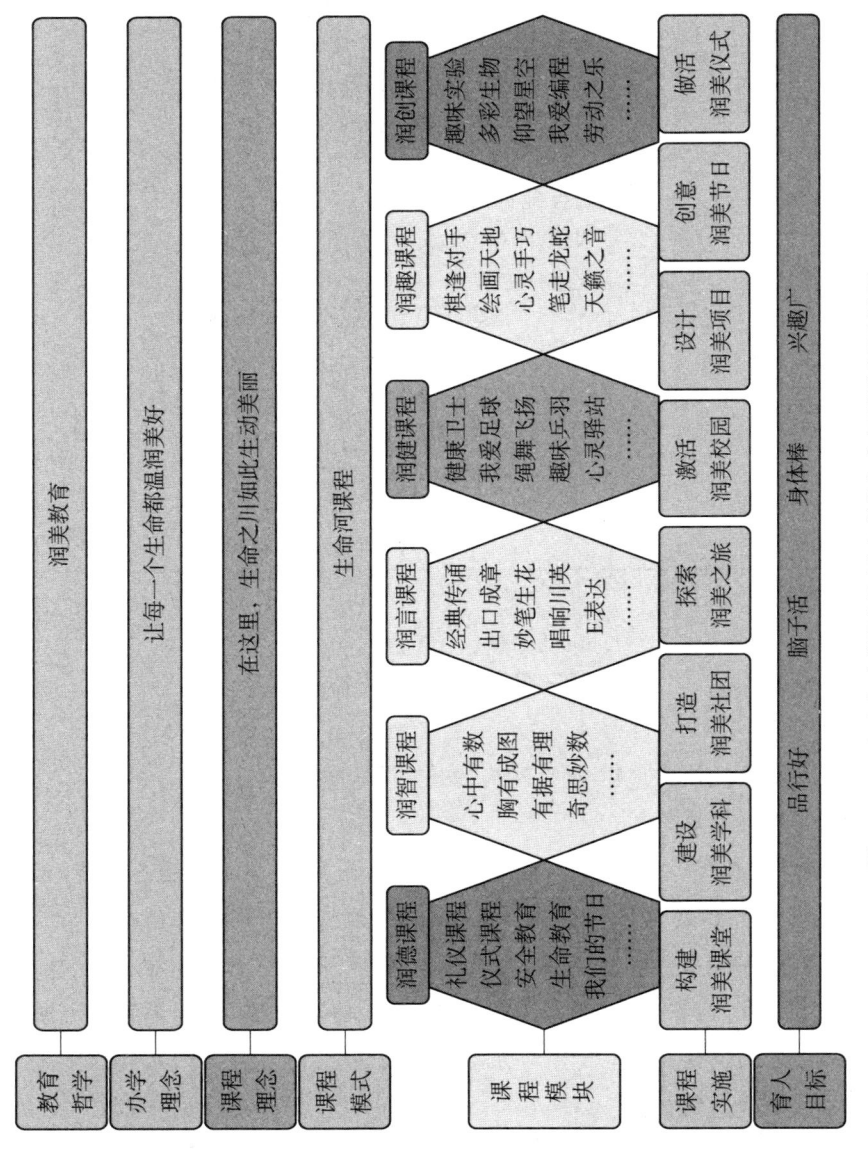

图 4-1 三亚市吉阳区月川小学"生命河"课程逻辑图

图 4-2　三亚市吉阳区月川小学"生命河"课程结构图

上图中,各板块课程具体如下。

"润德课程"指向六大素养之品格与修养,整合的是道德与法治、班队会、少先队活动和德育主题以及自主开发的课程。

"润智课程"指向六大素养之逻辑与思维,整合的是国家课程中的数学以及自主开发的相关课程。

"润言课程"指向六大素养之语言与表达,整合的是语文、英语和自主开发的相关课程。

"润趣课程"指向六大素养之艺术与审美,整合的是音乐、美术和自主开发的相关课程。

"润健课程"指向六大素养之运动与健康,整合的是体育与健康、心理卫生和自主开发的相关课程。

"润创课程"指向六大素养之科学与探索,整合的是科学、劳动技能和自主开发的相关课程。

三 学校课程设置

我校结合国家基础课程安排,充分利用学校课程资源,考虑学生的兴趣爱好和可持续发展,按照年级进行系统构建,形成"生命河"课程六大领域的具体框架(见表 4-2)。

表 4-2 三亚市吉阳区月川小学"生命河"特色课程设置表

年级	学期	润德课程	润智课程	润言课程	润健课程	润创课程	润趣课程
一年级	上	我入学啦 小脚丫走校园 小小好习惯 国旗下你我他 周一有约 传统节日我知道	心中有数 我会量(我的家) 数学文化绘本	每日经典 拼读拼音 辨字、认字、组词、造句 口语表达 中国文学经典 拼读拼音 English song	韵律体操 我爱足球 小小营养师 同舟共济 最炫队形	带电的玻璃棒 神奇的种子 星星是什么 自制土电话	趣味手指画 折纸艺术 音乐 有趣的五线谱 音乐欣赏
	下	我入队啦 小小好习惯 国旗下你我他 周一有约 传统节日我知道	心中有数 我会量(我的家) 数学文化绘本	每日经典 趣味字谜 说说我的家 绘本听读 英语 English song 字母操 趣味手指画 折纸艺术 音乐 有趣的五线谱 音乐欣赏	韵律体操 我爱足球 小小营养师 同舟共济 最炫队形	会走路的花香 植物妈妈有办法 星星是什么 船儿水中游	美术 趣味手指画 折纸艺术 艺术欣赏 音乐 有趣的五线谱 音乐欣赏

续表

年级	学期	润德课程	润智课程	润言课程	润健课程	润创课程	润趣课程
二年级	上	校园安全我知道 花儿我爱你 团结友爱 红领巾我爱你 讲文明懂礼貌 国旗下你我他 周一有约 传统节日我知道	心中有数 ——填数游戏 别出心裁 ——折一折 我们的身高 三亚的雨天 我会量 我们的教室 数学文化绘本	每日经典 田字格攻略 童话听读 看图说写 三亚之秋 英语 English song 一句话配音	我会跳绳 我爱足球 健康小卫士 同舟共济 最炫队形	树叶的秘密 初识星座 纸飞机之趣	趣味拓印 百变黏土 艺术欣赏 音乐 有趣的节奏 音乐欣赏
二年级	下	校园安全我知道 花儿我爱你 向国旗敬礼 讲文明懂礼貌 国旗下你我他 周一有约 传统节日我知道	心中有数 ——填数游戏 别出心裁 ——折一折 我们的身高 三亚的雨天 我会量 我们的教室 数学文化绘本	每日经典 田字格攻略 童话听读 看图说写 三亚之秋 英语 English song 一句话配音	我会跳绳 我爱足球 健康小卫士 同舟共济 最炫队形	根的秘密 花儿不同 月亮的脸 植物标本	趣味拓印 百变黏土 艺术欣赏 音乐 有趣的节奏 音乐欣赏
三年级	上	交通安全我知道 小树我爱你 尊敬师长 开笔礼 国旗下你我他	智慧数独 有趣的周长 三亚的天气 身体上的尺子 数学文化绘本	每日经典 写好钢笔字 语言听读 三亚之冬 唱响"川"英	花样跳绳 我爱足球 健康小卫士 同舟共济 最炫啦啦操	海水净化 毛毛虫和蝴蝶 我们的地球 昆虫标本	纸浆画 趣味蛋壳 学写篆书 艺术欣赏 音乐 口琴 音乐欣赏

续 表

年级	学期	润德课程	润智课程	润言课程	润健课程	润创课程	润趣课程
三年级	下	周一有约 舌尖上的传统节日 交通安全我知道 小树我爱你 尊敬师长 开笔礼 国旗下你我他 周一有约 舌尖上的传统节日	智慧数独 有趣的周长 三亚的天气 身体上的尺子 数学文化绘本	每日经典 写好钢笔字 我眼中的月川 寓言听读 三亚之夏 唱响"川"英	花样跳绳 我爱足球 健康小卫士 同舟共济 最炫啦啦操	融化之趣 飞鸟集 行星大世界 昆虫标本	纸浆画 趣味蛋壳 学写篆书 艺术欣赏 音乐 口琴 音乐欣赏
四年级	上	居家安全我知道 装扮教师 孝老爱亲 国旗下你我他 周一有约 指尖上的传统节日	巧算妙算 方寸之间 三亚的温度 出谋划策（研学方案） 数学文化阅读	每日经典 神话听读 话说三亚海湾 笔随心动 Dubbing game	绳舞飞扬 我爱足球 乒乓之乐 健康小卫士 同舟共济 最炫啦啦操	台风的危害	美术 缠绕画 创意手工 学写篆书 艺术欣赏 音乐 口琴 音乐欣赏
四年级	下	出现安全我知道 装扮教室 孝老爱亲 我十岁啦 国旗下你我他 周一有约 指尖上的传统节日	巧算妙算 方寸之间 三亚的温度 谁最幸运 数学文化阅读	每日经典 有趣的对联 话说三亚的山 笔随心动 神话听读 Dubbing game	绳舞飞扬 我爱足球 乒乓之乐 健康小卫士 同舟共济 最炫啦啦操	银河系的奥秘 野生动物 斗转星移 模型梦工厂	缠绕画 创意手工 学写篆书 艺术欣赏 音乐 口琴 音乐欣赏

续　表

年级	学期	润德课程	润智课程	润言课程	润健课程	润创课程	润趣课程
五年级	上	活动安全我知道 你好,三亚 诚实守信 国旗下你我他 周一有约 "诗尖"上的传统节日	文言文中的数学 百变几何图形 心儿怦怦跳 花种何处 数学文化阅读	每日经典 有趣的成语 舌尖上的三亚 小说听读 A little writer	绳舞飞扬 我爱足球 羽之乐 健康小卫士 同舟共济 最炫武术操	热胀冷缩 显微镜里的世界 云之趣 火箭DIY	写意国画 趣味剪纸 学写楷书 艺术欣赏 音乐 口风琴 音乐欣赏
五年级	下	活动安全我知道 你好,海南 谦逊宽容 国旗下你我他 周一有约 古文上的传统节日	文言文中的数学 百变几何图形 心儿怦怦跳 花种何处 数学文化阅读	每日经典 三亚高光时 班级故事我接龙 A little writer	绳舞飞扬 我爱足球 羽之乐 健康小卫士 同舟共济 最炫武术操	声音的威力 显微镜里的世界 认识太阳 细胞之画	写意国画 趣味剪纸 学写楷书 艺术欣赏 音乐 口风琴 音乐欣赏
六年级	上	自然灾害我不怕 你好,中国 自信乐观 国旗下你我他 周一有约 心尖上的传统节日	神奇的"1" 圆之有理 我会存款 魔力扑克牌 数学文化阅读	每日经典 书法秀 名人传记听读 三亚之变 三亚名人 新闻"川"播	绳舞飞扬 我爱足球 校园马拉松 健康小卫士 同舟共济 最炫武术操	钻木取火 植物活化石 火星之旅 哈哈镜DIY	工笔国画 有趣的篆刻 学写楷书 艺术欣赏 音乐 口风琴 音乐欣赏

续　表

年级	学期	润德课程	润智课程	润言课程	润健课程	润创课程	润趣课程
	下	自然灾害我不怕 你好，中国 自信乐观 国旗下你我他 周一有约 心尖上的传统节日	速算 百变几何体 大蒜发芽 最美比例 数学文化阅读	每日经典 书法秀 科普听读 三亚之变 三亚各族 新闻"川"播	绳舞飞扬 我爱足球 校园马拉松 健康小卫士 同舟共济 最炫武术操	趣串电路 动物活化石 读"天书" 我会编程	工笔国画 有趣的篆刻 学写楷书 艺术欣赏 音乐 口风琴 音乐欣赏

第四部分　学校课程实施与评价

学校课程是学生个性发展、教师专业发展的课程。课程实施与评价着眼于学生的个性与能力的发展和提高，要从指导思想、师生参与程度和创造性地发挥学校办学育人的特色等方面入手。我校从构建"润美课堂"、建设"润美学科"、打造"润美社团"、探索"润美之旅"、激活"润美校园"、设计"润美项目"、创意"润美节日"、做活"润美仪式"等方面入手，推进学校课程建设。

一　构建"润美课堂"，提升课程实施品质

在"在这里，生命之川生动美丽"课程理念引领下，学校立足学科核心素养，努力打造课堂文化，构建"润美课堂"，使教学直达学生心灵深处，让课堂成为滋养师生生命之河的圣地。

(一)"润美课堂"的内涵与实施

"润美课堂"是充满生命力、充满人文关怀、充满问题探索和知识魅力的课堂。它的内涵包含以下5个关键词。

(1) 放飞天性。陶行知先生说"要解放孩子的头脑、双手、脚、空间、时间，使他们充分得到自由的生活，从自由的生活中得到真正的教育"。"润美课堂"遵循"顺应人的自然,开发人的潜能"的教学理念,放飞学生的天性,让学生在课堂上去思考,去发现,去创造。

(2) 温润有度。泰戈尔说:"不是锤的打击,而是水的载歌载舞让鹅卵石臻于完美。""润美课堂"秉承"让涓涓的细流一点一滴渗透进孩子的心灵深处,给予孩子心灵成长的力量"的思想,根据学生实际和学科特点,为学生能掌握学科基础、培养学科素养、提高思维能力和创新能力确立课堂教学目标。

(3) 丰富多彩。"润美课堂"有丰富多彩的教学内容。教学中,教师们会多维地解读教材,拓展整合教学资源,丰富课堂教学内容,让学生在学习中陶冶情操,开阔视野,充实生活,丰富人生。

(4) 灵动有趣。子曰:"知之者不如好之者,好之者不如乐之者。""润美课堂"以学生为主体展开师生之间、生生之间的互动交流。教师利用生动有趣、富有感染力的教学语言打动学生心灵,启迪学生的智慧,激发学生的兴趣,致力于让学生活跃思维、乐于表达,使课堂灵动而有趣。

(5) 激励鼓舞。德国著名的教育家第斯多惠说:"教育的艺术不在于传授的本领,而在于激励、唤醒和鼓舞。""润美课堂"上,教师的评价语激励成长、鼓舞人心,让学生在评价中感受到成功的喜悦,激发学习热情。

(二)"润美课堂"的评价标准

根据"润美课堂"的内涵特点,学校从理念、目标、内容、过程、评价等方面,制定"润美课堂"评价量表(见表4-3)。

表4-3　三亚市吉阳区月川小学"润美课堂"评价表

评价内容	评 价 标 准	分值	得分
放飞天性的教学理念	1. 体现为学而教,促进学生发展。 2. 面向全体学生,尊重个体差异,放飞天性。 3. 注重培养学生的学科核心素养。	5	
温润有度的教学目标	1. 目标明确,符合学科课程标准,体现学科特点。 2. 切合学生实际,让学生得到发展,给予其心灵成长的力量。	10	

续 表

评价内容	评价标准	分值	得分
丰富多彩的教学内容	1. 熟悉教材,能创造性地使用教材,善于根据教学需要整合课程资源。 2. 教学内容有层次,有梯度,使不同程度的学生都能得到发展。	15	
灵动有趣的教学过程	1. 教学重点明确,难点能有效突破,教学过程主次分明,具有逻辑性,符合教学规律。(5分) 2. 专业基本功扎实,注重联系学生生活实际,能用准确、恰当、流利、生动有趣的语言组织教学。(5分) 3. 教态亲切自然,有感染力,教学手段灵活多样。(5分) 4. 有自己独特的教学特点,教学设计新颖,能灵活处理教学中生成的资源,注重学习方法的指导。(20分) 5. 学生有思考的时间和空间,能较好地感知、理解学习内容。(5分) 6. 学生课堂专注度高。参与课堂活动的兴趣高,参与面广,有合作意识。(10分) 7. 学生思维活跃,能主动表达看法、观点,有独特见解或解决方案。(10分) 8. 敢于质疑,勇于探索,善于将知识迁移,能举一反三。(5分)	65	
激励鼓舞的评价	能用激励鼓舞的评价语即时评价学生的课堂表现,让学生在评价中感受到成功的喜悦,激发学习热情。	5	
总分			

二 建设"润美学科",丰富学科课程体系

"润美学科"是以学科基础课程为核心,以实现五育并举、丰富学生生活、提高学生核心素养为目的的特色学科。"润美学科"建设围绕自己独特的学科课程理念、学科课程哲学、学科课程目标、学科课程框架、丰富的课程、学科课程实施等方面展开,主要是根据学生发展需求,在国家基础课程上构建学科"课程群",帮助学生完善学科知识体系,拓展学生能力,激发学生创造力,让师生的生命之河在相荡

中产生涟漪,变得灵动而美丽。

(一)"润美学科"的建设路径

为进一步落实国家课程标准,满足学生学习需求,发展学生的兴趣爱好,开发学生的潜能,陶冶学生的情操,彰显学校文化特色,学校结合教师特长、学科特点、学生实际设计"1+X"学科课程群。"1"指国家基础性课程,"X"指个性化发展的拓展性课程,是基础性课程的拓宽与延伸。各学科组进行课程群构建时,关注学科基本属性,以课程标准的目标分类为领域,以学科课程资源整合为抓手,侧重厘清基础课程与拓展课程逻辑,使二者相辅相成,更好展示学科特色魅力。学校系统思考实施路径,通过这些课程的开设促进学生个性化与社会化的和谐发展。

1. "润根语文"

"润根语文"以"在阅读中润养生命之根"为学科课程理念,以打造"润根语文"课堂为平台,引领学生在阅读中感受经典,涵养诗意的灵性,全面提升学生的语文素养,润养生命之根,让每一个孩子优雅而美丽。语文学科课程群的构建侧重给予学生生命关怀和审美熏陶,围绕语言建构与运用、思维发展与提升、审美鉴赏与创造、文化传承与理解等核心素养,以国家课程为基础,在阅读经典、口语交际、综合实践三个领域进行课程构建。课程依据各年级学生学情,由易到难,由浅入深,由单一到综合,循序渐进,贯穿各个学段,根据不同学段的知识储备和学生需求编制不同的内容,由各年级段的任课老师组织实施。

2. "润智数学"

"润智数学"以"在玩乐中启迪数学智慧"为学科课程理念,尊重儿童发展规律、认知特点和各学段要求,从一年级开始设立系列特色课程。课程立足于从学生的生活入手,开发学生们感兴趣的课程内容,探索学生们喜欢的"玩中学"教学模式,培养学生学习数学的兴趣和思维能力,启迪学生的智慧,激发学生的潜能。

3. "润趣英语"

"润趣英语"以"趣味学习,自信表达"为学科课程理念,针对我校学生英语比较薄弱,学生缺乏兴趣和自信心的现状,打造特色拓展课程,旨在激发学生的学习兴趣,夯实英语学习的基础,鼓励学生积极主动开口表达。"润趣英语"旨在落实学生语言能力、思维品质、学习能力、文化品格等英语核心素养,同时使孩子们理解中西方文化差异,增强孩子的自信心和团队合作意识,提高孩子们的综合语言运用能力。英语课程的内容设置基于教材又不拘泥于教材,结合学校校情,通过趣味配音、表演课本剧、英语歌曲学习和英语绘本故事阅读以及参与外教的英语角等,让学生感受英语学习的魅力和乐趣。

4."润心德育"

"润德"即以德润心,以法正行,润泽心灵,德法同行。"以德润心",就是要求学生修身养德,用社会主义核心价值观滋润心灵;"以法正行",就是通过课程学习,使学生提高自身的规则意识和法律意识,规范自己的行为。道德与法治课程标准中明确提出:学生要学习搜集、处理、运用信息的方法,提高媒介素养,能够积极适应信息化社会;学会面对复杂的社会生活和多样的价值观念,以正确的价值观为标准,做出正确的道德判断和选择。"润心德育"以"德法同行,润泽心灵"为学科课程理念,基于校情、学情,围绕热爱生命、习惯培养、爱校爱家乡爱祖国、文明礼仪、各类仪式、法治教育等方面打造特色课程,润养学生的心灵之河。

5."润艺美术"

"润艺美术"通过分析《义务教育美术课程标准(2011年版)》,发现美术课程的核心价值是树立正确科学的审美意识、创新意识、以及培养其对自然和人类社会的热爱及责任感。"润艺美术"以"创意美术,拓展思维美化生活"为学科课程理念,结合本校实际情况,针对在校学生实际情况量身打造美术特色课程。

6."润健健体"

"润健健体"以"我运动,我健康,我阳光"为学科课程理念,通过体育与健康课程、心理健康课程培养学生运动参与兴趣、运动技能、身心健康与社会适应能力等,依据体育学科、心理健康课程标准,以及学校和学生实际,打造体育和健康特色课程。

7."润乐音乐"

"润乐音乐"学科以"用音乐激荡生命涟漪"为学科课程理念,以培养灵动快乐,热爱生活的学生为学科育人目标,立足学校实际,从学生特点出发,在原有音乐教材的基础上,自主开发声乐、器乐、舞蹈等特色课程。

总之,"润美学科"的设计坚持以下几个原则:一是实用性,课程内容要充实具体,选择有利于学生终身发展必备的基本技能为切入点,使学生能学以致用,学以提高,更好地培育学生的核心素养,提升学生的学科学习能力;二是趣味性,教学过程中要善于化繁为简,化难为易,深入浅出,激发学生的学习兴趣;三是针对性,特色课程的设置要针对学生个性发展需求,研究学生课程学习的薄弱点、兴趣点、增长点,研发学生必要的、针对性的课程内容,让学生在全面发展的基础上,在某一方面有突出的发展;四是前瞻性,课程应建立在时代特征、学生发展、现代教育理念的基础上,在课程目标、课程内容、课程实施、课程评价的确定上都应体现超前发展意识;五是操作性,课程实施的对象是学生,课程的设计编排必须符合学校教育教学实际和学生发展需求,在课程资源利用、课程实施的时间、场地、保障措施方面要切实可行。

(二)"润美学科"的评价标准

"润美学科"通过打造学科特色课程,促进学生学科素养的形成,从而落实"在这里,生命之川生动美丽"的课程理念。"润美学科"的课程评价着眼于服务生活、增长智慧、润养生命,从学科建设方案、学科课程建设、学科教学改革、学科建设成效、学科团队建设等方面构建评价标准,重点关注学科建设过程,保证学科建设能促进学生个性发展(见表4-4)。

表4-4 三亚市吉阳区月川小学"润美学科"评价表

学科名称					
评价项目	评价标准	分值			
		10	8	6	4
学科建设方案	内容完整,包括学科建设的要求、学科建设的重点内容、学科建设的发展方向、学科建设的评价激励等方面,撰写规范。				
学科课程建设	围绕学校课程哲学,提炼学科哲学,关注学科性质和学科课程理念。				
	落实学科课程标准以及围绕校情、学情制定学科总体目标、年级目标,符合学生的个性发展要求。				
	以特色拓展学科为主,有完善的课程体系,规划学科课程结构的同时,按年级做好课程设置,内容适当、简约。				
	打造学科课堂,建设学科课程群。				

续　表

评价项目	评价标准	分值			
		10	8	6	4
学科教学改革	根据学科特点,打造本学科课堂特色,形成本学科的特色方法和经验。				
	教师教学以生为本,激发学生学习的兴趣和学习主动性,学习活动设计丰富多样,突出"合作、乐学、探究",评价聚焦目标,持续地实施多种评价方式;学生养成良好的学习习惯,掌握有效的学习方法,有优秀的学习成果。				
	具有完善的学科教研制度,能扎实有效地开展校本教研。				
学科团队建设	有一支富有活力、勇于创新、积极向上的学科团队,教师专业成长速度快。				
学科建设成效	有特色学科相关的课题研究成果;特色学科取得一定的经验,得到师生、家长的认可,具有推广价值。				
总评得分					

三　创建"润美社团",发展儿童兴趣爱好

社团是学生自主选择的活动课程,优点是基于学生的兴趣和爱好,学生积极性高,有利于学生的主动发展。"润美社团"立足于学校实际情况和学生发展需求,根据学校的育人目标、办学特色以及学生的兴趣爱好开展系列社团活动,丰富学生的学习生活,扩展学生的知识面,给学生创造更好的锻炼平台,激发学生的学习兴趣和发展潜能,是促进学生多元发展和培养核心素养的有效途径。

(一)"润美社团"的主要类型

"润美社团"以其思想性、艺术性、知识性、趣味性、多样性的活动吸引学生积极参与,主要有以下四大类。

1. 语言类社团

围绕语文学科和英语学科开设,有文学社、金话筒、英语角等社团。

2. 科技类社团

围绕科学、劳动技术、信息技术学科开设,有模型公社、我爱编程、机器人、我的菜地我做主、电脑绘画等社团。

3. 体健类社团

围绕体育、心理健康学科开设,有绳舞飞扬、乒乓球、羽毛球、篮球、足球、田径、国际象棋、围棋、心情驿站等社团。

4. 艺术类社团

围绕音乐、美术学科开设,有儿童画、漫画、DIY、剪纸、硬笔书法、软笔书法、童声嘹亮、T台秀、舞蹈等社团。

(二)"润美社团"的评价要求

"润美社团"立足本校校情,结合学生学情,发挥教师特长引领,旨在保证学生的自主性,提高学生的积极性,鼓励学生的创造性,力求活动的成效性,在此基础上营造优良校风,真正把社团办成学生喜爱的家园、学园和乐园。在此准则的指导下,评价更要起到导向作用。学校从社团筹备、活动过程的监测、活动效果的多元化评估以及特色创新的推广及肯定等方面展开评价,全方位、多角度促进社团发展、学生进步,使社团活动的开设与发展成为学校打造特色品牌的靓丽窗口。(见表4-5)

表4-5 三亚市吉阳区月川小学"润美社团"的评价表

评价维度	评价内容	评价标准	评价方式	分值	得分
社团筹备	社团主题 创建方案	主题健康积极,课程资源丰富,准备充分。	1. 阶段性评价与过程性评价相结合。 2. 过程性评价:活动过程记录、活动成果展示。 3. 评价方式多元化:自评、互评、组评、师评、家长评相结合。 4. 社团成果展评,评出优秀社团。	25	
活动过程	特长发展 活动过程	积极参与社团活动,学会与人合作交流,发展自我特长。		25	
活动效果	学习成果	能形成自己的学习成果,积极参与社团成果展示交流。		25	
特色创新	活动亮点	社团成果展示有特色、有创新、有亮点。		25	
总分					

四 推行"润美之旅",落实研学旅行课程

"润美之旅"由学校统一组织,基于学生自身兴趣,结合自然、地理、历史、人文、科技、体验六大类别选择和确定研学主题,使学生在动手做、做中学的过程中,主动获取知识、应用知识、解决问题,激发学生对家乡、对党、对国家、对人民的热爱之情,促进书本知识和社会实践的深度融合。

大自然、大社会就是最好的课堂。三亚市自然景观、人文景观丰富多样,学校要组织研学旅行,让学生走出校园,接触社会,亲近自然,在游中学、学中研、研中思、思中行,同时陶冶情操,增长见识,增强公德意识、安全意识和责任意识等,润染人生底色,美化心灵。

(一)"润美之旅"课程设计

1. 红色之旅

三亚地处祖国的最南端,守卫祖国南大门,在抗日战争、海南解放战争、守卫南海中涌现出许多可歌可泣的英雄,红色资源丰富。学校可结合学生的特点,组织学生到相关的红色基地开展研学活动。

2. 绿色之旅

三亚四季如春,风景如画,有许多实践基地在三亚安家落户。学校可根据学生的年龄特点,组织学生亲近自然,如到南繁研学基地、玫瑰谷实践基地、大茅远洋山庄等实践基地开展研学活动。

3. 蓝色之旅

三亚海洋资源丰富,而学校距三亚湾不到一公里,大海对学生来说太熟悉了。蓝色之旅的研学活动,对学校来说具有得天独厚的资源优势。

(二)"润美之旅"的课程评价

"读万卷书,行万里路。"月川小学"润美之旅"旨在让学生在研学中研得开心,学得充分,做得扎实,游有所得。因此,为了保障研学活动的开展扎实有效,"润美之旅"的课程评价主要是围绕"组织建设、管理机制、活动开展"三个维度展开(见表4-6)。

表4-6 三亚市吉阳区月川小学"润美之旅"课程评价表

评价项目	评价标准	分值	得分
组织建设	活动有完善的组织机构。	10	
管理机制	有详实可行的活动方案,活动申请及批复、经费备案有会议记录。	10	
	有应急预案,能保障师生安全和活动顺利开展。	10	
活动开展	活动策划精心、有创意,能满足学生的个性发展、兴趣需求,重视培养学生的实践能力和合作能力。	25	
	活动开展有序,有签到、有研学手册、有记录、有图片、有美篇。	25	
	学生喜爱,好评率高。	10	
	活动结束后有展示活动。	10	
总评			

五　设计"润美校园",建设环境隐性课程

"润美校园"隐性课程建设是学校通过校园环境的打造,让学校内的每一寸空间都发挥它的教育价值,成为校园内看得见的文化形态,使校园文化对校内每一个人都起到潜移默化的熏陶和启迪作用,润养师生的美好心灵。

(一)"润美校园"的课程设计

1. 我的教室,我做主

我校每间教室包括功能室都有一些可利用的墙壁、空间,每个班级可充分利用这些墙壁、空间进行班级文化建设,打造特色教室文化。班级文化建设充分调动了学生的主观能动性,学生自己设计,自己装扮,使冰冷的、不会说话的墙壁也能成为影响学生、教育学生、陶冶学生情操的文化阵地。

2. 我的走廊,我设计

每个年级都有一条走廊,各年级可结合开展的活动,把走廊设计成展示学生的舞台,树立榜样,宣传正能量。

3. 我的广场,我装扮

学校有一个活动广场,包含篮球场、足球场、跑道、舞台、田径场、趣味运动园等,这些地方是学生释放天性的重要场所。学校可以在广场开展活动的时候,在学生中广泛搜集装扮方案,能让学生自己动手装扮的就自己动手装扮,培养学生的主人翁意识和动手能力。

4. 我的书吧,我创意

书籍是学生成长路上不可或缺的良师益友,书吧也成了学校中不能缺少的重要场所,学校设有年级书吧和学校书吧。为了让孩子们爱上书吧,爱上阅读,学校可以广泛听取孩子们的意见,让孩子们提出书吧设计创意,把书吧打造成温馨、宁静,让孩子们流连书丛的场所。

除此之外,我们学校还将继续让学生对"我们的花圃""润美小剧场""小动物之家""水生植物园""我们的菜园""我们的舞台"等特色空间进行创意设计。

(二)"润美校园"的课程评价

为了激发师生们打造"润美校园"的创意激情,每次校园设计都会评出优秀方案,评价方式主要围绕"创意理念、方案设计、学生参与、设计效果"四个维度进行(见表4-7)。

表4-7 三亚市吉阳区月川小学"润美校园"评价表

评价项目	评价内容	分值	得分
创意理念	以学生为主体,让学生的生命得以绽放;能让学生收获成功的喜悦;能给人美的享受。	20	
方案设计	有设计目的、创意解说、主题鲜明、创意独特新颖、符合场所特点和学生年龄特点、充满正能量。	30	
学生参与	学生参与兴趣高涨,参与面比较广,动手能力强,学会与他人合作。	20	
设计效果	富有美感,教育功能突出。	30	
总分			

六 激活"润美项目",推进跨学科探究课程

"润美项目"是学校为实施素质教育,落实立德树人目标,培养学生综合实践能力,整合课程开发的主题项目活动。该课程把多元化、开放式、多渠道的活动融入

学生的实际生活中,让学生把书本知识与生活世界联系起来。

(一)"润美项目"的课程设计

"润美项目"课程以"PhD(像博士一样学习)"为课程设计理念,旨在通过多学科的融合,培养会分工合作、会表达交流、会搜集处理信息、会分析归纳、会探究创新的"小博士",同时培养学生热爱家乡的情感及个性品质。我校坐落在月川河畔,河两岸是三亚红树林自然保护区,为此,我们结合有利的自然条件开展红树林探秘系列项目。具体主要包括如下内容。

(1)探秘红树林。学生通过实地考察、查阅资料、调查走访等形式了解红树林的生长环境、红树林不倒的秘密、红树林中的生物等,通过数据分析、手抄报制作、思维导图等形成探秘研究报告。

(2)展示红树林。学生通过绘画、诵读、演讲、舞蹈、音乐、手抄报、征文、模型制作、编程、实验等,让更多的学生了解红树林。

(3)宣传红树林。利用美篇、广播站、宣传展板、公众号、环保宣讲等形式开展宣传活动,呼吁大家保护红树林。

(二)"润美项目"的课程评价

为了激发学生对"润美项目"的兴趣,促进项目学习活动的开展,学校通过"目标内容、积极探究、分工合作、成果展示"等方面进行评价激励(见表4-8)。

表4-8 三亚市吉阳区月川小学"润美项目"课程评价表

评价维度	评价标准	分值	得分
目标内容	项目学习任务目标明确,内容与目标一致,任务设置合理,可操作性强。	20	
积极探究	学生在活动中积极探究,认真收集、记录和整理活动过程资料,能形成研究报告。	30	
分工合作	学生在学习中明确自己的任务并努力完成,学会与别人合作,有团队意识,能共同完成任务。	30	
成果展示	项目学习成果丰富,值得推广,成果展示形式多样。	20	
总分			

七 创意"润美节日",浓郁课程实施氛围

"润美节日"是利用节日文化的特殊资源,结合相关节日,通过多种活动方式帮助学生了解不同节日习俗和节日文化,促进学生的全面发展,引导学生关注生活,增强生活仪式感。

(一)"润美节日"的课程设计

(1)传统节日。传统节日是中华民族的文化传承,是我国民族性格与民族文化的集中表现,具有巨大的文化价值和教育价值。传统节日文化资源丰富多彩、生动活泼,能充分激发儿童的学习兴趣、求知欲和探索精神,有利于小学阶段开发各种形式的传统节日文化教育教学活动。在小学教育中,开发传统节日文化课程是对传统文化的传承与发展,有利于丰富小学生对节日文化的认识,提高文化自信,激发爱国情感,增强家国情怀。学生比较熟悉的传统节日有:春节、元宵节、清明节、端午节、七夕节、中秋节、重阳节、除夕等。

(2)现代节日。现代节日指的是我们国家法定的一些公历节日,如元旦、妇女节、劳动节、儿童节、教师节、国庆节等节日,有的时候一些富有教育意义的外国节日也会被我们纳入节日课程,如父亲节、母亲节等。

(3)纪念日。我国有很多富有教育意义的纪念日,如"抗日战争胜利纪念日""九一八""国家公祭日"等。每到这些纪念日的时候,学校可以开展"历史上的今天"等系列主题活动,让孩子们在活动中受到爱国主义教育。

(4)校园节日。为了发掘学生的潜力,丰富校园文化生活,加强校园精神文明建设,学校结合办学特色设计校园节日,如读书节、科技节、体艺节、足球节等,也可以让学生设计自己想过的节日。

(二)"润美节日"的评价要求

"润美节日"是学校展示教育教学工作的有效途径,也是学生展示自我的平台。为了提高"润美节日"系列活动的质量,我校从"组织机构、方案设计、节日内容、实施过程、活动效果"等五个维度建立了完善的评价制度,具体评价细则见表4-9。

八 做活"润美仪式",留下学生成长足迹

"润美仪式"是学校为实现教育目的而精心设计、固定下来的一种教育礼仪活动,是学校文化象征。学校通过充满仪式感的活动,使学生在情绪高涨、欢欣鼓舞之时潜移默化地受到教育。

表4-9 三亚市吉阳区月川小学"润美节日"课程学生评价表

评价维度	评价内容	分值	得分
组织机构	活动有完善的组织机构,分工明确,各司其职。	10	
方案设计	活动方案详实、考虑全面,有各种突发情况的应急预案。	20	
节日内容	活动主题突出,与时俱进,活动项目丰富多彩,富有趣味性,能够提高学生的参与兴致。	20	
实施过程	能够按照方案实施,也能灵活变通;准备工作充分,每个活动环节有条不紊,有专人跟进;学会分工合作。	30	
活动效果	活动氛围好,能够达成活动目的,活动深受学生喜爱。	20	
总分			

(一)"润美仪式"的课程设计

学校根据学生的认知水平,结合学生生活实际,设计具有连续性的系列仪式活动,让孩子们在小学生活中一些特殊时刻留下美好的记忆和受到成长的洗礼。

1. 入学礼

一年级新生入学是孩子成长路上重要的时刻,学校为孩子们设计了"入学礼"课程,让一年级师生和家长一起,举行"正衣冠""拜恩师""诵弟子规""朱砂启智""开笔破蒙""击鼓明志"等庄重的仪式,让一年级的小朋友深刻感受到自己已经开启了人生学习新阶段,激发起勤奋求学的愿望。同时,这种结合中华传统文化开展的入学仪式,增进了一年级新生对传统文化的了解,使孩子们感受到中国传统文化的魅力,也领略到中华民族尊师重教、崇德立志、勤勉刻苦的传统美德。

2. 入队礼

学校设计的少先队入队仪式课程包含"少先队我知道""向队旗敬礼""唱队歌""授队员标志"等内容,让孩子们在系上红领巾的那一刻感受到成为一名少先队员的骄傲和自豪,给自己的小学生活留下浓墨重彩的一笔。

3. 成长礼

成长礼是针对十岁的孩子也就是四年级的学生举行的礼仪活动。在成长礼的仪式上，让学生们一起回忆成长的历程，体会父母的辛劳，分享成长的快乐，确立成长的目标，学会感恩、学会担当。

4. 毕业礼

六年的小学生活是孩子们心中最美丽的画卷，对每位学生来说都是非常难忘的。毕业礼是在孩子们毕业之际举办的隆重而有教育意义的典礼，包含"我们的成长""感恩母校""感恩老师""难忘同学""展望未来""母校的祝福"等内容，能让孩子们在活动中受到感恩、奋斗等教育，同时也让孩子们满载着学校、老师、同学的祝愿扬帆远航。

(二) "润美仪式"的评价要求

为了促进仪式活动的开展，让"润美仪式"深入人心，学校围绕"参与态度、活动过程、活动效果"三个维度进行评价(见表4-10)。

表4-10 三亚市吉阳区月川小学"润美仪式"课程评价表

评价维度	评 价 内 容	分值	得分
参与态度	态度积极，参与认真，交流充分，仪式感强。	20	
活动过程	认真学习不同类型的仪式要求，感受仪式带来的成长。	40	
活动效果	在仪式中感受其文化内涵和价值追求，实现心灵的润泽，感受生命的洗礼。	40	
总分			

总之，"生命河"课程遵循"润美教育"的哲学内涵，秉承"在这里，生命之川生动美丽"的课程理念，围绕着"让每一个生命温润美好"的办学理念，致力于通过建设"丰富、生动、多维"的特色课程，为学生打造一条任生命自由呼吸、徜徉的幸福之河，让每一位师生的生命之河越来越多姿多彩。

(撰稿者：颜振蓉、邢翠睿、林海鲜、张俊菊、王淑芳、董灵雅、王春杨、赵作玲、欧阳咏韵、符李南)

第五章　实践逻辑：行动的研究性

◇

　　实践逻辑的着重点在于行动的研究性，是在实践的基础上总结提高形成理论再指导实践的过程，而行动研究法可将课程落实于实践当中，是课程教育改革探索性的研究方法，其目的不在于建立理论、归纳规律，而是针对课程实践中的问题，在行动研究中不断地探索、改进和解决。

达芬奇曾说:"科学是将领,实践是士兵。"实践是检验真理的通道。学校课程将实践作为课程研究的基本立场,形成课程理论研究与实践发展之间融合互动的新途径。学校课程建设要源于实践,实践逻辑重点在于行动的研究性,是在实践的基础上总结提高形成理论再指导实践的过程。实践有利于创新,也能提高解决实际问题的能力,以期实现课程理论与实践的双向建构。

一、学校课程的实践逻辑

实践是检验真理的唯一标准,实践是理论的源泉,理论来源于实践。实践逻辑的重点在于行动的研究性,在实践的过程中强调行动与科学研究相结合,在自然真实的情境之下开展活动学习,从而解决实践问题,提高行动质量,改进实际工作。我国著名课程与教学论专家钟启泉教授认为"课程行动研究"是一种基于研究的问题解决过程;其研究的主题源于学校环境的脉络;实施过程兼具研究与行动两大侧面,主持者兼具研究者与行动者的角色;研究结果要体现在具体的改革实践之中。[①]

实践,是学校课程最重要的维度,是课程实施的根本途径。没有实践,就不能正确地认识学校课程规划,也就不能科学、正确地指导学校课程规划中存在的问题。所以,一切要从实际出发,没有实践,就没有发言权。

我们认为,学校课程的实践逻辑是将课程理念具体化为课程行动。从根本上讲,学校课程发展的成功与否,并不取决于理论工作者制订的课程计划的完美程度,而是最终取决于课程实施行动,在行动中发展课程,在研究中优化行动。

二、实践逻辑的行动研究模式

实践,需要研究,而实践逻辑的重心在于行动,我们如何在行动中发展课程,在研究中优化行动,因此我们采用了行动研究法。

实践逻辑的重点在于行动研究。如何有效地进行研究?美国学者麦克南

---

① 钟启泉.研究性学习:课程文化的革命[J].教育研究,2003(5):71—76.

(Mckernan,1987)认为"行动研究是一种运用科学方法解决课程问题的系统的自我反省探究,参与者是这种批判性反省探究过程和反省探究结果的主人"[1]。我国著名课程与教学论专家钟启泉教授认为:"课程行动研究"是一种基于研究的问题解决过程。[2] 因此行动研究不仅仅是提出问题,而是我们在提出问题之后进行验证、解答。我们可通过以下几种模式开展行动研究。

(一) 问题性行动研究

问题性行动研究就是在提出课程的行动研究之时出现的问题,在实践的过程中,不断地进行揣摩、尝试、摸索、改变。在课程实施的过程中,不断地发现问题,进行尝试、改变、摸索,以此来提高我们的课程。

(二) 思考性行动研究

思考性行动研究就是通过在课程的行动研究中发现问题,对定向问题进行思考。它是在问题性行动研究的基础上对所要解决的问题或难题进一步进行思考、探究,以达到更好的效果。

(三) 总结性行动研究

总结性行动研究就是根据问题性行动研究提出针对性的问题,在思考性行动研究中对提出的问题进行思考、探究之后,对课程的行动研究最后进行总结。总结课程中遇到的问题,以及课程最后的调整。

课程行动研究的记录形式多种多样,如课程评价、教学实录、观课评课、教学反思、教学案例、家长问卷、幼儿发展评价等。通过多种记录方式,积累更多的经验,从而引发思考。

三、学校课程行动研究的实践逻辑

将以上行动研究内容作为依据,根据在实践的行动研究中发现问题、提出问题、解决问题,提升课程质量,以及确定下一步的目标和可能的实施方法。我们可将课程的行动研究分为以下几个过程。

---

[1] 汪霞.课程行动研究:理念、基础和需要[J].教育科学,2001(03):9—12.
[2] 邱德乐.教师课程行动研究纲要[J].教育发展研究,2008(08):53—57.

(一) 确定问题

通过问卷调查核实分析、观察分析、课程领域中遇到的实际问题和困难作为研究起点，确立课程行动研究的具体问题。如对自主游戏材料的投放的研讨，这个问题来自教师在幼儿游戏中观察发现并需要解决的问题。

(二) 收集分析资料

在收集、分析材料的过程中，教师以对幼儿的观察、反思、交流的行为方式进行研究。如教师对游戏材料结构投放的理由共同讨论，对自主游戏中幼儿游戏情境进行观察、记录、支持、反思，对幼儿的游戏过程进行观察，对幼儿使用材料进行了解，详细记录游戏中的观察所得，教师在幼儿游戏过程中不要过多介入。

(三) 制定具体行动计划

制定具体行动计划，如针对材料对幼儿游戏的影响进行假设，或者是材料的可操作性，或者是幼儿对已投放材料的兴趣，并在此基础上制定行动计划策略。

(四) 实施反思

根据以上研究在实施过程中围绕品质课程的研究方法，促进教师专业能力的提升，形成集体专业自信。经过对经验的深层反思，从而建立学校课程行动研究的实践逻辑。

三亚市第五幼儿园基于"用爱浇灌每一个希望"的办园理念和"让每一个孩子都陶醉于爱的海洋"的课程理念，建立了"醉儿童"课程逻辑体系。通过向家长或教师发放问卷调查，并根据在课程实施过程中遇到的实际困难，确定具体问题研究方向，同时对幼儿进行观察、反思等。根据问题以及幼儿的实际情况和可操作性，制定行动计划。最后在课程实施过程中发现问题，分析问题，解决问题，从而不断完善课程实践逻辑，促进幼儿身心全面发展。

（撰稿者：关丹妮）

文化逻辑　　"醉儿童"课程：让每一个孩子陶醉于爱的海洋

三亚市第五幼儿园坐落在海螺西路，这里茂林成荫、三面环山，可谓山、水、林景观自然天成，处处洋溢着现代生态文明城市的气息。幼儿园创建于2016年，规划总用地面积3 045.43平方米,教学楼总面积建筑2 379.05平方米,户外活动场地面积2 016平方米,建筑基地面积1 029.4平方米,绿化率36.58%,现设有9个班级。园所设施完善,有阅览室、美术室、陶艺坊、织布坊、舞蹈室、音体室等多个功能室,户外场地包括建构区、攀爬区、野战区、沙水区、涂鸦区、骑行区、植物区等,一直以来,幼儿园始终坚持以"爱"收获"爱"的教育,用爱心去点燃爱心,让幼儿在充满爱的环境中感受爱,从被爱中学会爱。我们希望"醉儿童"课程能唤醒儿童生命的爱心,帮助儿童生命的成长,帮助儿童在追梦的路上变得更有知识,更有能力,更有智慧。近年来,幼儿园先后被授予"三亚市先进学校""三亚市示范幼儿园""海南省食品安全示范食堂"等荣誉称号。依据《关于学前教育深化改革发展的若干意见》《幼儿园工作规程》《3—6岁儿童学习与发展指南》为指导,三亚市第五幼儿园推进课程深度变革,取得了可喜的成效。

第一部分 幼儿园课程哲学

幼儿园的教育哲学内涵是全面丰富的,不仅要提升儿童的思维,也要关注儿童的精神世界,让幼儿的学习成为有意义的活动,同时注重培养幼儿的学习品质。

一 教育哲学

鲁迅先生说过:"教育是植根于爱的。"爱是教育的源泉,教师有了爱,才会用伯乐的眼光去发现孩子的闪光点,才会用爱心去点燃爱心,用信任去交换信任,让幼儿在充满爱的环境中感受爱,让幼儿从被爱中学会爱,爱自己身边的每个人。

我园的教育哲学是"悦爱教育"。"悦"即愉悦,是一种愉悦的心态、氛围,是一种身心舒展的美妙体验,是一种乐观豁达、积极有为的心态,更是一种智慧的生命历程。"悦爱教育"所提倡的悦,即愉悦、快乐,快乐求知、助人为乐、快乐合作、快乐创新。"愉悦"绝不简单是浅层次的身体的轻松快乐,更多的是从精神与心理层面上获得的一种幸福感、满足感。就好比一只蜕变的蝉蛹,只有经历了一个艰难的、犹如火烧、剥皮、剔骨般的历程,才能化身为一只美丽的展翅飞翔的蝉。"爱"这一词最为广博而深奥,但在每个人爱与被爱的生活中,它又显得那么单纯与具体。爱在儿童层面指的是:爱自我、爱社会、爱自然,在教师层面指的是:爱祖国、爱事业、爱幼儿、爱家庭,可见我们的教育处处充满情充满爱。生命渴望快乐和希望,我们的教育就应该帮助儿童激发他们的潜能,提升他们生命的质量,唤醒他们生命的爱心,帮他们确立健康快乐成长的心态,帮助他们收获生命成长过程中所有快乐成功的体验。"悦爱教育"简单朴实,但却蕴含着深刻的哲理。我们认为,"悦爱教育"是以"爱"收获"爱"的教育。陶行知先生曾说:"爱是一种伟大的力量,没有爱就没有教育。"教育最有效的方法就是"爱的教育"。用爱心抚育幼儿健康成长,这是教师的神圣责任,也是教师的庄严承诺。教育是一门爱的艺术,面对一群有思想有感情的幼儿,要想赢得他们的信任与尊重,只有热爱幼儿,特别是尊重、爱护、信任幼儿,使幼儿真正感到教师的温暖和呵护。归根结底,"悦爱教育"是一种情感,只有用爱心去点燃爱心,用信任去交换信任,让幼儿从被爱中学会爱,只有让幼儿在充满爱的环境中感受爱,才能学会爱,教师才会收获爱。

"悦爱教育"是点亮孩子心灵的教育。教育家马卡连柯曾经说过:"爱是一种伟大的感情,它总在创造奇迹,创造新的人。"教师的爱与尊重是照亮幼儿心灵窗户的烛光,是幼儿美好人生的开端。教师只有用自己的爱,才能与幼儿产生心灵的碰撞,在幼儿心中培植爱的种子。"悦爱教育"就是关注幼儿心灵,尊重师生关系的和谐发展。在教育幼儿时,教师蹲下来和孩子保持一样的高度,动之以情,晓之以理,导之以行,从而激发幼儿爱的情感,塑造爱的灵魂,最终形成高尚的道德情操。

"悦爱教育"是浇灌希望的教育。意大利教育学家蒙台梭利主张"儿童的一切教育都必须遵循一个原则,即帮助孩子身心自然地发展。"其实每一个孩子都是一颗充满希望的种子,教师按照孩子的成长规律,倾注满满的爱,用耐心、细心、责任心"浇灌"每一棵"幼苗"。"悦爱教育"就是给孩子帮助,帮助孩子生命的成长,帮助孩子在追梦的路上,变得更有知识、更有能力、更有智慧,为他们细心浇灌,静待花开。

基于上述教育哲学,三亚市第五幼儿园确定如下办园理念:"用爱浇灌每一个希望。"

我们秉持以下教育信条:

我们坚信,
教育植根于爱;
我们坚信,
爱是教育最美的语言;
我们坚信,

每个孩子都是爱的使者;

我们坚信,

教师是儿童最亲密的伙伴;

我们坚信,

用爱浇灌每一个希望是教育的神圣使命;

我们坚信,

让儿童陶醉于爱的海洋是教育最舒展的姿态。

二 课程理念

我们在教育哲学基础上,提出了以"让每一个孩子陶醉于爱的海洋"的课程理念,就是期望在爱的海洋里,每一位儿童都能快乐学习、健康成长,让幼儿园成为幼儿学习的乐园、成长的摇篮、精神的家园。其具体内涵如下。

课程即爱的情愫。教育的灵魂是爱,爱是孩子生命中最美好的成长要素。我们的教育就是教师要成为孩子爱的使者,用爱倾听每一个孩子心底的声音;用我们的大手牵着幼儿的小手,让孩子在爱的熏陶中成长。让每一位孩子成为爱的接受者也可以成为爱的给予者;让每一位孩子的心灵不断净化,体验爱,心中充满爱;让每一位孩子保持心灵的美好,去生活,去游戏,去创造幸福,体验幸福,让每一位孩子用心去感应爱的情愫。

课程即个性生长。每个幼儿都是独特的个体,每个幼儿的独特性中都蕴含着他独特的成长方式和生长点。我们的课程关注幼儿身心发展的需要和个性发展规律,尊重幼儿在发展水平、已有经验、学习方式等方面的个体差异,用适当的方式给予帮助和指导,让幼儿顺应个性,健康快乐地发展。

课程即丰富经历。教育是一项奠基工程,也是一个播种工程,我们要在孩子们心中播撒种子,培养、挖掘他们潜在的创造力。幼儿教育作为人生中第一次正式启蒙教育,具有无可替代的重要作用。我们在课程中开展契合幼儿自然天性的游戏活动,培养幼儿的观察能力、思维能力,促进幼儿学习品质的提升,帮助儿童激发他们的潜能。我们的课程引导幼儿在学习的过程中,形成合作意识、独立意识、责任意识,使幼儿能具有持续成长的能力和毅力,帮助幼儿开启智慧之路。

课程即陶醉其中。教育要回归儿童的生活,关注儿童的生活,关注儿童在生活中的兴趣和需要。儿童只有在丰富多彩的现实生活中,才能体会到生命的意义和价值,才能更加勇敢地面对将来的生活。我们的教育与生活相融合,关注儿童生活中的事物,以儿童的兴趣为指向,为他们提供完整的生活经验,让儿童在生机勃勃的生活世界中体验课程,陶醉其中。我们的课程走向儿童生活之后,开启了一种健康、和谐、积极向上的儿童文化,让儿童的心灵世界得以陶醉。

总之,课程是孩子们心灵滋养和智慧启迪的载体,因此我们形成了"醉儿童"课程的模式,让孩子们在课程的滋养下获得有益的学习经验,促进其身心全面和谐发展。

第二部分 幼儿园课程目标

幼儿园课程是为了促进幼儿各方面发展,使幼儿成为健康活泼、好奇探究、亲近自然、勇敢自信、有初步任务感的儿童。结合我园办园理念"用爱浇灌每一个希望",我们以培养德、体、智、德、美等方面全面发展的幼儿为宗旨,提出幼儿园的育人目标,并制定相应的课程目标。

一 育人目标

我园的育人目标是培养至善、至美、至爱的"悦爱儿童"。其具体内涵如下。

"至善"即阳光、自信。培养幼儿对健康的态度和行为习惯,增进幼儿身心健康,增强幼儿体质;幼儿能热爱幼儿园,愿意与同伴友好相处,养成良好的自我意识及规则意识,培养具有自尊、自信、自主表现的幼儿。

"至美"即感受、表达。萌发幼儿对美的感受和体验,培养幼儿感受美、表现美的情趣,丰富幼儿的审美经验,激发幼儿自由表达和创造的能力;幼儿能学会倾听,养成良好的倾听习惯,愿意与他人表达自己的想法;培养幼儿灵活运用语言的能力,以及良好的阅读习惯及阅读兴趣。

"至爱"即热爱、探索。热爱自然、亲近自然,激发幼儿的探究兴趣和欲望,培养幼儿发现和感受世界的神奇,体验探究过程,以及对周围世界的积极情感、好奇心和对科学的兴趣,发展幼儿初步的探究能力。

二 课程目标

幼儿园课程是实现幼儿园教育目的的手段,是帮助幼儿获得有益的学习经验,促进其身心全面和谐发展的各种活动的总和。幼儿园在"用爱浇灌每一个希望"的办园理念及"让每一个孩子陶醉于爱的海洋"的课程理念引领下,以课程为载体,全面促进幼儿素质和谐发展。以充分发展幼儿在体、智、德、美等方面的潜能为目的,使幼儿身心得到全面和谐的发展。为了促进幼儿心理健康,培养良好的生活习惯、卫生习惯和参加体育活动的兴趣,培养幼儿正确运用感官和运用语言交往的基本能力,培养幼儿有益的兴趣和求知欲望,培养幼儿初步的动手探究能力,培养幼儿初步感受美和表现美的情趣和能力,以及萌发幼儿爱祖国、爱家乡、爱集体、爱劳动、爱科学的情感,我们根据《幼儿园工作规程》《3—6岁儿童学习与发展指南》《幼儿园教育指导纲要(试行)》制定了以下课程目标(见表5-1)。

表5-1 三亚市第五幼儿园"醉儿童"课程目标表

年龄段 \ 内容	至善		至美		至爱
小班	1. 喜欢上幼儿园,能适应幼儿园的集体生活。 2. 了解自己,能感受周围成人的关心和爱护,爱父母、爱老师,喜爱自己的家和幼儿园。 3. 愿意和同伴交往,愿意参与集体活动。 4. 学习并尝试使用日常生活中常用的礼貌用语。 5. 乐于学习做力所能及的事。	1. 引导幼儿观察常见的事物和现象,并对它们感兴趣。 2. 在活动中,鼓励幼儿运用多种感官进行感知和探索活动,引导幼儿了解感官的作用。 3. 在操作活动中,引导幼儿按某个特征对物体进行分类。 4. 在日常生活中,引导幼儿比较两三个物体间量(大小、长短、高矮等)的显著差异。	1. 引导幼儿注意倾听别人说话,理解谈话的基本内容,初步养成良好的倾听习惯。 2. 鼓励幼儿大胆表达自己的请求和愿望。 3. 引导幼儿说普通话,能用普通话进行语言交流。 4. 能朗诵简短的5—6首儿歌,复述一个简短的故事或散文。 5. 知道看书的基本方法,知道一页一页地看书。	1. 支持、鼓励幼儿参加美术活动,引导幼儿初步感受造型简单、色彩鲜明的美术作品。 2. 引导幼儿学习在画面的中心位置安排主要形象,并把它画大些,鼓励幼儿丰富画面内容。 3. 引导幼儿在唱歌时学习听前奏,并逐步对歌曲的开始和结束作出正确的反应。	1. 帮助幼儿养成独立进餐的习惯,引导幼儿愿意吃各种食物。 2. 引导幼儿独自、按时入睡,会脱简单衣物,并放在固定位置。 3. 具有初步的安全意识,户外活动时能注意安全,不将异物塞入耳、鼻、口里。 4. 初步学习投、掷、钻、爬、攀登、平衡等动作。

续 表

年龄段 \ 内容	至善		至美		至爱
	5. 引导幼儿感知白天、黑夜和早晨、晚上。 6. 引导幼儿学习用语言讲出操作活动的感受和发现。			4. 鼓励幼儿大胆地在集体面前演唱熟悉的歌曲。 5. 能随简单的音乐节拍做拍手动作。 6. 学会唱歌、表演，提醒幼儿在音乐活动中自由选择空间，不与同伴相撞。	5. 引导幼儿自然协调地跑，不与他人碰撞。 6. 引导幼儿在活动后知道合作收拾整理小型体育器械。
中班	1. 继续学习与同伴合作，培养解决问题的能力，学习尊重别人，学习关心别人的方法，并适当表现，继续体会与人分享的快乐。 2. 关爱长辈，接触与自己生活有关的社会工作人员，了解他们与自己的关系，尊重他们的劳动。 3. 初步辨别是	1. 尝试探索动、植物和人的特征，让幼儿运用多种感官去感知周围环境及现象。喜爱提问，愿意收集感兴趣的信息。 2. 能初步了解自己身体的基本结构及其作用，并知道如何爱护自己身体。 3. 形成一定的节约和环保意识。	1. 能用普通话大胆、清楚地说出自己的想法。 2. 培养幼儿能口齿清楚地与老师、同伴交流；理解故事内容并较连贯地说出主要情节；接触多种题材的文学作品，获得聆听的乐趣；适当丰富幼儿的词汇，会仿编儿歌。	1. 学习用自然的声音大胆地有表情地唱歌（合唱和独唱），喜欢模仿创编歌曲和动作。喜欢随音乐的节奏和情绪做模仿动作、跳舞和游戏。 2. 关注、发现并喜爱自然环境和生活中各种美的事物。 3. 在美术作品中能大胆地表	1. 知道五官的用处及简单的保护方法，有初步的健康意识。 2. 愿意配合医务人员接受治疗。 3. 知道一些基本的求助方法，有初步的自我保护意识。 4. 积极参加体育活动，活动后能主动收拾整理小型体育运动器械。

续表

年龄段	至善		至美		至爱
	非,遵守集体生活中的基本规则。 4. 对自己能做的事有信心。 5. 了解家乡著名的设施、景观,喜爱参与活动,萌发爱家乡的情感。	4. 能运用多种感官认识事物的多样性,乐意操作,喜欢思考、提问,体验探索过程的乐趣。 5. 获得有关物体数量、形状以及时间、空间等方面简单的感性经验,体验数学活动的乐趣。	3. 学习有顺序地看图书,乐意与同伴交流图书的主要内容,喜欢看电视、听录音机。	达自己的情感,并从中获得愉快的情绪体验。 4. 能使用较丰富的色彩作画,进行简单的布局,表现简单的情节;能塑造出物体的基本结构和主要特征。	5. 认真完成动作要求,动作协调。 6. 不怕困难,有初步的规则意识、竞争意识。
大班	1. 热爱集体,关心他人,对人热情有礼貌,具有初步的集体荣誉感和责任感。 2. 知道中国是一个多民族国家,有兴趣了解各种民俗风情,热爱祖国。 3. 关心社会生活,理解并遵守日常生活中基本的社会行为规则。	1. 能积极主动观察周围的事物和现象,有较强的好奇心和求知欲。 2. 在活动中能主动运用多种感官感知事物的变化和事物之间的联系,积极动手操作,爱思考、爱提问,尝试去探索答案并乐意与同伴分享、交流、合作。	1. 能有礼貌、专注地倾听别人说话。 2. 能用普通话大胆、连续地表达,主动与他人交流。 3. 学会观察,能讲述事件的完整过程。 4. 独立并生动地朗诵和讲述,乐意表演儿童文学作品。 5. 看懂图片和图书,并想象画	1. 能积极、主动参加音乐活动,大胆地表现自己的情感和体验。 2. 能感知和理解音乐作品的主题;通过想象,创造性地进行音乐表现活动,体验创造活动的快乐,大胆地在活动中感受美、创造美、表现美。	1. 身体健康,在集体生活中情绪安定、愉快,乐意和老师、同伴交往。 2. 生活、卫生习惯良好,有基本的生活自理能力,养成良好的饮食习惯,不挑食;有良好的个人卫生习惯。 3. 注意个人和生活场所的卫生,会做简

续 表

年龄段\内容	至善		至美		至爱
	4. 能友好、礼貌地与人交往,掌握基本的人际交往技能。 5. 主动与同伴合作,体验同心协力完成任务的快乐。 6. 做事认真,有始有终,有初步的责任感,会整理玩具和图书,学习修补图书。	3. 有初步的数学概念,能运用已有的数学经验解决生活中一些简单的问题。 4. 能用适当的方式表达探索科学活动的感受和发现,并积极与同伴交流。 5. 主动关心和爱护动植物及周围环境,亲近大自然,有初步的环保意识,并乐意参加环保活动。	面以外的情节与活动,喜欢进行创编活动。 6. 适当丰富幼儿词汇:如形容词、连接词、常用虚词(在、向、从)。 7. 给幼儿提供一个敢说、想说、喜欢说、有机会说并能得到积极应答的环境。	3. 能自然地运用动作、表情与他人交流合作,并有意识地使自己的表演与音乐、与集体协调一致。 4. 在音乐活动中,有良好的行为习惯和有初步的审美情趣。 5. 逐步培养幼儿对美术的兴趣以及对大自然、社会生活、美术作品中美的欣赏力。发展幼儿的观察力、创造力,发展手部肌肉的协调性、灵活性,初步掌握使用美术工具及材料的技能。	单的收拾、整理及清洁工作。 4. 喜欢参加体育活动,动作灵敏、协调,用幼儿感兴趣而又安全的方式发展基本动作,学习基本体操,提高动作的协调性和灵活性。 5. 坚持参加体育锻炼活动,逐步提高对寒冷、炎热的适应能力,养成积极锻炼身体的习惯。基本动作灵敏、协调。 6. 知道一些自我保护的常识,能安全使用常用工具,学习简单的自救方法。

第三部分 幼儿园课程体系

基于"悦爱教育"之哲学以及幼儿园课程目标,我们建构了"醉儿童"课程体系。

一 课程逻辑

根据"悦爱教育"之哲学,本园结合"用爱浇灌每一个希望"的办园理念和"让每一个孩子陶醉于爱的海洋"的课程理念,建构了幼儿园的"醉儿童"课程逻辑(见图 5-1)。

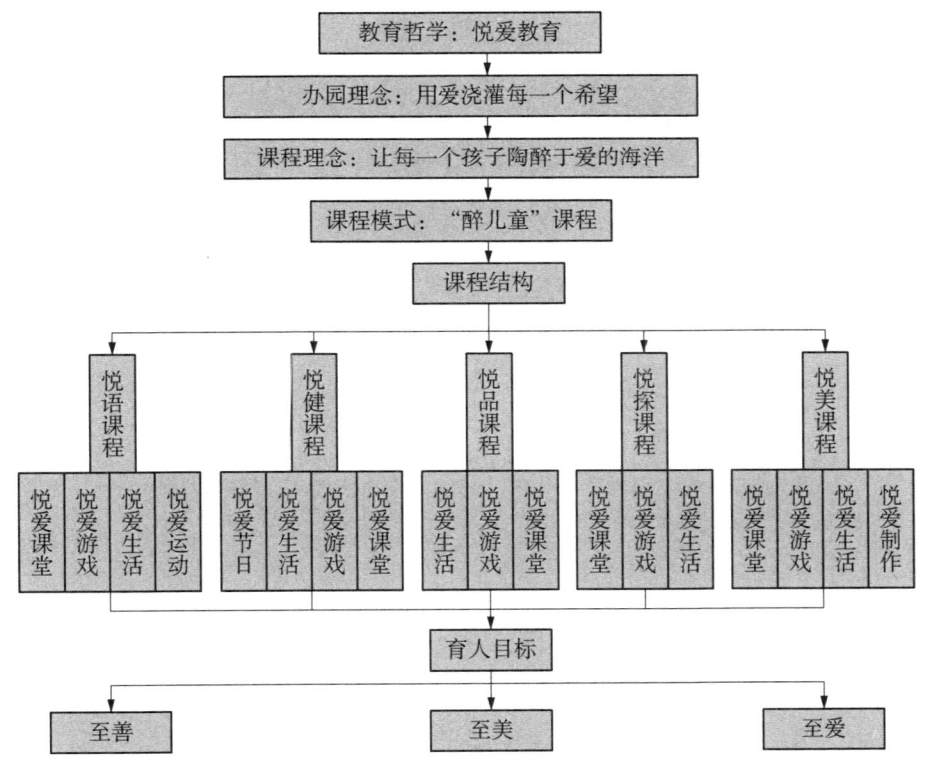

```
教育哲学:悦爱教育
   ↓
办园理念:用爱浇灌每一个希望
   ↓
课程理念:让每一个孩子陶醉于爱的海洋
   ↓
课程模式:"醉儿童"课程
   ↓
课程结构
   ├── 悦语课程 ── 悦爱课堂 / 悦爱游戏 / 悦爱生活 / 悦爱运动
   ├── 悦健课程 ── 悦爱节日 / 悦爱生活 / 悦爱游戏 / 悦爱课堂
   ├── 悦品课程 ── 悦爱生活 / 悦爱游戏 / 悦爱课堂
   ├── 悦探课程 ── 悦爱课堂 / 悦爱游戏 / 悦爱生活
   └── 悦美课程 ── 悦爱课堂 / 悦爱游戏 / 悦爱生活 / 悦爱制作
   ↓
育人目标
   ├── 至善
   ├── 至美
   └── 至爱
```

图 5-1 三亚市第五幼儿园"醉儿童"课程逻辑示意图

二 课程结构

"醉儿童"课程是整合基础课程和园本课程建构的,包括悦语课程、悦健课程、悦品课程、悦探课程、悦美课程,分别对应语言领域课程、健康领域课程、社会领域课程、科学领域课程、艺术领域课程等五大领域,从而促进幼儿的全面发展(见图5-2)。

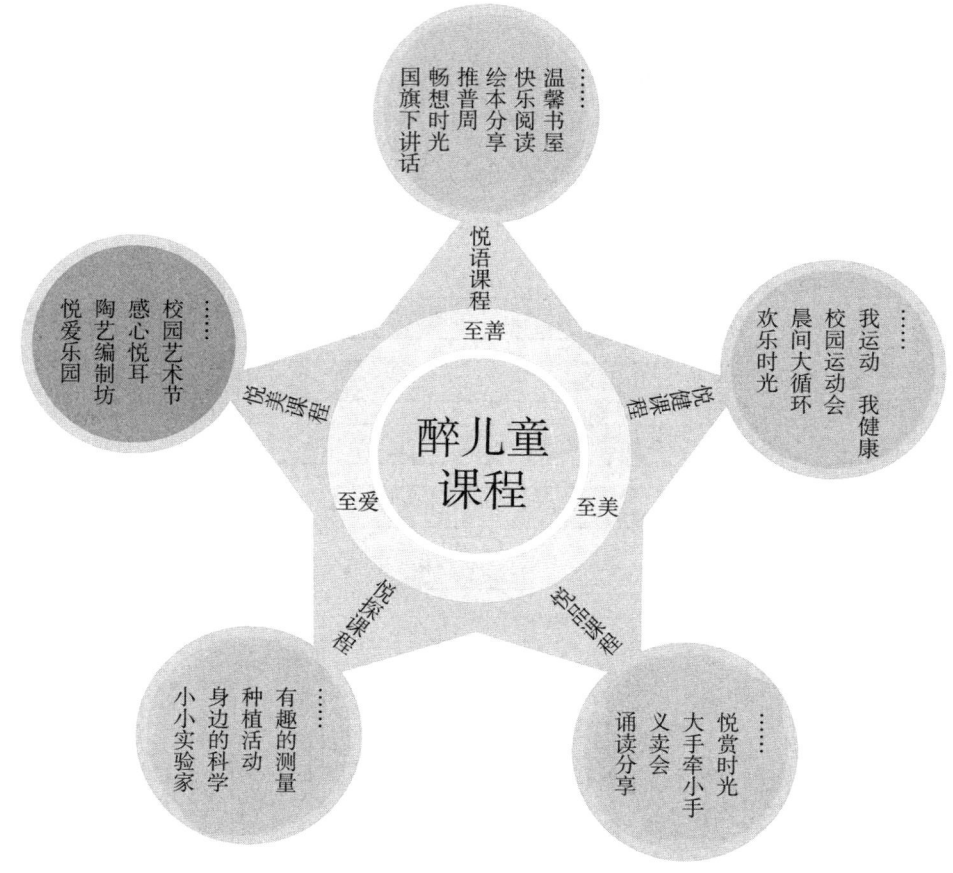

图5-2 三亚市第五幼儿园"醉儿童"课程结构图

上图中,各类课程基本内涵如下。

悦语课程:语言是人类最重要的交际工具,幼儿语言的发展贯穿于各个领域,也对其他领域的学习有着重要的影响。我们从倾听与表达、阅读与书写准备这两大方面,丰富幼儿语言表达能力,培养阅读兴趣和良好的阅读习惯,开发"悦语"课程,从幼儿一日生活到教育教学活动,全面培养幼儿的语言发展能力。

悦健课程:幼儿阶段是儿童身体发育和机能发展极为迅速的时期,也是形成安全感和乐观态度的重要阶段。"指南"中指出要从幼儿身心状况、动作发展、生活习惯于生活能力等方面去设置相关的课程。从幼儿的身心发展出发,我们设置了户外晨练、户外自主游戏、户外大循环、体育等活动。

悦品课程:幼儿社会性不断完善并奠定健全人格的基础。我们以发展幼儿社会性为目标,增进幼儿对社会的认知,激发幼儿对社会的情感,引导幼儿在良好的社会环境以及文化的熏陶中学会遵守规则,形成基本的认同感和归属感。

悦探课程:幼儿科学学习的核心是激发探究兴趣,体验探究过程,发展初步的探究能力。幼儿对自然事物的探究和运用体现在解决实际生活问题中,他们不仅获得丰富的感性经验,充分发展形象思维,也为其他领域的深入学习打好基础。

悦美课程:艺术是人类感受美、表现美和创造美的重要形式,也是表达自己对周围世界的认识和情绪态度的独特方式。结合艺术领域目标,我们设置了课程内容,引导幼儿学会用心灵去感受美和发现美,用自己的方式去表现和创造美。

三 课程设置

根据"醉儿童"课程结构图,结合幼儿园现状课程资源,为加强课程的启蒙性、整合性和开放性,以适用于不同年龄阶段幼儿的需要,我们对课程进行具体设置(见表5-2)。

表5-2 三亚市第五幼儿园"醉儿童"课程设置表

		悦语课程	悦健课程	悦品课程	悦探课程	悦美课程
小班	上学期	大树和小鸟(海教) 吹泡泡(海教) 小兔子找太阳(海教) 大象和蚊子(海教)	圆圆的球宝宝(海教) 给树妈妈送水(海教) 痒痒的痱子(海教)	奇怪的骑车(海教) 漂亮花裙送妈妈(海教) 给外婆送甜蜜(海教) 一起玩真好(海教)	我自己(海教) 生活活动(海教) 小手变变变(海教)	长长的柳枝(海教) 节日的气氛(海教) 洗手(海教) 金色的太阳(海教)
		我的娃娃家 快乐书吧 分享阅读	保护小手 蔬菜水果我最爱 我会排队	我真能干 我们都是好朋友 讲礼貌	数字排排队 男孩女孩 分果子	大舞台 剪纸片 黏土乐园

续 表

		悦语课程	悦健课程	悦品课程	悦探课程	悦美课程
		你说我演 我喜欢你 会说话的洋娃娃	大圆小圆变变变 我会跳 大鱼套小鱼	一起玩真好 幼儿园里欢乐多	泡泡乐园 沙子真有趣	巧手乐园 跳呀跳
		学会倾听 敢于表达想法 我爱我家	小手真干净 爱护书本 玩具送回家	我会排排队 请举手发言 不客气,再见	爱喝水的好处 我会穿鞋子 被子我会叠	我不大声叫 爱护小动物 物品放回原位
下学期		小猪变干净了（海教） 啊呜啊呜（海教） 我自己做（海教） 鼠宝宝找朋友（海教）	赶跑蚊子（海教） 健康活动（海教） 宝宝爱做操（海教） 好吃的东西（海教）	握握手（海教） 穿鞋子（海教） 我会自己走（海教） 老师,你好（海教）	盖盖子（海教） 可爱的小兔子（海教） 碰一碰（海教）	我和奶奶包饺子（海教） 爱上幼儿园（海教） 买菜（海教）
		故事分享 娃娃家 小书吧	给娃娃喂饭 我会穿鞋子 我会系扣子	民间游戏 小医院 小鬼当家	开小车 幼儿园真好玩 水果分类	点点线线 巧手乐园 手掌画
		好玩的球 抢杯子	开车开起来 老鹰捉小鸡	遵守游戏规则 木头人 击鼓传花	叶子的秘密 小手指作用大	我的好伙伴 我会玩 跳跳乐
		小小文明人 今天我值日 饭后勤漱口	不动手打人 不乱跑 我会安静吃饭	爱的拥抱 我的小脸 这就是我	小动物游泳 颜色变变变 有趣的水	好朋友一起唱 香甜的水果 我爱泡泡

续 表

		悦语课程	悦健课程	悦品课程	悦探课程	悦美课程
中班	上学期	打蚊子(海教) 刷牙(海教) 小蜻蜓(海教)	打蚊子(海教) 刷牙(海教) 小蜻蜓(海教)	椰树下条龙(海教) 萤火虫找朋友(海教) 文明行车(海教)	小蚂蚁(海教) 泥土下的蚯蚓(海教) 尖尖的东西(海教)	这是谁的尾巴(海教) 请你和我跳个舞(海教) 幸福拍手歌(海教)
		T台秀 手偶表演 分享绘本	我可以 小沙漏作用大 剪纸片	文明公约 自己的事情自己做 同伴相亲相爱	有趣的纸 沉与浮 神奇的盐	巧手乐园 创意美术 小小服装店
		甜甜的棒棒 有趣的鼻子 我长大了	早睡早起身体好 足球运动会 高人矮人 看谁不出圈	认识天气标识 帮助我们的人 分享真快乐	看谁飞得高 图形变变变 动物的尾巴	落叶 瓶子的五彩衣 画房子
		谢谢你 我的一家 存起来的吻	保护眼睛 身体的小秘密 保护牙齿	节约粮食 我会叠衣服 不穿反鞋	太阳公公本领大 空气的秘密 消失的硬币	设计我们班的环创 画房子 我的自画像
	下学期	小帮手(海教) 水(海教) 别说我小(海教) 金色的房子(海教)	吸尘器(海教) 清洁好帮手(海教) 小推车(海教) 搭桥过河(海教)	和快乐一起(海教) 我们一起来分享(海教) 交通安全要牢记(海教)	会动的身体(海教) 会唱歌的瓶子(海教) 小小降落伞(海教)	进行曲(海教) 跳跃的人 开火车(海教) 小兔乖乖(海教) 拔萝卜(海教)

续 表

		悦语课程	悦健课程	悦品课程	悦探课程	悦美课程
		温馨书屋 冬天好还是夏天好 秋天的雨	拾豆豆 好玩的轮胎 接球大作战	小小值日生 小医院 认识天气	垃圾分类 鸡蛋的秘密 整点和半点 地球是圆的吗	夏天的雷雨 我型我秀 小动物在唱歌
		蔬菜宝宝 金色的房子 没有耳朵的兔子	户外大循环 晨间活动 运粮食	紧急电话 让一让 在马路边 勇敢说出来	最强大脑 蛋宝宝站起来 会唱歌的瓶子	小雨和小花 我的好妈妈 欢乐颂
		亲爱的护士小姐 电话机 我的生日 我当哥哥姐姐	饭前便后勤洗手 我会保护自己 我和别人不一样	图书管理员 家乡真美 我是整理小帮手	纸花开放 生活中的废品 水和油	问好歌 春天在哪里 拉拉勾
大班	上学期	野猫城市（海教） 胆小先生（海教） 我的好朋友（海教） 树的眼睛（海教）	导弹发射（海教） 夹包跳（海教） 齐心协力走（海教）	保护水资源（海教） 护花使者（海教） 萝卜先生的胡子（海教）	我们的活动室（海教） 拆装笔芯（海教） 拒绝噪音污染（海教）	海浪船帆（海教） 欢乐泼水节（海教） 大馒头（海教） 我是一条小青龙（海教）
		故事大会 儿歌、诗歌 十二生肖 猜猜我有多爱你	跳房子 民间游戏 森林探险队	文明小乘客 我的心事 爸爸妈妈的爱	有趣的圆 树的年龄 小水滴旅行记 数的合成	我的歌声 我的画展 小树叶
		巨人花园 亲爱的小鱼 表情故事	跳绳 机器械操 好玩的纸箱	各种各样的交通小标识 我是安全小卫士	纸的力量 奇妙的溶解 摩擦起电 有趣的树叶	童话剧 请你认识我 小印章

续 表

		悦语课程	悦健课程	悦品课程	悦探课程	悦美课程
		怪房子 小螃蟹找工作 小壁虎借尾巴	我的身体 好玩的床单 你乐意一个人睡吗	遇到危险时输了怎么办 小区大调查	蝈蝈和蛐蛐 要上小学啦 平衡大师 筷子的用处	百变树叶 留住叶子的美 手偶剧
下学期		恐龙故事会（海教） 我真想（海教） 谁来帮助他（海教）	土豆丰收（海教） 赛马（海教） 圆形大变身（海教） 清洁工人阿姨好（海教）	春天的节日（海教） 小小花店（海教） 参观小学（海教）	竹子节节高（海教） 种子旅行（海教） 我是小投手（海教）	伞花朵朵开（海教） 快乐的洗衣机（海教） 我和星星打电话（海教） 小雨滴滑滑梯（海教）
		绕口令 下雨啦 我上大班啦 一天的计划表	揪尾巴 椅子游戏 多变的袋子 好玩的报纸	地球清洁工团结就是力量 我的五官	神奇的盐水 一分钟 影子剧院 什么东西不见了	开心聚餐 大自然的颜色 身体创意线
		绘本分享 神奇的象形字 说反义词	两人三足 灵活的小脚 小勇士 老鹰捉小鸡 老狼几点了 丢手绢	和手机做朋友 安全标识 合作真愉快	分清左和右 瓶子吹气球 关节动起来 杯子造高楼	快乐的小蜗牛 传帽子 郊游
		一元店 猫儿抓耗子 钓鱼的一天 天气播报员	能干的小手 生活好习惯 健康日 情绪泡泡	心中的小学 我的理想 中国银行	小种子 电影院 物体是怎样滚动的	我的名片 小鲤鱼跳龙门 袜子的畅想

四 课程内容

根据幼儿的身心发展规律,幼儿园课程设置以《3—6岁儿童学习与发展指南》《幼儿园新教育纲要》为依据,从"醉儿童"课程的内容体系出发,结合本土文化资源,合理开发适合本园幼儿的课程。我们以本土资源作为园本课程的切入点,针对幼儿的年龄特点,将主题划分为课程名称、课程目标、课程内容三方面来呈现(见表5-3)。

表5-3 三亚市第五幼儿园"醉儿童"课程内容表

年龄段	课程名称	课程目标	课程内容
小班上学期	走一走,瞧一瞧	能跟着老师和同伴一起参观幼儿园,初步了解、熟悉幼儿园环境。	通过游戏"坐车游玩",认识幼儿园里的场所,体验幼儿园生活的快乐。
	我的朋友多	乐于交朋友,愿意和大家一起玩游戏。	在游戏中互动,用语言、肢体动作向朋友表示友好并结交好友。
	我会喊老师	敢于表达自己的需求,喜欢与老师亲近,对于老师的话能及时做出回应。	让幼儿通过图片、动画视频,理解故事内容,明白自己有困难要大胆地向老师寻求帮助。
	可爱的小兔子	尝试有序观察小兔子的外形特征,对小兔子感兴趣。	在自然角观察兔子,学会照顾小兔子。
	给小动物喂食	知道不同的小动物分别爱吃什么,愿意动手制作,萌发爱护、关心小动物的情感。	运用折、撕、涂色、粘贴等方法,为小动物制作"食物"。
	小金鱼	初步具有关心、爱护小动物的情感,愿意照顾小金鱼。	通过饲养和观察小金鱼,感知小金鱼的外形特征和生活习性。
小班下学期	跑跑更健康	知道锻炼身体有哪些好处,练习听指令交替跑,体验体育游戏的快乐。	通过念儿歌、参与游戏"巡逻兵"来锻炼交替跑。
	有趣的肥皂	认识各种各样的肥皂,了解肥皂的一些基本特征以及肥皂的用途。	用摸一摸、看一看、闻一闻的方法,对肥皂进行种类的区分。

续 表

年龄段	课程名称	课程目标	课程内容
	健康的大拇指	了解吮吸手指的危害,养成良好的卫生习惯。	通过观察挂图、听故事,了解吮吸手指会给我们带来哪些伤害,改掉吮吸手指的毛病。
	我自己做	在观察和表达中萌发"自己做"的愿望;安静倾听别人发言,有认真倾听的好习惯。	通过情景表演,体验自己的事情自己做的同时,感受情景表演的乐趣。
	动起来	知道身体每个部位都有很多本领,发现自己的力量。	在谜语、故事、儿歌中提高活动兴趣,一起探索身体其他部位的本领,进一步激发探索兴趣。
	快乐的小脚丫	感知小脚丫的特征及用途,产生初步的探索兴趣。	通过谈话调动生活经验,在引导下说说脚丫的用途。
中班上学期	身体的变化	能仔细观察,并大胆说出自己身体的变化;了解不同的成长阶段身体各部分的变化。	通过玩游戏,从镜子里观察自己身体,初步感知身体的变化。
	我会系鞋带	学习系鞋带的简单方法,乐意自己的事情自己做。	通过讲故事,初步感知扎蝴蝶结的方法,探索扎蝴蝶结的方法。
	我长高了	感知物体的高矮,学习用正确的方法比较高矮;通过比较,了解自己身高的变化。	利用观察、对比的方法比较高矮,初步了解比较高矮是需要参照物的。
	我是小司机	体验玩开车游戏的快乐,初步形成遵守交通规则的意识。	通过探索小塑料圈的不同玩法以及游戏"我是机灵的小司机"来遵守交通规则。
	文明乘车	学习乘车的基本礼仪,了解乘坐公共汽车的一般规则。	通过角色扮演进行表演;形成正确的乘车认识,创设乘车情境游戏,体验文明乘车礼仪。
	交通安全要牢记	知道安全过马路的规则和正确方法;萌发交通安全意识。	通过照片、视频等形式,学会如何正确地过马路。

续 表

年龄段	课程名称	课程目标	课程内容
中班下学期	小蚂蚁	观察、感知蚂蚁的外形特点；培养关心小动物和关爱大自然的情感。	通过观察图片、标本等方式，了解蚂蚁的身体结构和外形特点。
	萤火虫找朋友	知道朋友之间需要相互尊重，善于发现朋友的长处。	通过谈话、情景表演的形式知道朋友之间要相关尊重，礼貌待人。
	泥土下的蚯蚓	乐于观察、感知蚯蚓的外形特征，了解蚯蚓的生活环境及生活习性。	观赏植物园，参加给蚯蚓松土的活动。
	尖尖的东西	掌握使用尖利物品的正确方法；形成自我保护意识。	通过探索、交流知道尖利物品使用不恰当会伤害身体。
	清洁好帮手	认识生活中几种常见的清洁工具，知道它们的用途。	通过谈话活动，了解多种清洁用品正确、安全的使用方法。
	各种各样的包装袋	探索各种包装袋，了解它们的种类，以及在生活中的作用。	通过图片、视频等方式，认识食品包装袋上的各种标识，丰富生活经验。
大班上学期	清洁工人	感受清洁工人的辛勤劳动及与人们生活的关系；有保护城市环境卫生的意识。	通过图片、儿歌等形式，了解清洁工人的工作和想法。
	拒绝噪声污染	知道噪声对身体的危害，并尝试用自己的方式设计控制噪声的标志。	通过音乐、电钻声、小鸟的叫声、市场叫卖声来区别乐音和噪声。
	请少用塑料袋	初步了解塑料袋不易腐烂及燃烧后发出刺鼻气味的特点，知道它对人的害处。	通过引导进行实验、操作、探索等，发现塑料袋燃烧时气味的特点。
	我知道的恐龙	能围绕话题有重点地谈论恐龙各方面的知识。	通过观看照片、模型等形式，幼儿结伴讨论恐龙的外形特征和生活习性。

续 表

年龄段	课程名称	课程目标	课程内容
	勇敢的恐龙	尝试在黑暗中进行躲避、爬行等活动；对各种环境有一点的适应能力。	通过视频、扮演游戏等形式感受在黑暗中进行身体活动并克服怕黑的心理障碍。
	可爱的剑龙	大胆运用材料表现剑龙的不同动态，体验动手制作的快乐。	运用各种材料来制作可爱的剑龙。
大班下学期	毕业歌	萌发对老师的感激之情，期待成为一名小学生。	通过探索运用轮唱、领唱、齐唱等方式演唱歌曲。
	参观小学	初步熟悉小学的校园环境及小学生的学习生活，体验上小学的自豪感。	通过谈话以及参观小学的校园环境，萌发上小学的愿望。
	亲亲密密全家福	感受和大家在一起的亲密感，增强集体归属感。	运用绘画的方式夸张地表现自己或他人的外部特征。
	书的秘密	对图书制作、目录、条码等和书密切相关的"秘密"感兴趣。	通过图片、视频等形式，让幼儿初步了解图书的制作过程。
	好书帮助我	知道内容健康的书能帮助我们，初步感知书的作用。	以谈话活动、分组讨论等形式有意识地挑选对自己有益的图书。
	看书的卫生习惯	了解并掌握日常生活中看书时应注意的卫生问题。	通过谈话、情景表演等形式逐步养成良好的阅读习惯。

第四部分 幼儿园课程实施与评价

三亚市第五幼儿园从"悦爱课堂""悦爱游戏""悦爱生活""悦爱运动""悦爱乐园""悦爱节日""悦爱联盟""悦爱之旅"八方面入手践行"悦爱教育""至善、至美、至爱"的育人目标，实施"悦爱课程"。课程评价的最终目的在于发现课程中的问题、找出原因、提出改进的建议和措施,解决问题,调整、改进和完善课程,不断提高教育质量,促进幼儿全面、和谐发展。

一 建设"悦爱课堂",提升保教质量

课堂是幼儿学习的主要场所,也是教师育人的主要渠道。我园开设"悦爱课堂",它是指充满蕴意、有趣而悦享的课堂,是能够走进孩子内心的课堂,课堂将充满意境,荡漾着童心。"悦爱课堂"有利于调动幼儿的情绪、思维,使其发挥出学习的积极性、主动性和创造性。

(一)"悦爱课堂"的课程设计

我们将设计丰富多彩的活动形式,比如故事引导、情景模拟、体验模仿、实物感知等来激荡幼儿思维,丰盈幼儿心灵,触动幼儿灵魂,保障幼儿健康、快乐成长。我们将以紧随悦趣、凸显悦乐、激发悦思、鼓舞悦爱、关怀悦心五个方面来实际操作。

紧随悦趣——适合幼儿的课堂。切合幼儿发展需要的事物,围绕幼儿感兴趣的内容,以幼儿感兴趣的形式设计教学问题,开展交流探讨。

凸显悦乐——以游戏为主要形式的课堂。以游戏为手段,贯穿幼儿园的整个教学活动。

激发悦思——生成性的课堂。眼中处处是幼儿。教学方法和内容要随着孩子的变化而变化。充分发挥幼儿的主体地位,激发幼儿的兴趣点,为幼儿个性发展创设更大的空间,体现教师的教育机智。

鼓舞悦爱——以爱心关注幼儿互学互助的课堂。幼儿知识的习得和学习品质的形成,是在教育情境中与同伴/教师合作互动中获得的。

关怀悦心——充满期待和鼓励的课堂。第斯多惠曾说过,教学的艺术不在于传授的本领,而在于激励、唤醒和鼓舞。

(二)"悦爱课堂"的评价标准

"悦爱课堂"的评价以促进每个幼儿发展,促进教师自我成长来展开。"悦爱课堂"评价体系的建立和实施,可以充分发挥评价的导向作用,促进教师转变教育思想,达到改进课堂教学的目的(见表5-4)。

表 5-4 "悦爱课堂"评价表

评价指标	评价类别	评价说明	评价标准	教师评价	观察记录
紧扣童趣	教学目标	1. 目标适合幼儿实际发展情况,有挑战性、针对性、层次性。	A:很好 B:一般 C:加油		
		2. 目标明确、具体,可操作性强,便于评估活动的成效。	A:很好 B:一般 C:加油		
	幼儿行为活动	3. 主动与同伴分享和讨论各自的想法,倾听不同观点。	A:很好 B:一般 C:加油		
突出童真	幼儿行为活动	4. 活动中能坚持专注地完成感兴趣的事情。	A:很好 B:一般 C:加油		
		5. 能主动与同伴合作进行创造性表现活动。	A:很好 B:一般 C:加油		
		6. 每个幼儿在活动中都有不同程度的收获,绝大部分幼儿能完成活动目标要求。	A:很好 B:一般 C:加油		
追求童思	教师教学行为	7. 教学方法手段合理、恰当、有效,能针对教学目标,确保幼儿的主体性,有较高的效益。	A:很好 B:一般 C:加油		
		8. 注意观察幼儿,并根据实际情况作出恰当的反馈。	A:很好 B:一般 C:加油		
		9. 能为孩子提供根据自己的兴趣选择活动的机会。	A:很好 B:一般 C:加油		

二 设计"悦爱游戏",活跃学习氛围

"悦爱游戏"强调的是顺应幼儿的自然发展,强调的是"过程""自我表现"和幼儿自主的活动,是以幼儿的快乐和满足为目的,把游戏的主导权交给孩子,让幼儿乐在其中、乐此不疲。

(一)"悦爱游戏"的课程设计

"悦爱游戏"课程包含的是幼儿园的自主游戏和角色游戏,游戏的形式有班级共享式、全园共享式。在上学期,我们采取班级共享式的游戏方法,幼儿在本班进行室内自主游戏,满足幼儿个别化的学习,从而促进幼儿学习与发展的整体性。到了下学期,我们采取户外全园式的游戏方法,在同一时间和不同年龄班级联合开展户外自主游戏,活动开启后,教师在自己负责的区域巡回指导,幼儿可自主选择到同户外的任何区域参与活动。这样的活动能够让班级局限区域成为更广阔的学习空间,从而为幼儿提供更丰富的游戏材料。全园共享式的游戏形式则是打破班级和年龄的界限,幼儿根据幼儿园的户外自主区域进行自主选择,促进幼儿之间的社会交往和经验学习。

(二)"悦爱游戏"的评价标准

每月月末,我们都会根据"悦爱游戏"课程评价表进行认真的评价与分析,并提出具体改进建议,以确保活动目标的实现和活动开展的实效性,从而达到促进幼儿和谐发展的目的(见表5-5)。

表5-5 "悦爱游戏"评价表

评价内容	评 价 说 明	评价标准
材料准备	呈现具有层次性、多样化,能促进幼儿发展。	A:很好 B:一般 C:加油
儿童游戏	幼儿自主参与、情绪愉悦、获得经验。	A:很好 B:一般 C:加油

续 表

评价内容	评价说明	评价标准
观察指导	教师关注到位、干预及时、指导机智。	A:很好 B:一般 C:加油
师生关系	儿童自主投入、自发游戏,教师指导灵活、有效。	A:很好 B:一般 C:加油
开启和评价	有目的、有计划、有提升。	A:很好 B:一般 C:加油

三　推行"悦爱生活",浸润幼儿心灵

"悦爱生活"指为幼儿提供健康、丰富的生活内容和活动环境,满足幼儿多方面发展的需要,使他们在温馨快乐的生活中获得有益于身心发展的经验。科学有序的生活活动对培养幼儿的自理能力和幼儿身心发展能起到重要作用。

(一)"悦爱生活"的课程设计

"悦爱生活"的课程来源于幼儿的生活世界,活动来源于幼儿生活,贯穿一日生活之中。在生活活动中,幼儿习得良好的生活习惯,发展自己的生活自理能力和交往能力。

(1)"悦爱生活"特色——欢乐时光。"欢乐时光"阅读活动选取多彩多样的经典绘本,根据幼儿的年龄特点,有目标、有主题地开展阅读活动。每天的阅读时间为早饭和午饭后,时间为10—15分钟。

(2)"悦爱生活"特色——感心悦耳。"感心悦耳"音乐欣赏活动指在午饭前、午点前通过让幼儿通过倾听音乐,体验艺术的美,进而能理解、欣赏、尊重他人的创造,发展艺术表现能力,培养音乐素养。

(3)"悦爱生活"特色——畅想时光。"畅想时光"谈话活动利用零碎时间以谈话形式培养幼儿良好的倾听习惯和能力,乐意与人交谈,掌握与人进行语言交流的技巧。

(4)"悦爱生活"特色——悦赏时光。"悦赏时光"下午茶设立在每周五下午孩子起床后,孩子们一起享受午后点心,与同伴聊聊本周最开心的事情,可以是玩了一个好玩的游戏、看了一本有趣的书等等。大家一起总结一周的所见所闻,迎接美好的周末。

(5)"悦爱生活"特色——文明公约。"文明公约"自我管理、自我服务活动主要在班级进行和园内进行,主要分为"文明小标兵"和"值日生"。"文明小标兵"是每天早晨幼儿佩戴绶带在门口迎接小朋友入园的活动,中、大班幼儿轮流,每天每班选出4名幼儿代表。当礼仪小标兵的幼儿在晨间接待时要面带微笑,声音洪亮,鞠着躬跟同伴问好。"值日生"工作从中班开始设置,教师根据一日生活内容,针对本班幼儿的经验水平,定出值日生工作的任务。教师要明确告诉幼儿如何分工,让幼儿知道值日生的任务及要求,值日生的值日时间和值日内容的安排要合理。

(二)"悦爱生活"的评价标准

教师根据"悦爱生活"的课程内涵,综合幼儿一日生活及幼儿年龄特点、生活活动的总目标进行评价。(见表5-6)

表5-6 "悦爱生活"评价表

对象	评价内容	评价说明	评价标准
幼儿	幼儿表现	1. 在集体生活中情绪安定、愉快。 2. 有为同伴、集体服务的意识和能力,遵守生活活动规则。 3. 兴趣浓厚,积极动脑思考。	A:很好 B:一般 C:加油
	幼儿体验	4. 情绪状态积极,能愉快地参与活动,有一定的学习欲望和信心。 5. 感受到师幼、同伴之间的友好和尊重。 6. 体验到与同伴合作的快乐。	A:很好 B:一般 C:加油

四 推行"悦爱运动",提高幼儿身体素质

《3—6岁幼儿学习与发展指南》中指出:"发育良好的身体、愉快的情绪、强健的体质、协调的动作、良好的生活习惯和基本生活能力是幼儿身心健康的重要标志,也是其他领域学习与发展的基础。""悦爱运动"是指通过有效开展各种运动活动,发展幼儿大肌肉动作方面的身体素质,来满足幼儿身心发展的需要。

(一)"悦爱运动"的课程设计

《幼儿园工作规程》明确规定:幼儿体育的总目标是"以幼儿健康发展为中心,促进幼儿身心和谐发展"。幼儿园的体能活动尊重幼儿身体生长发育的规律和特征,从幼儿园实际情况出发,计划通过教师合理、科学地开展各类适合各年龄阶段幼儿的体育游戏,从"我爱运动""我是小健将""我是小达人"三个板块设计,改善幼儿的健康态度,培养幼儿的健康行为,使幼儿身心得到健康发展。

我爱运动——让幼儿在游戏活动中发展各种走、跳、攀爬的动作技能,学会各种动作技能。

我是小健将——通过开展击鼓传花、揪尾巴、猫抓老鼠、丢沙包、小鸡捉害虫、编花篮、跳飞机、卷心菜、挤牙膏等活动,让幼儿体验各种活动带来的乐趣,激发幼儿参与体育活动的兴趣。

我是小达人——通过开展打篮球、跳绳、打乒乓球、骑车、打羽毛球、拍皮球等活动,让幼儿玩转运动,培养幼儿遵守规则、勇于挑战、不怕困难的品质。

(二)"悦爱运动"的评价标准

根据"悦爱运动"的课程设计,幼儿在玩中学,在游戏中获得发展,提高户外游戏质量,使幼儿得到全面提高(见表5-7)。

表5-7 "悦爱运动"评价表

评价内容	评价说明	评价标准
我爱运动	1. 积极参与、认真投入,对早操活动感兴趣。	A:很好 B:一般 C:加油
	2. 在模仿的基础上有节奏地完成早操动作。	A:很好 B:一般 C:加油

续　表

评价内容	评价说明	评价标准
我是小健将	3. 教师示范动作准确、到位、有力,并有较好的节奏感。	A:很好 B:一般 C:加油
	4. 根据幼儿身体发展特点设置适宜的运动,达到幼儿的运动量。	A:很好 B:一般 C:加油
	5. 乐意参加户外运动,动作灵活协调。	A:很好 B:一般 C:加油
	6. 有基本的安全知识和自我保护能力。	A:很好 B:一般 C:加油
	7. 做好运动前热身活动准备。	A:很好 B:一般 C:加油
	8. 教师时刻关注幼儿,必要时进行动作指导。	A:很好 B:一般 C:加油
我是小达人	9. 熟悉运动器械,充分了解器械的使用方法,运用器材完成爬、跑、钻、跳跃等动作,不怕困难,敢于挑战。	A:很好 B:一般 C:加油
	10. 教师有计划地观察,给予幼儿最适宜的指导。	A:很好 B:一般 C:加油

五　做活"悦爱乐园",创设富有生机的园所环境

幼儿园环境是无形的教育,是园所看得见的文化形态,好的环境可开发幼儿智力。"悦爱乐园"是指充分挖掘园所文化中的教育资源,开发落实园所文化环境课

程,重在激发幼儿探索的兴趣,提高幼儿对美的感受,让幼儿感受到快乐。

(一)"悦爱乐园"的课程设计

我们从陶冶孩子们的情操出发,开发建设"悦爱乐园"的园所环境课程,让幼儿的奇思妙想融入园所的每个角落,让环境发挥它真正的价值。同时,创设富有生机的乐园,开展多种多样的活动,挖掘幼儿园"秀丽园""春满园""缤纷园"。

秀丽园——利用园所楼梯道墙面展示幼儿作品,帮助幼儿体验成功的快乐,激励幼儿之间相互欣赏同伴的作品。

春满园——结合主题开展户外写生,培养幼儿懂得欣赏自然界和生活中美的事物。

缤纷园——以班级自主选择的形式,开展特色的美术活动,主要有拓印、吹画、水粉画、线描画、水墨画。通过这些绘画活动让幼儿感受和创造艺术的美。

(二)"悦爱乐园"的评价标准

我们根据"悦爱乐园"园所环境课程的意涵,结合"最美廊道"和"最具有创意班级"的评比活动,设计以下课程评价表。(见表5-8)

表5-8 "悦爱乐园"评价表

评价内容	评 价 说 明	评价标准
环境布置	1. 凸显园所文化内涵,具有教育意义,能体现幼儿的主体性。	A:很好 B:一般 C:加油
	2. 整体环境色彩鲜艳、和谐、富有美感。	A:很好 B:一般 C:加油
	3. 能结合季节课程要求,内容丰富,具有教育性和趣味性。	A:很好 B:一般 C:加油
活动开展	4. 主题鲜明,形式多样化。	A:很好 B:一般 C:加油

续　表

评价内容	评价说明	评价标准
	5. 教师有计划地组织,幼儿乐于参与,效果佳。	A:很好 B:一般 C:加油
	6. 基础课程和选择性课程相结合,按月开展。	A:很好 B:一般 C:加油
	7. 学期末以美术作品展呈现。	A:很好 B:一般 C:加油

六　创设"悦爱节日",向往美好生活

"悦爱节日"以幼儿的童年生活为本,借助幼儿园、社会和家庭资源,结合当前节日,通过多种活动方式帮助幼儿了解不同节日的风俗习惯和节日文化,促进幼儿的全面发展,引导幼儿关注生活,增强生活仪式感。我们遵循"以儿童为本"的课程观,让儿童成为课程的主人。

(一)"悦爱节日"的课程设计

节日活动是宝贵的教育资源,有效利用节日资源是进行文化传承的重要教育途径。我园以传统节日、现代节日为纽带,丰富园所文化,让幼儿感受不同节日氛围,熏陶高雅情趣,以节日文化滋润童心,促进幼儿健康发展。

1. 传统节日课程

传统节日是在我国悠久的历史中延续和继承下来的民族文化,传统节日已经融入了幼儿的生活,是生活中不可或缺的一部分。为此我们开设传统节日课程,把它作为教育资源,融入幼儿教育活动当中,主要有春节、元宵节、清明节、端午节、重阳、中秋节专题教育活动。幼儿了解节日的由来,接受传统节日文化的启蒙教育,尊重民族文化、热爱民族精神,继承和发扬传统文化。

2. 现代节日课程

现代节日课程内容多种多样,通过家长和社会资源,我们开展实践类的课程,

主要有劳动节、母亲节、儿童节、教师节、国庆节等节日。通过开展这些现代节日,让幼儿的节日教育富有浓郁的现代气息,感受祖国节日文化的丰富多彩,感受节日的内在意义,培养幼儿良好的品格和行为习惯。

(二)"悦爱节日"的评价标准

根据"悦爱节日"的课程意涵,我们综合课程方案设计、活动时的课程实施、活动后的效果等情况进行评价(见表5-9)。

表5-9 "悦爱节日"评价表

对象	评价内容	评 价 说 明	评价标准
幼儿	活动过程	1. 积极参与集体活动,认真倾听,有自己的想法。 2. 对新鲜事物感兴趣,敢于探索和尝试。	A:很好 B:一般 C:加油
	学习效果	3. 愿意动手操作,遵守纪律。 4. 在活动中能坚持完成任务,学有所获。	A:很好 B:一般 C:加油
教师	主题方案	5. 活动目标清楚明了,结构合理,重难点把握准确,紧扣目标进行。 6. 节日设计巧妙得当,时间安排合理,组织紧密。	A:很好 B:一般 C:加油
	活动实施	7. 节日活动具有特色性、趣味性,教育目标明确,形式多样。 8. 活动实施过程中发现幼儿有需求,及时进行指导和帮助。	A:很好 B:一般 C:加油
	活动效果	9. 节日活动氛围浓厚,幼儿参与兴趣高。 10. 充分体现幼儿主体地位,培养幼儿良好的学习品质。	A:很好 B:一般 C:加油

七 加强"悦爱联盟",大手牵小手

《幼儿园教育指导纲要(试行)》下简称《纲要》指出:"家庭是幼儿园重要的合作伙伴。应本着尊重、平等、合作的原则,争取家长的理解、支持和主动参与,并积极

支持、帮助家长提高教育能力"。"悦爱联盟"是指幼儿园与家庭密切配合,"大手牵小手"共同为幼儿创造一个良好的成长环境。只有两者相互配合、协调一致,充分发挥各自的优势和水平,才能使幼儿教育获得健康和谐的发展。

(一)"悦爱联盟"的课程设计

"悦爱联盟"即家园共育活动。家长要积极参与幼儿园开展的家长会、家长开放日、家长助教、亲子活动日、户外亲子活动、节庆活动等活动,以此来了解幼儿园的教育理念、教育宗旨、教育目的及课程活动,了解幼儿园"教什么"和"怎么教",还可以全面直观地了解幼儿在幼儿园的学习、生活、游戏及交往情况,了解幼儿的身心发展的有关知识。教师可以通过接送交谈、微信、电访、《家园联系手册》、家访等方式与家长沟通,协助家长培养幼儿良好的生活习惯,做好家庭教育。

(二)"悦爱联盟"的评价标准

"悦爱联盟"是实现家园共育的主要方法,通过家园共育能够让幼儿获得更好地发展,幼儿、家长与教师都是课程的主体,因此评价以家长、幼儿、教师三方面的共同评价为主要方式(见表5-10)。

表5-10 "悦爱联盟"评价表

对象	评价说明	评价标准	幼儿评价	家长评价	教师评价
幼儿	1. 能与同伴友好相处,学会关心和帮助他人。	A:很好 B:一般 C:加油			
	2. 在活动中能坚持完成任务,学有所获。	A:很好 B:一般 C:加油			
	3. 在活动中不怕失败,能积极交流自己的想法。	A:很好 B:一般 C:加油			
	4. 知道帮助别人消除忧虑、保持健康心态是一件快乐的事。	A:很好 B:一般 C:加油			

续 表

对象	评价说明	评价标准	幼儿评价	家长评价	教师评价
	5. 乐于在集体前大胆表达自己的想法和感受,能安静地倾听同伴的讲述。	A:很好 B:一般 C:加油			

八 开展"悦爱之旅",拓展幼儿视野

"悦爱之旅"即幼儿的社会实践活动。《纲要》提出"引导幼儿了解自己的亲人及与自己生活有关的各行各业人们的劳动;引导幼儿实际感受祖国文化的丰富与优秀,感受家乡的变化与发展;引导幼儿认识、体验并理解基本的社会行为规则"。可见,孩子的社会性发展在幼儿期是至关重要的。幼儿园通过近三年的探索、研究和实践,使幼儿的社会实践活动成为我们幼儿园课程的一部分。

(一)"悦爱之旅"的课程设计

三亚市第五幼儿园周边环境资源丰富,临近群众艺术馆、湿地公园、社区等。通过幼儿园与场地的调查、了解、合作、讨论,我们确定幼儿的社会实践活动可以去图书馆、超市、小学、公园等地点进行。社会实践活动大致可以分为以下几点。

1. 亲近自然

可以去动物园、湿地公园等地点进行实践活动,让孩子们在与大自然的接触中感受人与自然的和谐,增强环保意识,增进师生之间、亲子之间的情感。

2. 亲近社会

组织幼儿参观小学、群众艺术馆、92730部队等,让孩子们走出校园,真正做到教育融入生活,让孩子们在切身体验的同时,掌握多种知识,拓展幼儿视野,体验生活乐趣,进一步提升幼儿的人际交往、观察和解决问题的能力。

3. 走进社区

在社区范围内进行实践活动,组织幼儿前往超市、图书馆、快递站等地点进行参观,进一步丰富幼儿的生活经验,提高幼儿的交往能力,扩展幼儿生活和学习的空间。

(二)"悦爱之旅"的评价标准

评价对象是幼儿和教师,评价内容从活动目标、活动内容、活动组织、活动过

程、活动效果五方面入手,对幼儿活动、幼儿在社会实践过程中的受益情况和所达到的水平作出价值判断。(见表5-11)

表5-11 "悦爱之旅"评价表

评价指标	评价说明	评价标准
活动目标	1. 根据《纲要》制定明确、具体的活动目标,领域核心目标突出,能有机结合情感、态度、能力、知识、技能等方面的发展。	A:很好 B:一般 C:加油
	2. 适合幼儿年龄特点和本班实际水平。	A:很好 B:一般 C:加油
	3. 能促进幼儿形成正确的社会认知,激发社会情感,形成良好的社会行为,在自我、人际关系和社会规范方面得到发展。	A:很好 B:一般 C:加油
活动内容	4. 与活动目标相适应。	A:很好 B:一般 C:加油
	5. 贴近幼儿生活经验,符合幼儿的年龄特点。	A:很好 B:一般 C:加油
活动组织	6. 挖掘并利用多种教育资源,拓展学习活动空间。	A:很好 B:一般 C:加油
	7. 灵活运用集体教育活动,可采用游戏、参观、劳动等园内、园外多种活动途径,调动幼儿学习主体性。	A:很好 B:一般 C:加油
	8. 创设接纳、关爱、支持幼儿活动的环境,师生关系和谐,精神环境宽松。	A:很好 B:一般 C:加油

续　表

评价指标	评价说明	评价标准
活动过程	9. 围绕目标组织教育活动,活动过程安排合理。	A:很好 B:一般 C:加油
	10. 注重幼儿的体验和对活动过程的感受,及时进行指导,使幼儿获得社会性发展。	A:很好 B:一般 C:加油
	11. 关注每个幼儿在体验和感受活动中的表现和反应,及时、有效应答幼儿需要。	A:很好 B:一般 C:加油
活动效果	12. 幼儿在活动中提升了各项能力。	A:很好 B:一般 C:加油

总之,我们的"醉儿童"课程将全面贯彻党的方针,认真贯彻落实《幼儿园工作规程》和《幼儿园教育指导纲(试行)》《3—6岁儿童学习与发展指南》精神,全面贯彻"悦爱教育"的教育哲学,实现"让每一个孩子陶醉于爱的海洋"的课程理念。坚持以幼儿的成长发展为本,在园长的带领下,多次召开主题会议,领会"悦爱教育"的精神内涵和"醉儿童"课程的课程理念,结合学科领域特点,开发"醉儿童"课程体系。我们相信在实施和改进过程中,将培养出一批批"至善、至美、至爱"的全面发展的幼儿。

(撰稿者:罗娟、廖盈丽、关丹妮、陈莫雅、文晓佳、李雪芳、符巧巧、王家敏、黎丹嫔、廖三珍、卢玉娟、冼芳艳)

第六章　制度逻辑：管理的扎根性

◇

　　制度是学校课程的逻辑起点。国家对学校课程管理的授权，是学校课程建设的制度逻辑起点。学校课程的制度逻辑就是构建以价值引领为核心的包括组织建设、制度建构、课程实施、评价导航在内的管理体系。其中，价值引领居于引领地位，制度建构是主体，课程实施是路径，评价导航是标准。学校通过提升理念、规范过程、综合评价等措施，加强对课程实施的制度管理，以此来提升教师的课程执行力。

制度是学校课程的逻辑起点,遵循和落实制度逻辑是中小学课程管理的重要基础和前提。学校课程要以制度为保障。学校要建立课程管理的相关制度,用制度规范学校课程管理,让课程管理扎根。

一、学校课程的制度逻辑

制度逻辑是指构成一个领域中行为和组织规范的具体实践和符号结构,是各方经过不断的交往和妥协而形成的,是在特定历史条件下构建出来的一套自洽的规则、假设、价值与信念。[①] 所以国家对学校课程管理的授权,是学校课程建设的制度逻辑起点。学校在执行国家课程和地方课程的同时,可以根据当地社会、经济发展的具体情况,结合本校的传统和优势、学生的兴趣和需要,开发或选用适合本校的课程。[②] 可以依据课程纲要、结合学校实情,构建学校自己的课程结构,建立一套适合学校课程发展的管理体系,行使自己的课程设置权和管理权。

首先,学校课程的管理是独特的、自主的,具有校本性。课程管理不能脱离学校和教师而单独存在,要融入学校和教师的主体意识当中,作为学校课程的核心精神而存在。因此学校课程管理是独特性、自主的。学校课程的管理要充分利用自身独特的资源去实现本校的课程发展。

其次,学校课程的管理是多元的、立体的,具有实践性。学校课程管理不是以单学科为核心进行的管理,而是要从不同类型、不同阶段、不同层次等多方面对课程进行管理。它要求学校以全新的视角、从学校课程的角度来看待学科的发展,让学校课程管理成为一种实践活动,成为一个强大的具有生命力的召唤。

再次,学校课程的管理是人文的、社会的,具有文化性。学校的终极目标是要建立起一个良好的秩序,便于对学生进行教育传承。而人是社会人,每一个人的活动都无法脱离社会文化的影响,所以学校课程管理一定要与社会文化相适应,不能脱离社会文化进行。[③]

---

① 李立国.大学治理的制度逻辑:融通"大学之制"与"大学之治"[J].华东师范大学学报(教育科学版),2021,39(03):1—13.
② 杨志成.论学校课程整合与课程体系建构的一般逻辑[J].课程·教材·教法,2016,36(08):55—59.
③ 张相学.学校如何管理课程[D].南京:南京师范大学,2006.

因此,我们认为学校课程的制度逻辑是学校根据国家对课程管理的相关规定,以及社会、家长和学生等主体的需要,根据学校的实际情况,对学校的课程进行规划、实施、评价等管理手段的过程。它是国家实现课程意志、促进学生全面发展的重要手段。

二、把握学校课程的制度逻辑

道格拉斯·诺思认为:"制度是一个社会的博弈规则,或者更规范地说,它们是一些人为设计的形塑人与人之间互动的约束,从而制度构建了人民的政治、社会或经济领域中交换的基础,通过为人们提供日常生活的规则来减少各种不确定性。"青木昌彦认为制度和人的关系是相互作用的,它并不是单向的,并不是制度设计形成规则,人们就会主动地、自动地去遵守。只有人们对制度进行认知并在这个过程中形成认同,制度才能得到很好的贯彻。

(一)制度逻辑是发展学校课程的前提和基础

课程管理的核心任务就是建立科学合理高效的制度安排,保证学校课程在合乎办学规律和改革发展的轨道上运行。为此,就需要构建富有活力、务实高效的课程管理体系。而构建课程管理体系的关键在于制度供给与制度建设,也就是定规则、定规章、定规矩等制度设计与制度执行,为学校整体课程发展奠定基础。学校整体课程建设,是国家政策赋予学校育人权利和责任的需要。《教育部关于全面深化课程改革 落实立德树人根本任务的意见》中指出:"改进学科教学的育人功能。全面落实以学生为本的教育理念。各地要组织开展育人思想和方法研讨活动,将教育教学的行为统一到育人目标上来。要在发挥各学科独特育人功能的基础上,充分发挥学科间综合育人功能,开展跨学科主题教育教学活动,将相关学科的教育内容有机整合,提高学生综合分析问题、解决问题能力。"从这个政策文件中我们可以看出:学校的整体课程建设就是要系统解决学科育人与跨学科综合育人的有机联系,构建课程整体育人、全科育人的学校课程体系。充分发挥课程的整体育人价值,关注学生生命的价值和意义,进一步扩大学校课程建设自主权。

(二)学校课程建设离不开完善的管理体系

制度只有在不断的实施和运行中才能看出优劣,才能不断完善。良好的制度体系是各项制度有机结合、相互促进的结果。学校课程的制度逻辑就是构建以价值引领为核心的包括组织建设、制度建构、课程实施、评价导航在内的管理体系。其中,价值引领居于引领地位,是管理体系正确建设和运行的保证,制度建构是主体,课程实施是路径,评价导航是标准。它们既相对独立,又互相联系,建构起课程管理和能力建设互为前提、互相制约与互相推动的较为完善的管理体系。

学校通过优化课程管理充分发挥教育主阵地的作用,全面贯彻党的教育方针,以"为党育人、为国育才"为己任,把"立德树人"作为根本任务,在开足开齐国家和地方课程的基础上,遵循教育规律,因地制宜开发校本课程,满足学生个性化发展需求,创建完善的"基础和特长互补""立德与树人并重"的课程体系,为实现全面育人的教育目标奠定坚实的基础。学校要实行精细化管理,在"细"字上做文章,在"实"字上下功夫,与时俱进,求新求变。学校要找准目标,优化课程管理,只有先确立课程目标,优化课程管理制度,才能实现"教以方向,管以致远"。学校通过理念提升、规范过程、综合评价等措施,加强对课程实施的管理,提升教师的课程执行力。多措并举,保证课程优质高效,践行"精细化"管理理念,注重过程、注重细节、注重过程与结果的统一,形成"有管有评、有评有考"的精细化管理体系。

例如三亚市第一小学的"起跑线"课程就建构起了以强化科研意识,提高科研能力,将新理念、新思维与学校的实际工作相结合,在实践中不断解放思想,创造性地解决问题的价值思想,组织建设了起跑线课程领导小组、课程研发小组和课程评价小组,制定了一系列课程保障制度,如课程开发制度、教师研修制度、学生选课制度等,实施以质量监控为手段、以课程开发为方向、以课程效果为目的,具体从教师与学生两个方面进行评价的"起跑线"课程评价导航以及规范有序的课程管理流程,形成一套相对完善的课程管理体系。

总之,制度具有约束功能,也具有激励功能,制度建设要适合课程发展的激励机制,以教师和学生的利益为核心来构建课程管理体系,调动教师和广大同学的工作与学习热情。在制度完善、管理体系建设发展中,人的因素起着关键作用,因此,还要充分注重和发挥人的因素,特别是管理主体的作用与价值。

(撰稿者:李君辉)

文化逻辑   "起跑线"课程:让每一个孩子向着优秀奔跑

  三亚市第一小学至今已经有超过90年的历史,是一所历史悠久的市直属小学,在三亚市民的心目中一直享有较高的声誉。它的前身为崖县七高,创办于1931年,此后学校曾经几次易名,直到1984年,三亚成立县级市,校名改为"三亚市第一小学",一直沿用至今。学校占地面积21 894平方米,校舍建筑面积23 276平方米,其中教学区建筑面积13 026平方米。现有60个教学班,3 055名学生,教职工175人,在编专任教师159人,临聘教师16人,在编专任老师中高级教师18人,一级教师59人,小学二级教师82人。从教师的学历层次看,本科学历99人,大专学历有60人,学历全部达标。其中有省级学科带头人1人,省级骨干教师3人,市级骨干教师6人,市级教坛新秀1人。近年来,在全校教职工的共同努力下,学校先后获得"海南省规范化学校""海南省家长示范学校""全国青少年毒品预防教育示范学校""海南省文明单位""海南省科普示范学校""三亚市教育教学质量先进学校"等一个又一个殊荣,创建了一个又一个教育教学的佳绩,得到了家长和学生的一致好评,获得了社会各界的认可。学校依据《教育部关于深化课程改革落实立德树人根本任务的意见》《中共中央国务院关于深化教育教学改革全面提高义务教育质量的意见》等政策文件精神,推进学校课程的深度改革,取得了可喜的成绩。

第一部分   学校课程哲学

  古往今来,哲人们都强调,学习不是为了适应外界,而是为了丰富自己,为了发展个人内在的精神能力。孩子们是一个个独特的生命个体,具有独立的人格和思考能力,通过我们学校教育的"起跑线",这些生命个体向着优秀奔跑,最后走向成功。

  一   学校教育哲学

  基于校名"第一小学",以及学校的办学价值追求,学校的教育哲学是"第一教育"。"第一教育"是以最优异的教育服务培育优秀的人的教育,是以务实的态度实现优秀的教育过程,是学校落实"五育并举"的教育要求,促进每一个孩子全面和谐发展的素质教育实践形态,是学校的教育价值观和内涵发展方法论。

在我们看来,"第一"不仅仅是一种结果,更是努力的过程;"第一"是对美好生活的追求,是向上、向善、向美、向真的人生价值体现;"第一"是一种做事态度,一种追求极致的态度,一种追求零缺陷的态度。"第一"不是一个标准,而是一种境界。它不是优秀,它是优秀中的最优。"第一"是一种追求,它在于将自身的优势以及所能使用的资源,发挥到极致的一种状态。

"第一"是一个标杆,要求我们要高品质、高标准地做事,要有高度的责任感,尽最大努力将事情做得趋于完美。"第一"是一种观念,"第一"是一种状态,"第一"是一种信仰。"第一"凸显了学校各项工作的理念,高标准,严要求。"第一",体现了俯视今日、领跑未来的磅礴气势,彰显了精益求精的精神特质,它将激励全体教师在追求卓越的过程中昂然奋进,始终做到走在前头、力争率先。

因此,"第一教育"是以最优化的手段追求最优秀的人的教育。"第一教育"是以最优化的理念和方式,促进学生全面发展的素质教育形态。"第一教育"以"让优秀成为一种习惯"为校训,让学生养成良好的学习习惯、生活习惯,善于协作、探究、感悟,勇于承担责任、积极向上、敢于创新,拥有良好的心态和正确的人生观、价值观。培养学生既要有经得起沉淀的文化修养,又要有质朴温和的性情;既要有蓬勃向上的朝气,又要有追求第一的素养,使每一位独具个性的一小学子在智力、情感、道德、社会和身体方面都能充分发展。一句话,"第一教育"旨在为每个孩子的终身发展寻找最佳的可能性,帮助孩子认识自己的优势,寻求通往幸福人生的路径。

基于学校教育哲学,我们确定了"向着第一奔跑"的办学理念。我们的教师要以"第一"为工作标杆、为价值追求、为态度体现,鞭策自己在教书育人实践中要有大爱情怀,有初心责任,要高品质、高标准地做事,尽心尽力将教书育人这一职业做到尽善尽美。我们的学生以"第一"为求学的动力、为努力的结果、为成长的追求,鼓励自己在求知做人的路上孜孜不倦勇探索,全力以赴求结果,知行合一重实践。我们努力构建"第一管理",塑造"第一教师",培育"第一儿童",激活"第一校园",使学校文化因"第一"而唯美,学校内涵因"第一"而丰富。我们秉持如下教育信条:

我们坚信,
教育是一条没有尽头的跑道;

我们坚信,

第一不是冠军而是加倍地努力;

我们坚信,

每一个孩子都是奋勇拼搏的选手;

我们坚信,

良好的家庭教育是孩子成长的起跑线;

我们坚信,

引领儿童向着优秀生长是教育最美的姿态;

我们坚信,

让每一个孩子向着优秀奔跑是教育的神圣使命。

二 学校课程理念

依据"第一教育"思想,学校践行"让每一个孩子向着优秀奔跑"的课程理念。通过多元化多层次的课程设计,教育引导孩子在每一领域每一个阶段的"起跑线"上都能得到属于自己的那个"第一"发展。在我们学校,课程有其丰富的内涵——

(1)课程即个性的生长。每门课程的设立,都有其自身的具体内容和丰富内容,对孩子的培养促进各不相同。孩子们在参与课程学习的过程当中,从中吸取到满足自身内需的成长营养,实现个性的生长,让自己成为与众不同的"第一儿童"。

(2)课程即优秀的滋养。课程学习是一个漫长的、循序渐进的过程。孩子们在参与学习中,随着时间的推移、内容的增加、程度的深入,在潜移默化中感受到课程带来的优秀精神滋养。

(3)课程即生命的旅程。学生从一开始接受教育,就与课程结伴同行。课程学习的过程,也是生命体验、生命成长的过程。在这样的过程中,学生的知识、品格、精神等都得到不断的成长,都经历着从少到多、从贫到富、从单一到多彩的生命旅程。

(4)课程即成长的方位。课程最终目的就是促进人的成长,丰富知识、滋养心灵、锤炼品格。每个人都能在课程的学习中,找到自己成长的方位,按着坐标、灯塔砥砺前行,最终达到自己理想的彼岸。

总之,学校以"让每一个孩子向着优秀奔跑"为课程理念,以追求"让优秀成为一种习惯"为办学动力,鼓励每一个孩子在求知做人的"起跑线"上孜孜不倦地探索,全力以赴地追求最好的发展。因此,我们将学校的课程模式命名为"起跑线"课程。

第二部分　学校课程目标

课程是为育人目标的实现服务的。因此,确立育人目标是学校课程建构的重要基础。

一　育人目标

学校立志培养具有"第一品行、第一智慧、第一健康、第一优美"的优秀儿童。具体表现为:

"第一品行":爱国爱家,孝亲敬长,诚实守信,自理自立,勤劳节俭;

"第一智慧":勤学善思,勤探善究,敢于质疑,善于发问,乐于创新;

"第一健康":体魄强健,喜好运动,乐观开朗,悦纳自己,友善合群;

"第一美丽":兴趣广泛,视野开阔,情趣高雅,自信大方,富有个性。

我们期望"一小"学子既要有文化修养,又要有质朴的性情;既要有蓬勃向上的朝气,又要有追求第一的素养。我们努力使每一位独具个性的"一小"学子在道德、智力、情感、社会和身体等各方面得到充分发展。

二　课程目标

学校围绕着"向着第一奔跑"的办学理念,围绕育人目标,结合各学科义务教育课程标准的要求、各年级教材的课程目标以及学生的实际情况,确定学校课程目标。

(一)"第一品行"的具体表现

低年段:能遵守学校纪律;讲文明懂礼貌;主动亲近同伴;愿意与老师、家长分享自己的真实想法;与同学友好相处;乐于帮助他人。

中年段:愿意倾听、会与他人分享;乐于表达、理解他人;有责任心;学会谦让;会和他人沟通;能与他人友好合作。

高年段:能明辨是非;能站在他人立场理解问题;善交朋友,孝敬父母;会感恩、能包容、善纳新、敢担当,具有积极向上的人生态度。

（二）"第一智慧"的具体表现

低年段：热爱学习，掌握低年段文化课程标准规定的要求；养成良好的学习习惯；喜欢阅读并能与他人做简单的交流；课堂上能主动思考，发言积极。

中年段：掌握中年级文化课程标准规定的要求；有良好的学习习惯；有自己的兴趣与爱好，能合理安排学习时间，坚持阅读，会做读书笔记。

高年段：掌握高年级文化课程标准规定的要求；学习习惯良好；有浓厚的学习兴趣，能制定自己的学习计划；能熟练地将所学知识运用于实践，能自己探究感兴趣的问题。

（三）"第一健康"的具体表现

低年段：乐于参加各种游戏活动；初步掌握简单的技术动作，注意正确的身体姿势；会玩1—2项体育类游戏活动。

中年段：认真上好体育课，会做简单的组合动作，乐意向他人展示；知道在运动中避免危险，在日常学习和生活中初步具有正确的身体姿势，有较好的平衡和协调能力；形成坚持锻炼的习惯，形成健康的生活方式，形成积极进取、乐观开朗的生活态度。

高年段：能积极参加体育活动，保持愉快的心情；初步掌握运动基本技术，知道不同环境中可能面临的危险和避免方法，能够用正确的身体姿势进行学习、运动和生活；了解青春期的卫生保健知识；通过国家体质健康测试；掌握2—3项体育运动技能，并成为特长项目。

（四）"第一美丽"的具体表现

低年段：通过开展"唱游古诗词"等活动，用歌唱的方式诠释中国古诗词，感受古典诗词的美，丰富孩子们的历史文化底蕴。

中年段：通过开展"第一舞"少年韵律操活动和"畅想童年"品质合唱团等活动，显示青春活力，熏陶性格情操，丰富形象思维，形成艺术修养，扩大音乐视野，体现第一美丽的风采和价值。

高年段：通过开展"我们的世界"等活动，进行艺术教育，展示艺术教育成果。充分利用各种重要节日举行书画等艺术活动，对学生进行相关艺术文化教育活动，拓展学生文化视野，丰富个人生活及提高自信心。

第三部分 学校课程框架

学校课程设计要为孩子指引明确的发展方向,要体现学校的实践历程,在学校现有文化基础上进一步完善学校课程框架,实现学校的发展愿景。学校课程是一个完整的体系,体现为基础课程和学科拓展型课程的有效整合,体现在六个年级段课程目标的整体布局、分布实施上。构建课程体系是为了进一步梳理学校课程建构脉络,为创造性地落实国家课程提供可操作性框架,进一步指导教师的课程开发与实施工作。

一 学校课程逻辑

学校课程逻辑遵循由教育哲学统领,形成课程理念及课程模式,最后呈现为课程框架的路径(见图6-1)。

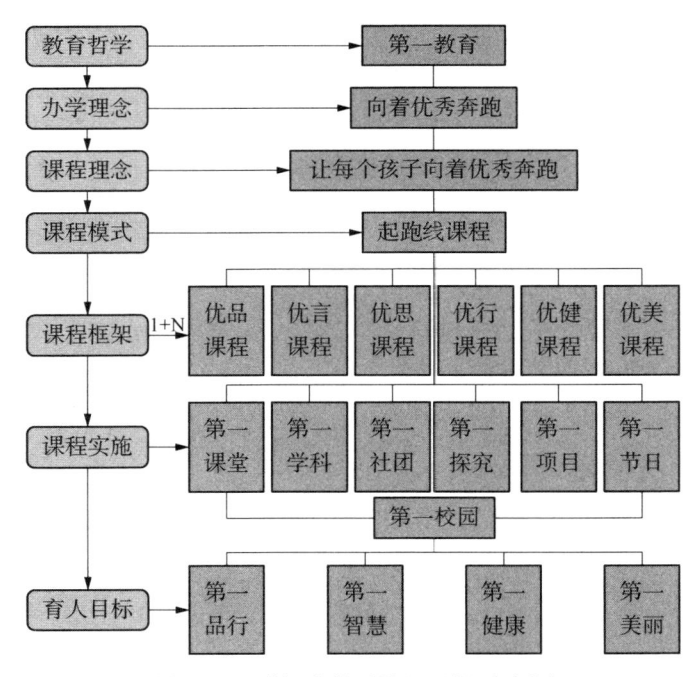

图6-1 "起跑线"课程逻辑示意图

二 学校课程结构

根据多元智能理论,学校课程结构图如下所示(见图6-2)。

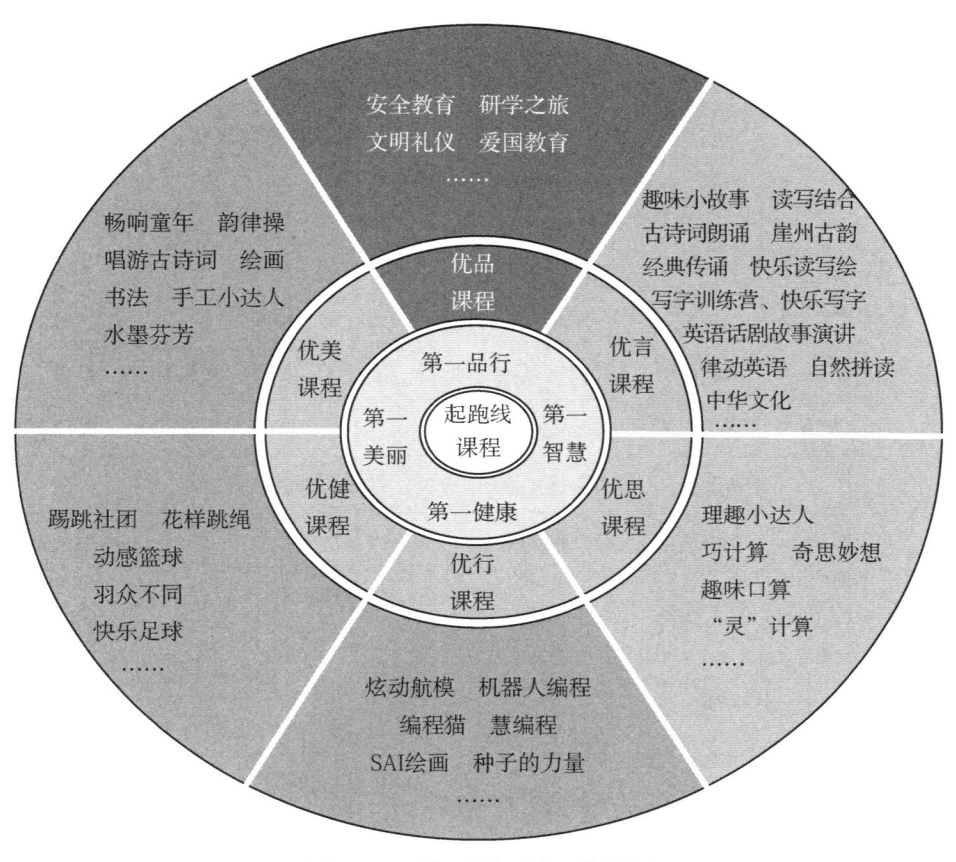

```
                 安全教育  研学之旅
                 文明礼仪  爱国教育
                    ……

畅响童年  韵律操                      趣味小故事  读写结合
唱游古诗词  绘画      优品            古诗词朗诵  崖州古韵
书法  手工小达人     课程             经典传诵  快乐读写绘
水墨芬芳                              写字训练营、快乐写字
……           优美   第一品行   优言   英语话剧故事演讲
              课程  第一    第一  课程  律动英语  自然拼读
                   美丽 起跑线 智慧        中华文化
                       课程                ……
              优健   第一健康   优思
              课程              课程
踢跳社团  花样跳绳    优行              理趣小达人
动感篮球              课程             巧计算  奇思妙想
羽众不同                              趣味口算
快乐足球                              "灵"计算
……                                    ……
                 炫动航模  机器人编程
                 编程猫  慧编程
                 SAI绘画  种子的力量
                    ……
```

图6-2 "起跑线"课程结构图

三 学校课程设置

根据不同学生的需求,学校以一至六年级课程呈现阶梯式上升的原则,按照六年十二学期进行设置,将其融入国家、地方和校本三级课程之中,具体课程设置如下。

(一) 优品课程

优品课程以道德与法治、班会课、国旗下演讲、节日活动为课程主要实施途径,在课堂教学、专题教育和节日活动实践过程中,创设和谐校园环境,培养学生良好品行,促进学生德育发展,致力于学生思想道德素质的提高,积极追求德育的个性化、特色化、品牌化(见表6-1)。

表6-1 "优品课程"设置表

年级	课程册别	国家课程	专题教育		
			国旗下演讲	主题班会	多彩节日
一年级	一上	道德法治	《养成文明习惯,争做文明学生》	学习《守则》《规范》	读书节
	一下	道德法治	《随手关好水龙头,节约每一滴水》	学讲普通话 文明你我他	儿童节
二年级	二上	道德法治	《我们只有一个地球》	课间活动安全教育	教师节
	二下	道德法治	《安全,永远的警钟》	爱路护路知识宣传	端午节
三年级	三上	道德法治	《心存感恩,快乐成长》	心理健康教育	国庆节
	三下	道德法治	《劳动最光荣》	法治教育	中秋节
四年级	四上	道德法治	《珍爱生命,预防溺水》	预防煤气中毒安全教育	艺术节
	四下	道德法治	《珍惜时间,做学习的小主人》	"保护环境 人人有责"知识教育	母亲节
五年级	五上	道德法治	《播撒诚信的种子》	"爱护环境 从我做起"	劳动节
	五下	道德法治	《成功背后是奋斗》	热爱祖国	清明节
六年级	六上	道德法治	《多读书,读好书》	珍惜时间	科技节
	六下	道德法治	《自信是成功的基石》	心理健康	运动节

(二) 优言课程

"优言课程"关注语言与交流,崇尚语言至雅,乐于表达,拥有智慧的沟通能力,包含以下课程:演讲与朗诵、经典诵读、快乐写字、单词串串、自然拼读、崖州古韵、趣味小古文、模仿秀等。(见表6-2)

表 6-2 "优言课程"设置表

年级	课程册别	立体语文				原味英语			
		国家课程	善听说	雅诵读	悦习作	乐书写	国家课程	乐听乐唱	乐读乐说	乐探乐演
一年级	一上	语文	听绘本故事	读绘本读古诗	彩绘古诗	快乐写字	英语	开口秀	单词拍拍	爱听爱唱
	一下	语文	讲绘本故事	读三字经读童诗	彩绘童诗	快乐写字	英语	爱听能唱	单词串串	我听我认
二年级	二上	语文	小小演讲家	读童诗读古诗(春)	写绘童诗和古诗	写字训练营	英语	乐听乐说	模仿跟读	你说我做
	二下	语文	小小演讲家	读童诗读古诗(夏)	快乐读写绘	写字训练营	英语	模仿秀	乐于表演	自信表演
三年级	三上	语文	神话故事	整本书阅读读古诗(秋)	童话创编体验式习作	硬笔训练	英语	口语交际	模仿造句	模仿对话
	三下	语文	民间故事	整本书阅读读古诗(冬)	童话创编体验式习作	硬笔训练	英语	口语实践	模仿创句	对话表演
四年级	四上	语文	神话故事	整本书阅读趣味小古文	趣味语文体验式习作	硬笔训练	英语	自然拼读(1)	单词大比拼(上)	话剧对话
	四下	语文	民间故事	整本书阅读趣味小古文	趣味语文体验式习作	硬笔训练	英语	自然拼读(2)	单词大比拼(下)	话剧表演
五年级	五上	语文	革命英雄故事	趣味小古文崖州古韵	研学小记事读写结合	硬笔鉴赏	英语	自然拼读(3)	律动英语歌曲	故事演讲

续　表

年级	课程册别	立体语文				原味英语			
		国家课程	善听说	雅诵读	悦习作	乐书写	国家课程	乐听乐唱	乐读乐说	乐探乐演
五年级	五下	语文	名著中的人物故事	趣味小古文 崖州古韵	读书笔记 读写结合	软笔鉴赏	英语	自然拼读(4)	律动舞台	故事秀场
六年级	六上	语文	革命英雄故事	整本书阅读 古诗词主题阅读	读书笔记	硬笔书法鉴赏	英语	日常用语100句(上)	惟妙惟肖演说(1)	演说秀场(1)
	六下	语文	名著中的故事	整本书阅读 古诗词主题阅读	研学小记事 读书笔记	软笔书法鉴赏	英语	日常用语100句(下)	惟妙惟肖演说(2)	演说秀场(2)

（三）优思课程

"优思课程"关注逻辑与思维，崇尚思维至活，乐于思考，拥有严谨的数理逻辑，包含以下课程：趣味口算、名侦探、奇思妙想、灵计算、举一反三、玩转扑克牌、PC对对碰、巧计算、生活小管家等。（见表6-3）

表6-3　"优思课程"设置表

年级	课程册别	生活数学					
			格物致知	略胜一筹	思前想后	空间驿站	奥妙无穷
一年级	一上	数学	如图随行	趣味口算	有问必答	千姿百态	无限探索
	一下	数学	奇思妙摆	趣味口算	对答如流	奇形怪状	有绪可寻
二年级	二上	数学	棒中有理	奇思妙想	迎刃而解	察"颜"观色	PC对对碰
	二下	数学	棒中有理	奇思妙想	迎刃而解	察"颜"观色	名侦探
三年级	三上	数学	数以百计	巧计算	一通百通	按图索求	举一反三
	三下	数学	数管齐下	巧计算	顺理成解	徐徐图之	信手拈来

续　表

年级	课程册别	生活数学					
			格物致知	略胜一筹	思前想后	空间驿站	奥妙无穷
四年级	四上	数学	变算无穷	妙算生辉	搭桥铺路	空间彩虹	生活小管家
	四下	数学	表图如一	神算子	探图寻宝	无限连接	两脚的火花
五年级	五上	数学	以数织图	"灵"计算	寻根究底	平面设计	神奇的数字编码
	五下	数学	以图解数	"灵"计算	顺藤摸瓜	立体旋转	超级侦探
六年级	六上	数学	巧思妙解	化繁为简	量率对应	美形美图	规律引路
	六下	数学	巧思妙解	化繁为简	量率对应	美形美图	抽屉原理

（四）优行课程

"优行课程"关注科学与探索，崇尚科学至新，乐于探究，拥有大胆的创新意识，包含以下课程：SAI绘画、种子的力量、编程猫、慧编程、各种各样的叶子、炫动航模、机器人等。（见表6-4）

表6-4　"优行课程"设置表

年级	课程册别	手工达人			
		国家课程	地方课程	创客课程	理趣小达人
一年级	一上	科学		SAI绘画	拨草瞻风
	一下	科学		SAI绘画	蒲公英的约定
二年级	二上	科学		SAI绘画	小小手的距离
	二下	科学		SAI绘画	磁力无限、人工智能
三年级	三上	科学	信息技术	编程猫	昆虫聚会、冷暖自知
	三下	科学	信息技术	编程猫	气象万千
四年级	四上	科学	信息技术	编程猫	莺声燕语、神工鬼力
	四下	科学	信息技术	编程猫	吸管变形记、百花齐放、闪电侠

续 表

年级	课程册别	手工达人			
		国家课程	地方课程	创客课程	理趣小达人
五年级	五上	科学	信息技术	编程猫慧编程	熟悉的陌生人、地球家园
	五下	科学	信息技术	编程猫慧编程	星河柔情、虎父无犬子
六年级	六上	科学	信息技术	编程猫慧编程	健康密码、蓝天梦、点石成金
	六下	科学	信息技术	编程猫慧编程	宇宙探密、爆炸实验室

（五）优健课程

"优健课程"关注运动与健康，崇尚运动至和，乐于锻炼，拥有健康的身心体魄，包含以下课程：韵律体操、花样跳绳、动感篮球、快乐足球、羽众不同、武德教育、绳舞飞扬、五步拳等。（见表6-5）

表6-5 "优健课程"设置表

年级	课程册别	趣味体育							
		国家课程	炫舞	武术	跳绳	足球社团	跳绳社团	篮球社团	羽毛球社团
一年级	一上	体育	韵律体操	武德教育	绳舞律动	快乐足球	花样跳绳	动感篮球	羽众不同
	一下	体育	韵律体操	武德教育	绳舞律动	快乐足球	花样跳绳	动感篮球	羽众不同
二年级	二上	体育	韵律体操	武术基本手法、步法	绳舞飞扬	快乐足球	花样跳绳	动感篮球	羽众不同
	二下	体育	韵律体操	武术基本手法、步法	绳舞飞扬	快乐足球	花样跳绳	动感篮球	羽众不同

续 表

年级	课程册别	趣味体育							
		国家课程	炫舞	武术	跳绳	足球社团	跳绳社团	篮球社团	羽毛球社团
三年级	三上	体育	韵律体操	武术基本功	绳舞擂台	快乐足球	花样跳绳	动感篮球	羽众不同
	三下	体育	韵律体操	武术基本功	绳舞擂台	快乐足球	花样跳绳	动感篮球	羽众不同
四年级	四上	体育	韵律体操	武术基本功	彩绳灵动	快乐足球	花样跳绳	动感篮球	羽众不同
	四下	体育	韵律体操	武术基本功	彩绳灵动	快乐足球	花样跳绳	动感篮球	羽众不同
五年级	五上	体育健康	韵律体操	五步拳	绳结同心	快乐足球	花样跳绳	动感篮球	羽众不同
	五下	体育健康	韵律体操	五步拳	绳结同心	快乐足球	花样跳绳	动感篮球	羽众不同
六年级	六上	体育健康	韵律体操	少年拳	绳彩飞扬	快乐足球	花样跳绳	动感篮球	羽众不同
	六下	体育健康	韵律体操	少年拳	绳彩飞扬	快乐足球	花样跳绳	动感篮球	羽众不同

(六) 优美课程

"优美课程"关注艺术与审美,崇尚艺术至美,乐于体验,拥有雅致的兴趣爱好,包含以下课程:畅想童年、古诗吟唱社团、第一舞、手工达人、水墨芬芳、墨林书法等。(见表 6-6)

表6-6 "优美课程"设置表

年级	课程册别	音你而美							
		国家课程	古诗吟唱社团	舞蹈社团	合唱社团	国家课程	国画社团	绘画社团	手工社团	书法社团
一年级	一上	音乐	唱游古诗词	第一舞	畅想童年	美术	水墨芬芳	兴趣绘画	手工达人	墨林书法
	一下	音乐	唱游古诗词	第一舞	畅想童年	美术	水墨芬芳	兴趣绘画	手工达人	墨林书法
二年级	二上	音乐	唱游古诗词	第一舞	畅想童年	美术	水墨芬芳	兴趣绘画	手工达人	墨林书法
	二下	音乐	唱游古诗词	第一舞	畅想童年	美术	水墨芬芳	兴趣绘画	手工达人	墨林书法
三年级	三上	音乐	唱游古诗词	第一舞	畅想童年	美术	水墨芬芳	兴趣绘画	手工达人	墨林书法
	三下	音乐	唱游古诗词	第一舞	畅想童年	美术	水墨芬芳	兴趣绘画	手工达人	墨林书法
四年级	四上	音乐	唱游古诗词	第一舞	畅想童年	美术	水墨芬芳	兴趣绘画	手工达人	墨林书法
	四下	音乐	唱游古诗词	第一舞	畅想童年	美术	水墨芬芳	兴趣绘画	手工达人	墨林书法
五年级	五上	音乐	唱游古诗词	第一舞	畅想童年	美术	水墨芬芳	兴趣绘画	手工达人	墨林书法
	五下	音乐	唱游古诗词	第一舞	畅想童年	美术	水墨芬芳	兴趣绘画	手工达人	墨林书法
六年级	六上	音乐	唱游古诗词	第一舞	畅想童年	美术	水墨芬芳	兴趣绘画	手工达人	墨林书法
	六下	音乐	唱游古诗词	第一舞	畅想童年	美术	水墨芬芳	兴趣绘画	手工达人	墨林书法

第四部分　学校课程实施与评价

我校的课程借助"第一课堂""第一学科""第一社团""第一探究""第一项目""第一节日""第一校园"等多种渠道推进,全方位地实践"第一品行、第一智慧、第一健康、第一美丽"的育人目标,全面提升学生的核心素养。

一　构建"第一课堂",提升课程实施品质

在"起跑线"课程理念引领下,学校努力建构"健康和谐、奋发向上、积极进取、力争第一"的"第一课堂",让每一堂课都成为学生起跑线上的助力器,使学生在课堂学习中,掌握知识、提升能力、拓宽视野、感悟道理、体验情感、规范行为,从而成就最优秀的自己。

(一)"第一课堂"的实践操作

我校的"第一课堂"既立足于课堂,又延伸到课外。在落实本学科知识的同时,又尝试跨学科整合。因此,"第一课堂"的实践操作,就要求我们通过开展"第一课堂"的校本研修、小课题研究、专家引领等方式,科学地设立教学目标,创设民主的学习环境,调整教与学的策略,激发学生学习的主动性,突出多元尝试学习活动。"第一课堂"的实施操作如下。

(1)教学目标明晰。"第一课堂"教学目标注重明晰,强调"一课一得"。在课程实施过程中,培养新时代好少年,让学生成长为"第一品行、第一智慧、第一健康、第一优美"的优秀儿童,学会学习、学会合作、学会探究、学会生活。

(2)教学内容丰富。"第一课堂"教学内容注重丰富,强调"各领域都有所涉及"。在课程实施过程中结合地方文化与社会资源,努力创设广泛的课程内容,让孩子们在丰富的学习资源中感悟人生,感悟社会,丰富自己。

(3)教学过程精彩。"第一课堂"教学过程注重精彩,强调"生动有趣"。在课程实施中,培养学生良好的学习习惯,让学生学会思考,敢于质疑,勇于挑战,在不断地探究和实践中体会成功的喜悦。

(4)教学方法多样。"第一课堂"教学方法注重多样,强调"教无定法",在课程实施过程中采用灵活多样的方法进行知识的传授。抓住知识的"落脚点""生长点"来沟通新旧知识之间的联系。在引导学生观察、比较、分析、综合中,达到对知识的掌握和理解。

(5) 教学评价多元。"第一课堂"教学评价注重多元，强调"个性化评价"。评价方式是多元的，有直接评价、卷面评价、自我评价、小组评价等；评价方法也是多元的，有积分制评价、展示性评价、测试性评价、档案袋评价等。

(6) 教学氛围民主。"第一课堂"教学氛围注重民主，强调"好孩子是夸出来的"。在课程实施中及时表扬，对孩子的每一点进步都要给予鼓励。激励孩子大胆尝试，勇于试错。激励他们以饱满的热情投入课堂学习中，让学生得到自主发展。

(二)"第一课堂"的评价标准

根据"第一课堂"的内涵特点，学校从教学目标、教学内容、教学过程方法、教师基本素养、学生学习效果等方面，制定"第一课堂"评价量表。(见表6-7)

表6-7 "第一课堂"评价表

序号	评价指标			指标达到度				评分	小计
	指标	权重	指标要求	(A)	(B)	(C)	(D)		
1	教学目标	12	教学目标符合课程标准，体现学科特点。	4	3	2	1		
			教学目标具体、明确、清晰，能力和情感目标齐全。	4	3	2	1		
			教学目标符合学情，有利于提高学生的综合素养。	4	3	2	1		
2	教学内容	10	教学内容符合基础教育课程要求，内容正确，容量适当。	5	4	3	2		
			教学内容符合学生的实际需求和学生实际学习情况。	5	4	3	2		
3	教学过程方法	40	整体设计合理，重点突出，突破难点，方法有效。	10	8—9	7—6	4—5		
			教学过程紧凑，学生活动充分，反馈及时，教学效果好。	10	8—9	7—6	4—5		

续表

序号	评价指标			指标达到度				评分	小计
	指标	权重	指标要求	(A)	(B)	(C)	(D)		
			教学方式、方法、手段的选择和使用符合教学内容需要、学科特点和学生实际。	10	8—9	7—6	4—5		
			启发思维,指导方法,注重探究,重视操作,培养能力。	10	8—9	7—6	4—5		
4	教师基本素养	20	教师具有较强的课程设计能力。	5	4	3	2		
			教师具有比较全面的学科知识。	5	4	3	2		
			教学思维清晰、流畅、富有逻辑。	5	4	3	2		
			教师教态亲切自然,富有激情,课堂语言具有生动性和启发性。	5	4	3	2		
5	学生学习效果	18	学生主动思考、操作和解决问题的能力以及综合运用知识的能力得到提高。	6	5	4	3		
			学生学习兴趣增强,知识面得以拓宽,具有真实的学习体验。学生互助合作、交流合作的能力得到提高。	6	5	4	3		
			学生在自主活动中,主体性得到充分发挥,个性化的创造性得到表现,探究精神和进步意识得到增强,为学生的终身可持续发展奠定了坚实的基础。	6	5	4	3		

续 表

| 评价等级 | | 评价总分 | |

评价意见：

评委签名：
年　　月　　日

二　建设"第一学科"，丰富学科课程内涵

"第一学科"以国家基础课程为核心，贯彻"让每个孩子向着优秀奔跑"的课程理念，依据各学科课程标准的要求，根据学生实际发展需求，对国家基础课程进行拓展，从而构建"第一课程群"，帮助学生完善学科知识体系，提升学科素养，提高学习能力，激发学习潜能与兴趣。学生通过学科的学习，成为具有"第一品行、第一智慧、第一健康、第一优美"的优秀儿童。

（一）"第一学科"的建设路径

"第一学科"的设计首先要坚持趣味性、实用性、针对性、前瞻性、针对性、操作性这几个原则。要让学生对学习产生兴趣并能够学以致用；关注学生的个体差异，有针对性地让学生发挥自己的特长，更加完善自己；学科的建设还要关注学生发展、时代特色，体现超前发展意识；在课程资源利用、课程实施的时间、场地、保障措施等方面要具有可操作性。

"第一学科"的建设要在落实国家课程标准要求的基础上，满足学生学习需求，促进学生综合素质的全面发展，彰显学校的文化特色。各学科组进行课程群构建时，要结合学校、学生、教师的实际情况，以国家基础性课程为中心进行设置。学科课程群是个性化发展的拓展性课程，是基础性课程的拓宽与延伸课程。课程群构建时，要关注学科的基本特点，以课程标准的目标分类为领域，以学科课程资源整合为抓手，侧重厘清基础课程与拓展课程逻辑，使二者相辅相成，更好地展示学科

的特色魅力。

(1) 立体语文：以国家课程为中心，开展多种以语文课为中心的学科课程，如古典诗词诵读、汉字书写、语言表达等，让学生在形式多样的课程中找到学习语文的自信和兴趣，从而提高学生语文素养和语文综合能力。

(2) 生活数学：以国家课程为中心，开展多种数学类趣味课程，有趣味口算、数学思维训练营、巧计算、理趣小达人、"灵"计算等。这类趣味性数学课程将学习和生活紧密联系起来，在教学设计中加入了趣味性，使学生对数学文化有更深入的了解，感受到数学之精确、数学之周密、数学之趣味、数学之美感，同时激发学生学习数学的积极性。

(3) 原味英语：以国家课程为中心，开展多种促进英语学习的各类趣味课程，包括口语实践、律动英语、自然拼读、话剧表演、英语演讲等特色课程。这些课程不仅夯实英语学习的基础，还丰富了英语学习的途径，增强了学生学习英语的兴趣和激情。

(4) 趣味体育：开展多种体育活动，丰富了体育课教学内容。学生们根据个性特长选择适合自己的体育活动，在活动小组中，既发挥了自己的特长，又在团队中感受到集体的力量。

(5) 音你而美：合唱队、水墨小组等课程能很好地挖掘出学生内在的艺术潜能。学生在学习过程中不仅能修养身心、陶冶情操，还能很好地提升自己的艺术鉴赏水平和艺术创造能力。

(6) 手工达人：为训练学生的动手动脑和思辨能力，学校还设置了"手工小达人""理趣小达人""机器人编程""种子的力量"等手动类课程。这些课程能很好地促进学生的手脑结合，使其思维变得更缜密，从而促进学生动手能力和思维能力的共同发展。

(二) "第一学科"的评价要求

"第一学科"的学科评价，包括课程要求、学科团队、学科教学以及课程效果这四个核心因素。(见表 6-8)

表6-8 "第一学科"评价表

序号	评价指标			指标达到度				评分	小计
	指标	权重	指标要求	(A)	(B)	(C)	(D)		
1	课程要求	15	以学科为核心,围绕与其密切相关的学科领域,相互渗透,相互交叉,相互支持,互相依托。	5	4	3	2		
			体现学校特色和学科特点。	5	4	3	2		
			课程内容设计以学生为主体,富有活动性、趣味性。	5	4	3	2		
2	学科团队	15	具有团结合作、富有活力、乐于奉献、勇于创新,且知识结构、年龄结构、专业结构、学历层次等都合理的学科梯队。	5	4	3	2		
			拥有在本学科治学严谨、教学和科研成绩显著、有一定影响力的学科带头人。	5	4	3	2		
			具有一批教学水平较高,科研能力较强,在学科梯队中承前启后的学科骨干。	5	4	3	2		
3	学科教学	40	学科教学整体设计合理,重点突出,突破难点,方法有效。	10	7—9	6—5	4		
			教师建构出个性鲜明的课堂教学,在教学思想、教学方式和教学技巧等方面形成具有个性特征的教学特色。	10	7—9	6—5	4		
			教学面向全体学生,尊重个体差异,培养学生解决问题的实践能力和创新精神。	10	7—9	6—5	4		

续 表

序号	评价指标			指标达到度				评分	小计
	指标	权重	指标要求	(A)	(B)	(C)	(D)		
4	课程效果	30	具有完善的学科教研制度：如集体备课制度、听课制度、评课制度、质量监测制度、小课题研究制度、核心课题集体攻关制度、教改实验制度等。	10	7—9	6—5	4		
			学生对学习具有浓厚的兴趣和主动学习的意愿。	10	7—9	6—5	4		
			学生能树立正确的学习观念,养成良好学习习惯,掌握有效的学习方法,使学习素养获得提升。	10	7—9	6—5	4		
			在学科教学质量方面,获得优秀的成果,产生积极的作用。	10	7—9	6—5	4		
评价等级				评价总分					
评价意见：									

评委签名：
年　月　日

三　建设"第一社团",发展儿童兴趣爱好

为了丰富校园文化生活,发展学生的兴趣与特长,促进学生的全面发展,我们以"第一社团"活动为平台,以丰富生活、展示个性、培养兴趣、健康快乐为宗旨,成立相应的学生社团,努力使学校成为学生学习和生活的乐园。"第一社团"隶属于"立体语文""生活数学""原味英语""艺术生活"课程分支,根据社团学科特点将社团分为：语言类社团、艺术类社团、科技类社团、计算类社团和体育类社团五大类。

(一)"第一社团"的主要类型

（1）语言类社团：旨在培养学生对语言艺术的运用能力，提升学生的主持、演讲、解说和介绍能力，从学生的兴趣出发，丰富学生的课余生活。语言类包括经典传诵、写字训练营、快乐写字、古诗词诵读、口语实践、趣味语文、自然拼读、快乐读写、趣味小古文、话剧表演、崖州古韵、演讲、律动英语等社团。

（2）艺术类社团：旨在培养学生感受美、理解美、鉴赏美和创造美的能力，同时在创造美的过程中发挥学生的创新思维，潜移默化地提高学生的整体艺术素养。艺术类包括手工小达人、水墨芬芳、畅想童年、书法、合唱等社团。

（3）科技类社团：旨在培养学生科学兴趣和创新实践能力，向学生弘扬科学精神，普及科学知识，传播科学思想，形成爱科学、讲科学、用科学的浓厚氛围。科技类包括种子的力量、理趣小达人、航模炫动、机器人编程、人工智能＋编程、"小创客"等社团。

（4）计算类社团：数学是锻炼思维的体操，童年是培养思维的最佳时期。数学思维训练旨在激发学生的创新思维能力，打破常规，灵活思考，给学生带去知识的更新、智慧的成长和无穷的快乐。计算类包括趣味口算、数学思维训练营、巧计算、"灵"计算等社团。

（5）体育类社团：旨在培养学生积极主动的体育锻炼习惯，提高学生的身体健康素质和体育文化素养，推进校园体育文化建设。体育类包括花样跳绳、足够精彩、动感篮球、羽众不同等社团。

(二)"第一社团"的评价要求

为规范社团发展，充分调动各社团活动的积极性、创造性，加强社团工作的制度化、规范化，使各社团向着高层次、高格调、高品位的方向发展，特制定学校社团的评价要求。（见表6-9）

表6-9 "第一社团"考核标准

安全管理（20分）	社团活动指导老师及时到位。（突击检查5分）
	活动安全保障有力，无出现安全事故。（期末评估10分）
	每次活动学生出席率高。（突击点名5分）

续 表

	活动点名及时,社团名册记载详实。(查看资料5分)
材料管理(25分)	活动前有计划,活动后有记录,活动主题、内容、形式创新。(查看资料20分)
活动管理(25分)	活动内容丰富,形式生动,学生满意度高。(座谈调查10分)
	能积极配合学校开展的各项活动,认真落实各项工作。(期末评估10分)
	组织纪律良好,活动过程中没有违规现象。(突击检查5分)
场地管理(10分)	内部物品管理有序,无丢失等现象。(实地检查5分)
	活动后场地内地面干净、桌椅整齐、墙壁无污迹、教学具无破损。(实地检查5分)
特色成效(此项上限分为20分)	活动有一定影响,有报道。按学校绩效奖励方案加分。(10分)
	活动有成果展示,参加校内校外展示获奖或展演受好评。按学校绩效奖励方案加分。(10分)

四 推行"第一探究",发展劳动教育课程

国家已要求将劳动教育作为中小学生的必修课程,这将推动劳动教育层面的农耕主题探究活动的进一步发展。学校为学生建立起农耕文明的学习天地,设计多样的农耕主题探究活动,推动学生对农耕文明的学习。农耕主题的探究活动该如何设计,才能激发学生的兴趣,为传承农耕文明发挥作用?我们认为农耕主题的探究活动应该结合乡土的一些元素来设计。在物质层面,我们将从民居建筑、服饰、劳动工具和饮食等方面了解农耕,同时我们也从农事制度、节事习俗、农事活动、民间艺术和农事传说故事等方面了解农耕文化的精髓。

(一)"第一探究"主题课程设计

农耕主题探究课程根据课程内容不同,分年段实施,每个年段有不同的主题和学习任务。农耕主题探究课程各年段具体内容见表6-10。

表 6-10 "第一探究"农耕课程

课程内容	年段年级	学 习 任 务
劳动工具、农事活动、特色建筑及服饰、体验农事——养蚕	低年段	通过老师的介绍,认识劳动工具,能说出几种劳动工具的名称;了解农事活动有哪些;了解黎、苗、回族的特色建筑及服饰;尝试说说自己家乡的房屋建造的样子及服装。在老师的指导和家人的辅助下,体验农事活动——养蚕,亲自喂食,观察蚕的变化,绘制蚕生长过程图。
农事传说故事、节气习俗、体验农事——种菜	中年段	搜集农事传说、故事,在班级讲一讲;查找节气习俗,做一期手抄报;在老师的辅助下,亲自动手种一种蔬菜,给蔬菜浇水、施肥、抓虫,观察蔬菜成长过程,绘制蔬菜生长过程图,写观察日记。
农事制度、本地特色饮食、体验农事——插秧	高年段	查找资料,了解中国农业制度;当小导游,介绍本地特色饮食,写导游词;学会制作一道美食,并把制作的过程分享给同学们;组织学生体验插秧这一农活,写体验习作。

农耕探究课程,让学生从书本到亲身实践,让学生亲身感受农耕的苦与乐、劳动的艰苦、劳动的光荣、劳动果实的来之不易;培养学生团队精神与分工合作精神,培养学生的动手能力;教育学生自力更生,艰苦奋斗,自己动手丰衣足食。

(二)"第一探究"主题课程评价

按照上级文件要求,结合我校"第一教育"的课程规划,农耕主题探究课程,充分利用海南本土优势,结合校本知识进行开发,始终坚持学生通过探究实现"探有所值,学有所思,做有所乐,行有所获"。

我们通过学生评价表对学生进行过程性评价和活动性评价。过程性评价涵盖参与态度、学习方法、实践能力、获得体验四个维度,以自评、组评、教师总评相结合的方式展开。活动性评价,以静态与动态相结合,采用展示活动资料包、手工艺术作品、PPT、手抄报、美食制作等多种多样的形式(见表 6-11)。

表6-11 "第一探究"活动过程评价标准

评价项目	评价要点	自评	组评
参与态度	认真参加		
	完成任务		
	资料收集		
	乐于合作		
学习方法	用多种途径获取信息		
	运用已有知识解决问题		
实践能力	有好奇心、探索欲		
	独立思考，自主学习		
	积极实践，发挥特长		
获得体验	乐于探究		
	有责任心		
	学会反思		
	不怕困难		
教师总评			

五 创设"第一节日"，做活节庆文化课程

"第一节日"以学生的童年生活为本，借助学校、社会和家庭资源，结合当前节日，通过多种活动方式帮助学生了解不同类型节日的风俗习惯和节日文化，促进学生的全面发展。引导学生关注生活，增强生活仪式感。遵循"以学生为本"的观念，让学生成为课程的主人。

（一）"第一节日"的课程设计

节日活动是一种特殊的文化资源，既是学生喜闻乐见的活动，又是重要的社会生活，有效利用节日资源是进行文化传承的重要教育途径。学校以传统节日、现代节日和校园节日为纽带，丰富校园文化，让学生感受不同节日氛围，熏陶高雅情趣，促进学生健康发展。

1. 传统节日文化课程

传统节日文化是校园文化建设的重要组成部分，是构建人文和谐校园的载体，它已经融入了学生的生活,是生活中不可或缺的一部分,它可以作为教育资源,融入幼儿教育活动当中。为让学生接受传统节日文化的启蒙教育,继承和发扬传统文化,我们开设传统节日课程,课程设置如下(见表6-12)。

表6-12 传统节日及传统文化课程安排

时间	节日	主题	活动
一月	春节	欢喜过大年	赏年画、剪窗花、贴对联、拜年送祝福、我的新年愿望
	元宵节	我们一起闹元宵	甜甜的元宵、DIY亲子灯笼、赏灯猜谜
三月	清明节	清明融情,感恩润心	清明竖蛋、闪闪的红星(祭奠先烈)、踏青赏春色、绘风筝放风筝
五月	端午节	小小粽子送真情	香甜的粽子(包粽子、吃粽子)、健康五色线、做香囊
八月	中秋节	趣味中秋	制作创意冰皮月饼、月亮的秘密、伟大的宇航员、大家来赏月
十二月	冬至	情暖冬日	饺子宴、黑夜白天谁更长、二十四节气歌、耳朵按摩操

2. 现代节日文化课程

现代节日内容丰富多彩,寄托了人们对美好生活的希冀。利用社会资源和家长资源,学校开展实践类的社会节日课程,课程设置如下(见表6-13)。

表6-13 现代节日文化课程安排

时间	节日	主题	活动
一月	元旦	快乐迎元旦	我的变化可真大、心愿树、认识月历、我的元旦我做主
五月	劳动节	劳动最光荣	勤劳的小蜜蜂、爸爸妈妈真辛苦、各行各业与工具

续　表

时间	节日	主题	活动
五月	母亲节	我爱妈妈	打扮妈妈、给妈妈"写"一封信、夸夸我妈妈、采访妈妈、和爸爸一起为妈妈做礼物
六月	儿童节	放飞童心，体味快乐童年	"六一"观影活动、"六一"家长汇演、大手拉小手（大带小传递温暖）
九月	教师节	老师您真好	抱一抱、这是我的老师、我为老师做件事、老师我想对你说
十月	国庆节	祖国妈妈我爱您	国旗国旗、伟大的四大发明、美丽中国

3. 校园节日课程

校园节日是根据学生年龄特点、发展需要以及各年龄段学生的兴趣，生成的具有校园特色的节日活动。课程设置如下（见表 6-14）。

表 6-14　校园节日文化课程表

时间	节日	主题	活动
四月	读书节	童心向党沐书香礼赞百年筑梦想	1. 开展专家读书专题讲座。 2. 读写绘活动。 3. 阅读自己最喜欢的一本书，制作一份手抄报。 4. 各班开展阅读分享会。
六月	运动节	健康运动快乐成长	1. 趣味运动会。 2. 民间体育游戏分享。 3. 班级跳绳比赛。
十一月	科技节	奇思妙想、玩转科学。爱科学、玩科学、学科学。	1. "科技小制作"展。 2. "科学小剧场"观看科学视频趣味短片。 3. 航模表演。
十二月	艺术节	童趣无限创意无限	1. 校园艺术活动。 2. 才艺展示活动。

(二)"第一节日"的课程评价

根据"第一节日"的课程意涵,我们综合课程活动方案设计、活动时的课程实施、活动后的效果等情况进行评价(见表6-15)。

表6-15 "第一节日"活动评价表

对象	评价内容	评价标准	权重分	评价等级
学生	活动过程	1. 兴趣浓厚,积极参与,主动操作、感知。 2. 能积极表现动手、动脑。 3. 大胆回答问题,有探索精神。	25	
	学习效果	1. 认真听取同伴意见,发表不同见解。 2. 善于质疑问难,体验学习成功的乐趣。 3. 能在活动中有不同程度的收获,多数幼儿能够完成活动目标要求。	20	
教师	主题方案	1. 活动设计思路、脉络、主线清晰,紧密地围绕节日活动目标进行。 2. 节日活动结构安排合理,主次分明,重难点突出,时间安排合理,环节紧凑流畅。	15	
	活动实施	1. 节日教育方法、手段灵活多样,勇于改革和创新。 2. 在节日活动实施中及时发现幼儿需求,面向全体的同时关注个体差异,体现因人施教。	20	
	活动效果	1. 节日活动关注生成,能灵活处置计划。 2. 节日活动体现幼儿的主体地位和教师的主导地位。 3. 在节日教育过程中注重幼儿学习习惯和良好行为习惯的培养。	20	
		合计得分		

六 做活"第一项目",落实主题教育课程

主题教育课程是班主任开展班级工作中的一项重要内容,是学生进行自我教

育、自我管理、自我服务从而达到提升能力,和谐师生关系、生生关系的有效形式,能对学生进行德育渗透,培养学生良好的道德情操。结合学校实际,我们制定了"第一项目"主题课程。

(一)"第一项目"的课程设置

通过有目的、有计划、形式多样的主题教育活动,加强习惯养成教育,引导学生由他律到自律,品德由内化到外化,形成健全的人格。为了学生的可持续发展和终身发展服务,我们开设"第一项目"主题课程,课程设置如下(见表6-16)。

表6-16 "第一项目"主题课程设置表

周活动主题	周次	活动内容	负责人
养成教育	1	学习《守则》《规范》	班主任
	2	学讲普通话 文明你我他	班主任
	3	《养成教育》主题班会	班主任
爱国教育	4	"祝福祖国"歌咏比赛	班主任
	5	"我为国旗添光彩"少队会	班主任
	6	"爱我祖国 家乡 校园"书画展	班主任
	7	"争做合格小公民"活动宣传	班主任
安全教育	8	课间活动安全教育	班主任
	9	爱路护路知识宣传	班主任
	10	心理健康教育 法治教育	班主任
	11	预防煤气中毒安全教育	班主任
	12	"构建绿色校园"活动宣传	班主任
环保教育	13	"保护环境 人人有责"知识教育	班主任
	14	"我是优秀保洁员"演讲赛	班主任
	15	"捡拾一片纸,净化我周围生活环境"活动宣传	班主任
	16	"爱护环境 从我做起"主题班会	班主任

(二)"第一项目"主题课程评价

根据"第一项目"主题课程意涵,我们综合课程活动方案设计、活动时的课程实施和活动后的效果等情况进行评价(见表6-17)。

表6-17 "第一项目"主题课程评价表

班级		主题	
时间			
评价指标	评 价 要 素		得分
教育主题(10分)	主题突出,切入口小,贴近学生实际		
教育目标(10分)	目标明确、具体、清晰、适度,关注学生的认知、情感、行为三个维度的有机融合,和谐发展		
教育内容(20分)	内容丰富,材料新颖,贴近学生生活,符合学生年龄特征,富有时代气息。善于捕捉班会课中生成性的教育资源,启发学生,自然地开展相关生命教育		
教育过程方法(30分)	有层次,有坡度,结构紧凑,衔接自然		
	形式多样有趣,贴近学生生活,符合学生年龄特征		
	体现主体性原则,老师是主导,关注全体学生;学生是主体,表现自然,参与面广		
	体现互动性原则,师生之间、生生之间融合性、互动性强,关系融洽		
	体现体验性原则,注重学生学习、生活的实践体验和内心感悟		
教师素养(20分)	知识面广,举止大方,情绪饱满,有亲和力,善于使用肢体语言,语言言简意赅,富有艺术性,班会课中生成性资源的捕捉和多媒体技术合理使用		
教育即时效果(10分)	学生积极投入、认识提高、情感共鸣		
总体评价得分		总体评价等级	
评价意见(备注:评价突出某一亮点,不用面面俱到,并提出不足之处)			

七 建设"第一校园",开发环境隐性课程

校园文化建设是学校发展的灵魂,是凝聚人心、展示学校形象、提升学校文明程度的重要体现。环境优美,书香浓郁的校园文化,可以陶冶学生的情操,启迪学生心智,促进学生的身心发展。

(一)"第一校园"课程设置

浓郁的文化氛围,深厚的文化底蕴,不但能营造良好的学习环境,而且能陶冶学生的人格,发展个性,培养创造力,对提高学生素质起到积极的促进作用。我们要有效地利用学校的空间资源,让学校的每块土地、每块墙壁、每个空间都成为育人、塑造人的活教材。"第一校园"建设主要以物质文化建设为主,由校园环境文化、墙面文化和班级文化三部分构成。

1. 校园环境文化

校园环境文化建设,就是要发挥环境育人功能,使学生在优美的环境中陶冶情操,健康成长。(1)校园布局明确,规划合理,环境干净、整洁,体现幽静、雅美,具有现代气息。(2)校园环境规划体现一定的文化内涵,巧妙设计各景点,校园绿化以常绿树、风景树为主,乔木、灌木和花草相结合,提倡多样性,花草树木布局错落有致、疏密合理、精心养护,力争做到"春有花,夏有荫,秋有香,冬有绿"。(3)各类花草树木都悬挂名牌,注明科、属、种和生长习性,让学生能够识读。(4)校园绿化与课外科技活动、劳动实践相结合。

2. 墙面文化

墙面文化建设,是以墙面为载体,展示学校的办学文化特色,同时作为课堂教学的拓展,使学生在日积月累的学习中受到潜移默化的影响,激发学生兴趣,促进学生素质发展。(1)在校道两边建设一条文化长廊,其中在学校大门左边墙面设一块主展板,上有校史、学校办学理念、校风、学风、社会主义核心价值观等,其余为各类宣传栏,使学生进入校园就能感受浓郁的校园文化气息。(2)学校在比较明显的墙面书写大字标语,使学校的校训、办学理念、校风等以多种方式在校园内呈现。(3)在每一层楼的走廊张贴名言警句、伟人画像、宣传画、古诗词、三字经、弟子规等,并结合学生年龄特点,分层面归类,使学生在日积月累中受到文化的熏陶。(4)以校园内的三栋楼为载体,分别安排三个主题的墙面文化:1号教学楼为"仁孝"、2号教学楼为"劝学"、综合办公楼为"德育"。(5)利用楼梯的墙面空间展示师

生的书画作品,定期更换。

3. 班级文化

本着"追求品位,着眼实用性,科学性,合理性"的原则,搞好班级美化,做到图文结合,使班级成为工作、学习、休憩的理想育人乐园。(1)各班根据本班特点,师生共同制订目标、班训、文明公约,纪律、安全、卫生等管理制度,以制度促管理,以良好的班级纪律为保证,确保目标和计划的实施。充分调动学生的主动性,发动学生积极参与设计,让这一过程形成凝聚人心的过程,形成团结、和谐、奋进的班集体。(2)让每一面墙壁会说话。各班根据学生的年龄特征和有效阵地精心设计,教室的布置要兼顾共性与个性,创设不同的风格与追求,鼓励和引导学生参与班级文化建设,通过班训、班风、学风、教风的建设来体现隐性文化,体现班级特色,让教室成为学生表现自我、优化个性的场所。

(二)"第一校园"课程评价

校园环境文化建设是为了发展环境隐性课程,它的作用是潜移默化、润物无声的,它从学校的办学特色和师生的精神气质中表现出来。据此,我们制定了"第一校园"课程评价表。(见表6-18)

表6-18 "第一校园"课程评价表

名称							
实施者							
序号	评价指标		指标达到度				评分
	指标要求	分值	(A)	(B)	(C)	(D)	
1	校园干净、整洁,环境优美,树木生长茂盛,充满生机。	10	10—9	8—7	6	4	
2	校园绿化美化,陶冶学生身心,发挥环境育人作用。	10	10—9	8—7	6	4	
3	墙面文化建设主题鲜明,内容丰富。	10	10—9	8—7	6	4	
4	墙面文化建设内容符合学生年龄特征,贴近学生思想和生活实际。	10	10—9	8—7	6	4	

续　表

序号	评价指标		分值	指标达到度				评分
				(A)	(B)	(C)	(D)	
5	墙面文化建设内容图文并茂,具有思想性、艺术性和可读性。		10	10—9	8—7	6	4	
6	墙面文化建设与时俱进,定期更新部分版面内容。		10	10—9	8—7	6	4	
7	墙面文化建设与教育教学活动有机融合。		10	10—9	8—7	6	4	
8	班级文化建设具有班级特色。		10	10—9	8—7	6	4	
9	校园文化建设体现学校办学理念,具有校本特色。		10	10—9	8—7	6	4	
10	校园文化建设促进学生素质发展,效果显著。		10	10—9	8—7	6	4	
评价等级				评价总分				
评价意见：								

评委签名：

　　年　　月　　日

第五部分　学校课程管理

一　价值引领

我们的"起跑线课程"是领导、专家、学校全体教师共同努力的结晶,它凝聚着集体的力量与智慧。我们认真研读新课程、新课标等有关重要文件,结合学校的实际,开展学校课程建设各项工作的研究,强化科研意识,提高科研能力,在研究的基础上制定各项工作的实施方案,使学校课程建设不断完善。我们通过大量的措施,调动全体教师的积极性,在思想高度统一的基础上,扎实稳妥地推进课程建设。我们还通过专家的引领不断地更新理念和思维,更在专家的引领下将这些新理念、新思维与学校的实际工作相结合,在实践中不断解放思想,创造性地解决课程建设过程中可能会遇到的问题。

二 课程管理组织

为了保障课程真正得以实施,学校成立了以校长为组长的学校课程建设领导小组,定期召开专题工作会议,研究解决课程研发和实施工作中发现的问题,以保证工作的顺利开展,各成员必须认真参与,各负其责。

(一) 成立"第一教育"课程领导小组

组长:曾启宏

副组长:曾艳清、陈毓崇、黎钟巍、吴振潮

组员:龚琼、郑迪竹、李君辉、陈丹玲、王春燕、谢秀梅、郑辉岐、赖玮敏、蒋元芬、黎元俊、罗学奔、曾令胤、苏少兵、李翔

(二) 成立"第一教育"课程研发小组

组长:曾艳清

成员:龚琼、郑迪竹、李君辉、陈丹玲、王春燕、谢秀梅、郑辉岐、赖玮敏、蒋元芬、黎元俊、罗学奔、李翔、吴振潮、曾令胤、苏少兵、黎钟巍

(三) 成立"第一教育"课程评价小组

组长:曾启宏

副组长:曾艳清

成员:黎钟巍、龚琼、郑迪竹、李君辉、陈丹玲、黎元俊、罗学奔、吴振潮、曾令胤、苏少兵

三 课程开发实施

为了保障学校的课程顺利进行,学校制定了各项课程保障制度,如课程开发制度、教师研修制度、学生选课制度。课程开发实施的过程如下。

(1) 组织全体教师进行课程开发的理论学习,树立课程开发的意识,做好课程开发的理论指导。

(2) 组织参与课程研发的教师制订个人课程纲要和实施计划。

（3）开学第一周向教导处上交个人课程方案和教案、课件等材料。

（4）教导处组织课程开发小组成员审核教师上交的个人课程方案和教案、课件等材料，确定可以开设的课程。

（5）教导处做好相关课程的分组和安排工作。

（6）第三周各课程小组开始进行课程实施工作，课程评价小组负责做好巡查、听课、教案检查和制作美篇等工作。

（7）学期末教导处组织评价小组对课程实施情况进行评估。

四 课程评价管理

为了充分调动我校广大教师主动参与课程开发的积极性，确保品质课程的顺利实施，形成良好的激励机制和约束机制。学校建立课程管理的多元化评价体系，通过对教师、学生、家长等多方面评价促进课程质量的提升，全面推进学校课程的发展，以培养具有"第一品行、第一智慧、第一健康、第一美丽"的优秀儿童为课程目标。一是以质量监控为目的对"起跑线课程"的评价；二是以课程开发为目的对"起跑线课程"的评价；三是以课程效果为目的对"起跑线课程"的评价。具体从教师与学生两个方面进行评价。

（一）对教师的评价

学期末，学校将从以下六个方面对教师课程实施情况进行评价。

（1）学校组织课程评价小组审查教师设计的课程材料及可行性。

（2）学校组织课程评价小组巡查教师组织实施课程过程的态度。

（3）学校组织课程教师对研发的课程进行自我评价。

（4）学校组织评价小组对教师研发的课程进行全面评估。

（5）学校组织家长和学生代表对学校课程进行评价。

（6）学校客观评价教师参与课程研发的态度。对于凡是积极参加课程研发的教师给予一定的绩效奖励，并在考核、评职称、评优等方面给予优先考虑。

（二）对学生的评价

（1）改变传统的评价方式，侧重关注学习的过程性及发展性评价。在平时教学的不同阶段，能客观地描述学生学习的进步和不足，用最有代表性的事实去评价学生，能较全面及时地了解学生学习及各项能力的形成过程和达成程度，并对学生产生激励或促进作用。

（2）强调综合能力评价，教师因地制宜，采取具有导向性的策略。比如朗读与阅读测试、口语交际和写作能力测试方面，及时发现学生的优势和不足，为学生提出一些可行性的方案，提高学生的综合能力。

（3）客观评价学生的学习态度，及时发挥激励和建议的功能。评价一个学生的学习能力，仅仅考察学生有什么收获是不够的，还要关注其学习过程。重视学生的自我反思和小结，以及学生之间的互评，只有这样才能发挥教师的激励和建议的功能。

五 课程流程管理

为了让课程流程管理规范、有序，我们制定了"起跑线"课程流程管理图。具体内容见图6-3。

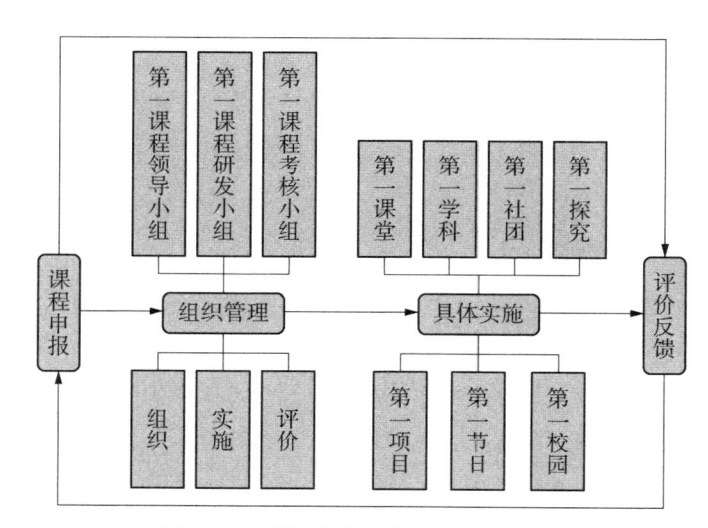

图6-3 "起跑线"课程流程管理图

六 课程资源利用

为了保证课程的顺利实施，学校更新了一些硬件设备，包括图书馆、实验室、活动室等，更新了与学校课程直接相关的条件准备，如特色教室、校本教材等。学校还将重新规划校园文化资源，合理配置各种教学设备，构建课程资源库，为学校课程实施提供必要的物质保障。学校设立专项基金用于课程实施与开发、教师培训、设备配置与对外交流等方面。学校在已有条件基础上，尽可能开发新资源，提高资源的利用率。

(撰稿人:曾艳清、龚琼、郑迪竹、李君辉、王春燕、谢秀梅、郑辉岐、李翔、罗学奔、苏少兵、蒋元芬、黎元俊、吴振潮、符莉曼、姚东宝、高颖慧、张桐源)

第七章　心理逻辑：认同的自觉性

◇

　　文化认同是文化群体或文化成员承认群内新文化或群外异文化因素的价值效用符合传统文化价值标准的认可态度与方式。学校课程构建要彰显本土特色文化，认同传统文化，并与新文化有机融合，在寻根的实践中生成，从而走向文化自觉。

文化认同是一种肯定的文化价值判断,指文化群体或文化成员承认群内新文化或群外异文化因素的价值效用符合传统文化价值标准的认可态度与方式。[①] 文化认同的自觉性是学校课程建设的基本需求,从根本上是对文化的肯定与发展,在课程建设中融入地方文化是十分重要且必要的。

一、学校课程的文化认同需彰显本土特色文化

随着社会不断飞跃发展,本土文化日渐退出生活舞台,家庭和社会各界对于本土文化教育不够重视,本土文化的精神滋养作用未能得到充分体现,学生作为未来传承和保护本土文化的实践主体,缺乏本土文化认同。课程建设者要注重在课程中融入本土文化,帮助学生拓展本土知识认知,在课程构建过程中要彰显本土文化,培养学生的文化情怀,推进本土文化的传承发展,[②]依据"和而不同"的原则,抽丝剥茧,取其精华,去其糟粕。

"井"是桶井小学的文化象征与灵魂。正如孔颖达《周易正义》里讲:"叹美井德,愈汲愈生,给养于人,无有穷已也。"井是人们向往至真至美的体现,蕴含了人们对美好的渴望。因此,桶井小学确立了"井养教育"的教育哲学。以这一教育哲学为出发点,我们确立了"蒙以养正,井养不穷"的办学理念。在孩子的童年施以正确的教育,让孩子在学校生活中磨炼意志、养成习惯、锤炼品格、浸润生命、强健体魄、滋养心性、美化心灵……所有这些,如同井水供养于人一样,源源不断,取之不竭,促使学生对本土文化有更深刻的理解,提升认同感,增强归属感。与此同时,在课程建设与实践过程中,在承袭传统文化的基础上纳入新文化。

二、学校课程构建需对新文化给予认同

文化是多元发展的,我国传统文化积厚流光、博大精深、世代相传,其发展历程从本质上来看是各民族文化、不同地域文化的融合共生。不断涌现的新文化并未

---

① 陈旭远,吕健伟. 论地方课程的文化认同[J]. 华南师范大学学报(社会科学版),2017(03):74—78+190.
② 吴蕴梅. 文化认同视野下校本课程的地域特色研究[J]. 教育理论与实践,2019,39(14):40—42.

与传统文化相剥离,两者需很好地契合,满足现代社会的需要,从而更好地发挥作用。比如桶井小学在学校课程中设计"井养节日"和"井养社团",最大程度地浓郁课程实践氛围。校园是展现学生精神风貌的主要场所,学校可顺应学生身心发展需求,设立艺术节、体育节、田园艺术节等。社团活动为学生兴趣爱好提供了学习和展示平台,促进学生全面发展的同时兼顾个性化,以知识性、趣味性为宗旨,给予学生源源不断的力量。此外,传统节日是历史文化的重要载体,能帮助学生增长知识,陶冶情操。以上这些有机整合,相得益彰,形成了学校的"井养文化"课程,对提升学生的综合素养,传承优秀文化,涵养品格的提升具有深远影响。

三、寻根与生成是学校课程文化创建的重要路径

学校在课程建设实践中要以突出地方文化特色为目标,切实落实课程的文化性,使课程成为文化的载体,为文化传承提供契机,与地方文化有机融合,实践生成,从而有助于多种文化的交融互补。学校课程建设中文化自觉的渗透路径大致如下。

1. 本土文化的追根溯源。一方面是追寻民族精神之根,在地方课程的文化创建中,坚持以中华民族精神的传承创新促进课程文化形成,深化学生的文化认知,引导学生反思文化归属问题,激发其好奇与关注,促成文化寻根之意愿,培养学生全方位发展。另一方面是追寻学科内课程自身的文化之根,提炼本土文化优势,探寻课程文化自身的精神实质,使学生深刻感受本土文化的魅力,建立文化自信,从而认同本土文化。[1]

例如:"井"字寥寥四笔,滋养生命,灌溉五谷,也浇灌出文化。"井"世世代代滋养着桶井这片热土上的人们,所以它不仅是桶井古村的根,也是桶井小学的根。如何能追根溯源找到这个根,重新找回桶井人心灵的家园呢?一个"寻根之旅"的研究型课程应运而生,学校可以开展学习"井"文化,探寻"井"踪迹,寻找"井"故事等一系列专题活动。

---

[1] 陈旭远,吕健伟. 论地方课程的文化认同[J]. 华南师范大学学报(社会科学版),2017(03):74—78 + 190.

2. 学校课程文化的实践性。学校课程需以地方文化厚土为依托,形成充沛丰盈的生命力,开展多种多样的文化实践课程,使学生真正参与其中,化抽象宽泛为直观具体,可从三方面着手。一是开发本土文化类课程,与地方风俗、方言、传统技能相结合,寻找本土文化与课程的契合点与教学实施可行性,创建介绍地方文化的课程。二是增加本土文化类课程比重,占比足够高,才能发挥较强的文化影响,细化本土知识的内容解释,促进其传承发展。三是提供充足的教育资源,使地方知识经验与课程完美融合,增加课程与本土文化的关联性。①

费孝通先生曾说:"文化自觉是一个艰巨的过程,首先要认识自己的文化,理解接触到的多种文化,在形成中的多元文化世界里,经过自主的适应,和其他文化一起,取长补短,建立一个有共同认可的基本秩序。"②学校课程的文化自觉对地方教育特色的形成和促进学生全面发展有着不容小觑的积极意义。

(撰稿者:高斯婧、邢玉善)

文化逻辑　　"智慧泉"课程:给予每一个孩子源源不断的力量

三亚市天涯区桶井小学位于三亚市天涯区桶井村,东临三亚凤凰机场,南接美丽的三亚湾,西与全国著名景区天涯海角毗邻。学校始建于1946年,是三亚市一所规模较大的农村少数民族完全小学。从私办到公办,已历经70余个春秋。学校占地面积18 202平方米,建筑面积6 621平方米,运动场面积3 000平方米,藏书11 844册。学校现有18个教学班,717名学生(黎族学生占90%)。学校现有在编专任教师28人,其中,高级教师1人,中级教师13人,初级教师14人;省、市级骨干教师各1人,省级优秀教师1人,省级骨干校长1人,三亚市卓越校长工作室主持人1人,市级优秀教师3人。另有临聘专任教师23人。学校现依据《教育部关于全面深化课程改革落实立德树人根本任务的意见》《中共中央国务院关于深化教育改革全面提高义务教育质量的意见》等文件精神,推进课程改革,取得了可喜成效。

---

① 于亚楠.校本课程建设的文化自觉研究[J].教育理论与实践,2022,42(08):36—39.
② 费孝通.对文化的历史性和社会性的思考[J].思想战线,2004(02):1—6.

第一部分 学校课程哲学

学校地处桶井村,这是紧邻三亚湾的一个小村落,居民们祖祖辈辈生活在这里,桶井小学因此得名。桶井村有三口水井,学校这口井的水是最甘甜的。井,以其清冽甘甜,润泽万物,造福苍生。学校教育亦如同清泉润泽万物,滋养儿童心田。

一 学校教育哲学

学校教育哲学指的是学校所信奉的教育理念。它往往以学生观为核心,即培养什么样的学生是学校教育哲学的核心问题,我们以此为核心,对校园文化环境、教学模式、教师观、教育评价观和学校管理观等问题进行系统、综合思考,构成了学校教育哲学的主要内容。

井,是桶井小学的文化象征。正如孔颖达《周易正义》里讲:"叹美井德,愈汲愈生,给养于人,无有穷已也。"在这里,井所蕴含的是人们对"愈汲愈生,给养于人,无有穷已"的美好品德的追求,是人类精神向往的至真至美体现。因此,学校确立了"井养教育"之哲学。

"井养教育"是养正教育。儿童养成良好习惯是健康人格的牢固基础。所谓养正就是通过良好习惯的培养从而实现正心、正身、正行、正德,因此,养正教育的实质就是养成良好习惯教育。《中共中央国务院关于进一步加强和改进未成年人思想道德建设的若干意见》中指出:"既要重视课堂教育,更要注重实践教育、体验教育、养成教育……对小学生重点是规范其基本言行,培养良好习惯。"叶圣陶先生说:"教育是什么,往简单方面说,只需一句话,就是要养成良好的习惯。"良好习惯教育是素质教育的重要内容,因此,"井养教育"是养正教育,也是养成良好习惯教育。

"井养教育"是心灵教育。雨果说:"世界上最宽阔的东西是海洋,比海洋更宽阔的是天空,比天空更宽阔的是人的心灵。"心灵教育是德育的基础和前提。心灵培育的根本使命是塑造儿童完整的人格、让儿童获得人生意义的生存方式,发现人生的"真善美",成为更加完整和谐的人,促使学生的个性化发展。因此,"井养教育"是心灵教育,也是品格教育。

"井养教育"是迁移教育。以素质教育为主的教学中应以学生的发展为本,除了让学生学到已有的知识和技能外,更重要的是让其将知识融会贯通并能够做到学以致用,这是具备学习迁移能力的基本表现。学生在学校期间所学习到的内容大多都是偏理论性的,但不论学习什么知识,最终目的都是将其用到我们的生活实践中。而现实生活中的问题又是复杂的,往往靠一种知识或一种经验难以解决,这就需要学生具备一定的迁移能力,将在学校所学到的知识迁移应用到实际生活中的新情境中,解决现实生活中遇到的各种问题。迁移能力作为一项必备的能力,它能帮助同学迅速实现技能和知识的转换,从而更好地适应新的工作需要,适应社会需要,更好地为社会服务。"井养教育"的重要内容之一就是培养学生的迁移能力,达到学以致用的目的,达到教是为了不教的目的。

"井养教育"是润泽教育。《道德经》中"上善若水"是道家的思想精髓,是道家思想中最为深邃、广博的理念,在修身律己、齐家治国等方面均能发挥巨大的积极作用。水的润泽万物而不争与"井养教育"育人的价值与方向相得益彰,真正的教育是水样无痕的,如水般的包容与灵动,润物无声。"井养教育"追求以一种文化氛围、一种精神力量、一种价值期望的形式使孩子们得到陶冶、感染、浸润。因此,"井养教育"是润泽生命的教育。

以"井养教育"之哲学为出发点,我们确立了"蒙育正心,井养致远"的办学理念。我们要在孩子的童年施以正确的教育,孩子们在这里磨炼意志、锤炼品格、滋养心性、浸润生命、增长才学、智慧生成、强健体魄、美化心灵、养成习惯、幸福人生……所有这些,都如同井水供养于人一样,源源不尽,成为孩子们一生的财富。我们秉持以下教育信条:

  我们坚信,
  学校是润泽心灵的地方;
  我们坚信,
  每个孩子都是期待滋润的禾苗;
  我们坚信,
  教育可以给予儿童源源不断的力量;
  我们坚信,
  蒙育正心、井养致远是教育不变的追求;
  我们坚信,

让儿童得到充分的滋养是教育的神圣使命。

二 课程理念

基于对上述办学理念的理解,我们确定了"给予每一个孩子源源不断的力量"的课程理念。

课程即生长的力量。教育即生长,是20世纪美国著名实用主义教育家杜威关于教育本质的观点之一。这意味着教育就是人的可持续发展的源泉。生长是生命的特征,人的一生就是持续不断的生长、发展的过程。因此在课程的设计上,必须充分顾及儿童的个人经验、需要、兴趣和能力,将个人因素与社会因素结合起来。因此,课程就是给予儿童生长的力量。

课程即个性的张扬。教育的重要使命就是要促进学生个性发展,课程是为个性发展服务的,是个性发展的重要支撑。教师的职责就是创设自然的有利于张扬学生个性的场,让学生的个性在宽松、自然、愉悦的文化氛围中得到释放,在自由自在而又奋发进取的氛围中展现生命的活力。

课程即生命的润泽。教育的过程就是润泽生命的过程,课程就是为滋养生命服务的,让生命的每一个阶段都精彩。我们要用丰富的课程,使每一个从桶井走出的学生,都能有一个发生在校园里的美好回忆,都能够有一个值得与他人分享的独特故事,都能有一个发自内心的兴趣爱好……每一名学生都会在心底埋下许多颗种子,能够在未来的岁月里悄悄发芽,在阳光雨露的滋润下幸福成长。

课程即全面的发展。党的教育方针明确要求要培养德、智、体、美、劳全面发展的社会主义建设者和接班人。学校课程就是让孩子们融入社会、感受自然,探寻生命的意义,帮助他们拥有一颗真诚善良的心,一个探索未来的大脑,一个强健的体魄,一个能欣赏美的灵魂,能创造美好生活的双手……所有这些,融合在一起就会助力一个人的全面发展。

总之,我们认为有什么样的课程,就会培养什么样的人。我们要促进学生在德智体美劳等方面全面发展,就必须设计与之相匹配的课程。课程是为了儿童的智慧生长提供源泉的,我们将学校课程模式命名为"智慧泉"课程。我们期待,学校课程给儿童提供滋养,给予每一个孩子源源不断的力量!

第二部分　学校课程目标

课程是学校落实立德树人根本任务,实现育人目标的载体。因此,确立学校课程目标既是课程建设的基础,更是引领课程建设的航标灯。

一　育人目标

学校致力于以水之灵韵启迪儿童心智,以水之品性涵养优良品德,培养有修养、重责任,会学习、善探究,懂生活、能创新的"桶井少年"。

有修养,重责任。其对应的主要培养目标是使学生初步具有古今中外人文领域的基本知识和成果积累,初步具有以人为本的意识,能关切人的生存、发展和幸福。初步具有艺术知识、技能与方法的积累,初步具有发现、感知、欣赏、评价美的意识和基本能力。自尊自律,文明礼貌,诚信友善。孝亲敬长,有感恩之心。热爱自然,具有绿色生活方式。有国家意识。有文化自信。热爱党、拥护党。理解、接受并自觉践行社会主义核心价值观。具有全球意识和开放心态。了解世界多元文化。

会学习,善探究。其对应的主要培养目标是使学生具有积极的学习态度和浓厚的学习兴趣。养成良好的学习习惯。具有对自己的学习状态进行审视的意识和习惯,善于总结经验,善于选择和调整学习策略和方法。能自觉、有效地获取、评估、鉴别、使用信息,具有数字化生存能力。初步运用科学的思维方式认识事物、解决问题、指导行为。具有问题意识。具有好奇心和想象力。能大胆尝试,积极寻求有效的问题解决方法等。

懂生活,能创新。其对应的主要培养目标是使学生理解生命意义和人生价值,具有安全意识和自我保护能力,掌握适合自身的运动方法和技能。自信自爱,有自制力,具有抗挫折能力。能正确认识和评估自我,有达成目标的持续行动力。具有积极的劳动态度和良好的劳动习惯。主动参加家务劳动、生产劳动、公益活动和社会实践。善于发现问题和提出问题,有解决问题的兴趣和热情。

二　课程目标

依据学校课程愿景,我们将学校育人目标细化,划分为低、中、高三个阶段的课程目标(见表7-1)。

表7-1 桶井小学"智慧泉"课程目标表

	低年级	中年级	高年级
有修养重责任	初步了解中华传统文化;初步了解唱歌、舞蹈、器乐、绘画等艺术活动。能初步表达自己对美的感受。遵规守纪,文明守礼;亲近同伴,乐于助人。	亲近经典;初步具有关切人的生存、发展和幸福的意识;乐于艺术表达,有一定的欣赏美的能力。乐于表达,理解他人;学会谦让,善于合作;热心公益;有爱党爱国意识。	有一定的人文积累;初步具有以人为本的意识;特长鲜明,善于表达。善交友,敬父母;明是非,能包容;会感恩,敢担当;爱党爱国;初步具有全球意识和开放心态。
会学习善探究	养成朗读、背诵、读书的习惯。初步接触中华经典。具有好奇心和想象力;走近大自然,认识一些常见的自然现象和规律,从中感受科学探究的乐趣。	养成良好的学习习惯:好读书、写日记,善表达,有计划。具有探索精神;有严谨的求知态度;热爱生活,独立思考。	学习积极主动,掌握恰当的学习方法,有较强的自学能力;有反思的意识和习惯;有信息意识,初步具有数字化生存能力。善于提问,并能就感兴趣的科学问题进行研究性学习;能多角度、辩证地分析问题;能大胆尝试,积极寻求有效的问题解决方法。
懂生活能创新	掌握简单的生活技能,乐于参加各种游戏活动;初步掌握一些运动项目的简单技术动作。自己的事情自己做,班级的事情主动做,家庭的事情积极做。	初步养成锻炼习惯和健康的生活方式;能掌握足球、游泳、帆船、帆板的基本技术动作。有较好的平衡协调能力,学会在运动中自我保护。养成劳动的习惯;初步掌握信息技术;能走进社区对感兴趣的问题进行调查研究。	养成锻炼习惯和健康的生活方式;娴熟掌握足球、游泳、帆船、帆板的技术动作;了解青春期的卫生保健知识;有积极乐观的生活态度,具有抗挫折能力。具有较强的劳动能力;具有学习掌握技术的兴趣和意愿;热爱祖国,了解世界;有解决问题的兴趣和热情。

第三部分　学校课程框架

根据桶井小学育人目标，整合国家课程、地方课程和校本课程，我们精心设计了"智慧泉"课程，力求把三类课程有机融合在一起，真正实现课程育人的目标。

一　学校课程逻辑

桶井小学"智慧泉"课程包含井仁课程、井智课程、井韵课程、井健课程、井美课程、井探课程六大课程领域。这些课程形成一个完整的育人体系，共同承载育人功能，实现育人目标。学校课程逻辑如下（见图7-1）：

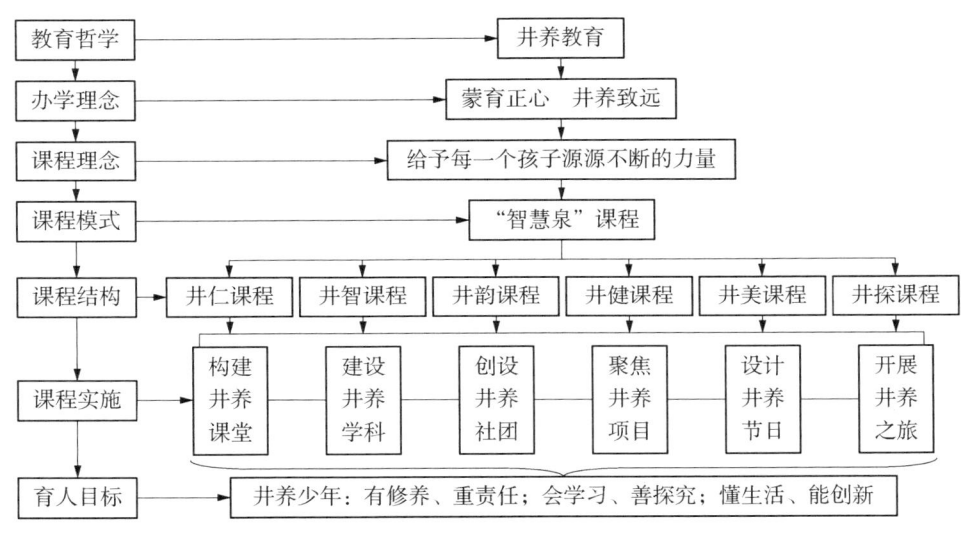

```
教育哲学 ──────────────→ 井养教育
办学理念 ──────────────→ 蒙育正心　井养致远
课程理念 ──────────────→ 给予每一个孩子源源不断的力量
课程模式 ──────────────→ "智慧泉"课程
课程结构 ──→ 井仁课程　井智课程　井韵课程　井健课程　井美课程　井探课程
课程实施 ──→ 构建井养课堂　建设井养学科　创设井养社团　聚焦井养项目　设计井养节日　开展井养之旅
育人目标 ──→ 井养少年：有修养、重责任；会学习、善探究；懂生活、能创新
```

图7-1　三亚市天涯区桶井小学"智慧泉"课程逻辑图

二　学校课程结构

根据党的教育方针，结合"井养教育"理念，我们设计了"智慧泉"课程结构。这六个方面的课程相互作用，共同促进学生全面发展。根据多元智能理论，我校课程体系包含井仁课程、井智课程、井韵课程、井健课程、井美课程、井探课程，三亚市天涯区桶井小学"智慧泉"课程结构图见图7-2。

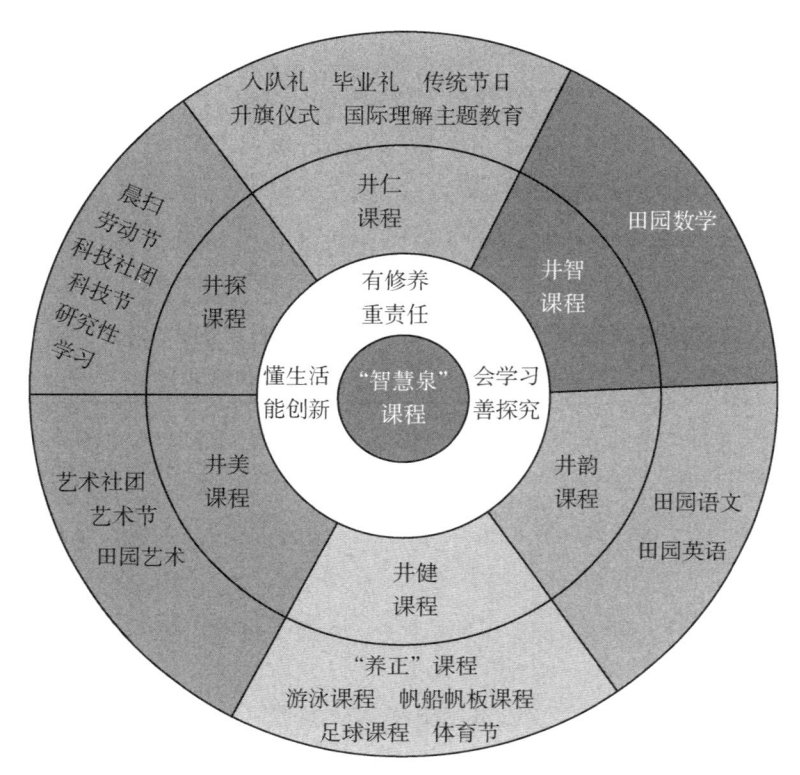

图 7-2 三亚市天涯区桶井小学"智慧泉"课程结构图

上图中，各大领域课程主要内涵如下。

（1）井仁课程：自我与社会类课程。主要培养学生具有一定的人文积累，初步具有以人为本的意识，初步具有全球意识和开放心态。包括以下课程：入队礼、毕业礼、升旗仪式、传统节日、国际理解主题教育等。

（2）井智课程：逻辑与思维类课程。主要培养学生掌握恰当的学习方法，有较强的自学能力，有反思的意识和习惯，善于提问，并能就感兴趣的科学问题进行研究性学习，能多角度、辩证地分析问题，能大胆尝试、积极寻求有效的问题解决方法。主要是田园数学课程。

（3）井韵课程：语言与表达类课程。主要培养学生养成表达习惯，乐于表达，善于表达，有沟通的能力和智慧。主要有田园语文和田园英语课程。

（4）井健课程：运动与健康类课程。主要培养学生养成锻炼习惯和健康的生活方式，了解青春期的卫生保健知识，有积极乐观的生活态度，具有抗挫折能力。主要包括以下课程："养正"课程、游泳课程、帆船帆板课程、足球课程、体育节等。

（5）井美课程：艺术与审美类课程。主要培养学生发展艺术特长，初步具有审美的能力，拥有雅致的情趣。主要有艺术社团、艺术节、田园艺术课程。

（6）井探课程：科学与探索类课程。主要培养学生善于提问，并能就感兴趣的科学问题进行研究性学习，能多角度、辩证地分析问题，能大胆尝试，积极寻求有效的问题解决方法，具有较强的劳动能力，具有学习掌握技术的兴趣和意愿。主要课程包括：晨扫、劳动节、科技社团、科技节、研究性学习等。

三　学校课程设置

"智慧泉"课程努力做到把国家课程进行有效的校本化，把地方课程和校本课程以活动式、主题式、项目式、系列化的方式实施，作为国家课程的有益补充，使之成为一个有机的育人整体。除了国家课程外，"智慧泉课程"设置情况见表7-2。

表7-2　三亚市天涯区桶井小学"智慧泉"课程设置表

	井仁课程	井智课程	井韵课程	井健课程	井美课程	井探课程
一上	升旗仪式 入队礼 传统节日	田园数学	田园语文	养正课程 足球课程 体育节	艺术节 田园艺术	晨扫 劳动节 科技节
一下	升旗仪式 传统节日	田园数学	田园语文	养正课程 足球课程 体育节	艺术节 田园艺术	晨扫 劳动节 科技节
二上	升旗仪式 传统节日	田园数学	田园语文	养正课程 游泳课程 足球课程 体育节	艺术节 田园艺术	晨扫 劳动节 科技节
二下	升旗仪式 传统节日	田园数学	田园语文	养正课程 游泳课程 足球课程	艺术节 田园艺术	晨扫 劳动节 科技节

续 表

	井仁课程	井智课程	井韵课程	井健课程	井美课程	井探课程
三上	升旗仪式 传统节日	田园数学	田园语文 田园英语	养正课程 游泳课程 帆船帆板课程 足球课程 体育节	艺术社团 艺术节 田园艺术	晨扫 劳动节 科技节 科技社团 研究性学习
三下	升旗仪式 传统节日	田园数学	田园语文 田园英语	养正课程 游泳课程 帆船帆板课程 足球课程	艺术社团 艺术节 田园艺术	晨扫 劳动节 科技节 科技社团 研究性学习
四上	升旗仪式 传统节日 国际理解 主题教育	田园数学	田园语文 田园英语	养正课程 游泳课程 帆船帆板课程 足球课程 体育节	艺术社团 艺术节 田园艺术	晨扫 劳动节 科技节 科技社团 研究性学习
四下	升旗仪式 传统节日 国际理解 主题教育	田园数学	田园语文 田园英语	养正课程 游泳课程 帆船帆板课程 足球课程	艺术社团 艺术节 田园艺术	晨扫 劳动节 科技节 科技社团 研究性学习
五上	升旗仪式 传统节日 国际理解 主题教育	田园数学	田园语文 田园英语	养正课程 游泳课程 帆船帆板课程 足球课程 体育节	艺术社团 艺术节 田园艺术	晨扫 劳动节 科技节 科技社团 研究性学习
五下	升旗仪式 传统节日 国际理解 主题教育	田园数学	田园语文 田园英语	养正课程 游泳课程 帆船帆板课程 足球课程	艺术社团 艺术节 田园艺术	晨扫 劳动节 科技节 科技社团 研究性学习

续 表

	井仁课程	井智课程	井韵课程	井健课程	井美课程	井探课程
六上	升旗仪式 传统节日	田园数学	田园语文 田园英语	养正课程 体育节	艺术社团 艺术节 田园艺术	晨扫 劳动节 科技节
六下	升旗仪式 传统节日 毕业礼	田园数学	田园语文 田园英语	养正课程	艺术社团 艺术节 田园艺术	晨扫 劳动节 科技节

第四部分 学校课程实施与评价

如何让课程真正达到育人目标呢？最关键的环节就是课程实施与评价了。针对桶井小学学生的实际情况，立足于培养教师养成良好的教学习惯，培养学生养成良好的学习习惯，我们从构建"井养课堂"，创设"井养社团"，聚焦"井养项目"，设计"井养节日"，建设"井养学科"，开展"井养之旅"等方面入手，本着"给予每一个孩子源源不断的力量"的理念，构建适合学校特点的课程实施与评价体系。

一 构建"井养课堂"，提升课程实施有效性

课堂是实施素质教育的主阵地，是落实中国学生发展核心素养的主渠道。"井养课堂"是从学校师生实际情况出发，本着循序渐进的原则，逐渐使教师养成良好的教学习惯，使学生养成良好的学习习惯，形成以学为主，激发兴趣，激活思维，注重效率的高效课堂，提升课程实施品质。

（一）"井养课堂"的实践操作

为了进一步提高学校教师课堂教学效率，针对学校教师上课情况实际，特制订桶井小学课堂教学24字要求——纪律好、目标明、低起点、小步走、多互动、多读背、多练测、堂堂清，作为学校教师上课的主要遵循依据。

（1）纪律好。教师必须有效组织课堂教学。要宽严相济，既要生动，又要纪律严明，收发自如。

（2）目标明。每堂课必须要有简单、明确、可实现、能实现的学习目标。一般不

超过三点。

（3）低起点。课堂教学一定牢牢抓住根本，抓住教材，抓住例题，不轻易拔高。

（4）小步走。要针对学生学习基础的实际进行教学，要一点一点来，以学生能接受为标准。数学课甚至可以把一个例题的几个步骤拆开来一步一步进行。

（5）多互动。要充分调动学生学习的积极性主动性，凡是学生能够做的，尽量让学生自己来做。要让学生充分发表自己的见解。

（6）多读背。应该掌握的知识，学生必须要牢固掌握。多读多背多积累，多读多背强记忆。

（7）多练测。教师必须精讲多练。每堂课都要有练习和检测，及时掌握学生当堂学习效果，对掌握不理想的内容，要及时采取补救措施。

（8）堂堂清。每堂课针对学习目标，要进行检测，看是否达到学习目标，努力做到堂堂清。没达到学习目标的，要进行补救。

为了使教师在课堂教学过程中有所遵循，我们提供了基本的课堂教学模型——桶井小学"导、学、练、测、结"五步教学模式，给教师提供支架，引导教师形成关注起点、先学后教、合作学习、注重检测的教学理念和教学行为。桶井小学"导、学、练、测、结"五步模式设计了教学五环节：导入—自学—讲练—讲测—总结，环节设计通俗易懂，便于理解和实施（见表7-3）。

表7-3　三亚市天涯区桶井小学"导学练测结"五步教学模式

创境导入	自主学习			讲解训练			讲解检测		归纳总结
创设情境导入	学习目标	自学提示	自学	检查自学	讲解	原型练习	再讲	测试	课堂小结

1. 创境导入

此环节教师可以选择适当的情境，运用语言、图片、媒体等方式简洁有效地导入新课，激趣促学；也可组织学生通过复习旧知，自然地导入新课。

2. 自主学习

（1）出示学习目标，教师运用课件出示本节课的学习目标，让学生明确本节课的学习任务。学习目标要简练、具体、准确,便于学生理解,一般不超过3点。(2)自学提示,教师根据学习目标,呈现自学提示,提示学生自学的内容要具体、明确,能够清晰地指令学生学什么、怎么学,体现学习方法的培养,并明确自学时间。(3)自学,学生根据学习任务自主学习本节课新知。教师巡视学生学习情况,了解自学情况,随时解答学生提出的问题,随时纠正不能正常自学的行为。

3. 讲解训练

(1)检查自学。如数学课可以用一道基础题来检查学生自学情况,暴露学生自学中出现的问题和学生不能理解之处,为讲解提供依据;语文课根据自学提示内容检查学生自学情况,可以根据学生实际情况,边讨论,边讲解,与下一环节相融合。(2)针对自学情况讲解。如数学课通过自学检查情况,有针对性地讲解,要努力用最少的语言,让学生听明白。(3)原型练习。依然用基础题或检查自学的原题来进行进一步练习,努力达到让大多数学生都会的目的。

4. 讲解检测

(1)根据练习情况再讲。教师根据学生练习的情况,做进一步讲解,依然要努力用最少的语言,达到较好的效果。语文课依然可以把此环节与检测自学环节相融合,但要注意多引导学生多读、多写、多背、多思考。(2)测试。根据学习目标设计适量的检测题进行测试。数学课依然要注意检测题要体现基础性、难度低、题量小,打牢基础。如果班级有学习较优秀的学生,则可单独提供变化的题型或有一定难度的测试题。语文课则组织学生检测字、词、文学常识、阅读理解、背诵、默写、练笔等内容。英语课组织学生读写背单词、句子、语法运用等。课堂是否有效,要看测试结果的好坏,只有每一节课的测试都能基本达到学习目标,才能实现堂堂清的效果。

5. 课堂小结

教师要引领学生用概括性的语言对本节课的学习内容进行小结,或者引导学生谈本节课收获,也可以教师对本节课进行小结。

以上教学环节的设置,可根据不同学段、不同学科、不同教学内容,合理调节、运用。各环节的时间安排可依据教学实际调整。最关键就是要有明确的学习目标,然后通过师生的共同努力达成学习目标,并且通过检测验证是否达成学习目标。重基础、重原型、低起点、小步走,努力让学生在不断地成功体验中提高学习兴趣。

(二)"井养课堂"的评价标准

"井养课堂"坚持针对性、实效性、生成性、发展性原则,倡导自主合作探究的教学方式,突出学生学习主体地位,主要强调目标明确,先学后教,精讲多练,追求有效的课堂教学。根据以上原则,我们制定了桶井小学"井养课堂"评价标准(见表7-4)。

表7-4 桶井小学"井养课堂"评价标准

评价内容	评 价 标 准	评分
创境导入	1. 情境创设贴切,有利于激趣促学。(10分)	
自主学习	1. 学习目标要简练、具体、准确,便于学生理解。(10分)	
	2. 提示学生自学的内容要具体、明确,能够清晰地指令学生学什么、怎么学,体现学习方法的培养。(10分)	
	3. 教师要有掌控学生自学情况的意识和能力。(5分)	
讲解训练	1. 检查自学情况要有较强的针对性。(10分)	
	2. 教师讲解要努力用最少的语言,达到较好的效果。(5分)	
	3. 教师要较好掌握学生学习情况。(10分)	
讲解检测	1. 教师讲解要精练巧妙,用最少的语言,达到较好的效果。(5分)	
	2. 测试内容要符合学生学习实际,要少而精。(10分)	
课堂小结	教师小结要清晰准确。学生小结要注意培养概括内容的能力。(5分)	
总体效果	课堂脉络清楚;学生学习积极主动;目标达成度好。(20分)	
总分		

二 创设"井养社团",发展儿童兴趣爱好

社团活动是学校课程建设的重要组成部分,是学校教育教学的重要载体,为学生兴趣爱好提供了学习和展示平台,为学生全面发展和个性化发展提供了可能性。同时,社团课程也是学校文化建设的重要载体。学校的"井养社团"以其知识性、趣味性吸引学生积极参与,给予学生源源不断的力量。

(一)"井养社团"的设立和实施

"井养社团"的设立是以中国学生发展核心素养为根本遵循,以充分满足学生的个性化需求为前提。学校在广泛调查了解学生意愿的基础上,开设语言类、文体类、科技类社团。

语言类社团包括演讲社、阅读社、文学社、英语口语表达社。文体类社团包括足球队、游泳队、帆船帆板队、叮咚合唱团、舞蹈队。科技类社团包括机器人小组、航模小组、海模小组、纸飞机小组。

"井养社团"是在广泛调查了解学生意愿的基础上,根据学生的兴趣爱好和学校能提供的师资条件,确定社团。学生提出申请,社团辅导老师根据综合考查确定人员。社团定期开展活动,完成社团课程,并记录学生成长轨迹。

(二)"井养社团"的课程评价

"井养社团"的设立是以尽可能满足学生的个性需求为出发点,充分调动学校教师资源、学生资源、家长资源和社会资源,力求把各种社团建成学生喜爱的乐园。在此原则指导下,评价尽可能体现多元性和可操作性,并能促进社团的发展。"井养社团"课程实施评价见表7-5。

表7-5 三亚市天涯区桶井小学"井养社团"课程实施评价

评价维度	评价内容	评价标准	评价方式
社团筹备	社团建立活动方案	满足学生需求,调动资源充分,主题健康,方案具体。	1. 过程性评价:活动过程记录、活动成果展示。 2. 评价方式:自评、互评、师评、展评相结合。 3. 评选优秀社团和星级个人。
活动过程	开展活动活动过程	学生参与积极,活动内容丰富。	
活动效果	社团成果	学生能形成自己的学习成果,个人和集体成果可以展示交流。	

三 聚焦"井养项目",做活主题整合课程

桶井小学因桶井村而得名,桶井村一定是因井而得名。"井"字寥寥四笔,如一幅俯视图,表示滋养生命、灌溉五谷,也浇灌出文化。它不仅让人看井泉深深,还让人们读悠悠岁月里永汲不竭的文化故事。"井"世世代代滋养着桶井这片土地上的人们,所以,它不仅是桶井古村的根,也是桶井小学的根。如何能追根溯源,找到这个根,重新找回桶井人心灵的家园呢?一个"寻根溯源"的研究型课程,应运而生。

(一)"寻根溯源"项目研究

据了解,桶井村一共有3口水井,其中1口就在桶井小学校园内,因为学校建设已经被覆盖。其他2口水井现在什么情况不得而知。怎么能让学生寻找到"井"这个根呢?我们设计了"寻根溯源"研究项目。学生们将通过学习井文化、探寻井踪迹、寻找井故事等开启一次寻根溯源的研究之旅。我们设计了"寻根溯源"项目学习的实施路径、实施方法,具体内容见表7-6。

表7-6 三亚市天涯区桶井小学"寻根溯源"项目学习的实施路径和实施方法

实施路径	实施方法
成立"寻根溯源"主题研究兴趣小组	通过招募的方式,成立兴趣小组。
学习"井"文化	通过各种途径学习关于井的文化知识。
探寻"井"踪迹	在桶井村范围内寻找井的遗存,通过文字、图片、视频等做好详细记录。
寻找"井"的故事	通过走访村民,寻找关于井的故事,做好记录。
在校园内建立一口"井",让桶井小学的根重回桶井小学校园	1. 通过征集的方式选址。 2. 通过评奖的方式征集名称和井的样式,或通过设计公司设计几种样式,全校师生投票确定。 3. 通过各种方式募捐,筹集建井资金。设立永久性捐款名单。 4. 形成"寻根溯源"研究报告。 5. 召开井落成大会。总结"寻根溯源"研究成果。

(二)"井养项目"的课程评价

"井养项目"评价聚焦对学生学习过程的评价。重点评价学生在学习井文化时,能否梳理出关于井文化的重点知识,条理清楚,一目了然;在探寻"井"踪迹、寻找"井"的故事的过程中参与的积极性等,同时对成果进行评价。评价成果主要包括研究报告的质量评价,召开成果展示会、汇报会等。我们主要采取展示性评价的方法进行,主要做法如下。

(1) 开展井文化展示活动。组织学生对相关井文化进行收集，并开展井文化展示活动。

(2) 开展桶井村"井"遗存和"井"故事展示会。组织学生到村里寻访古迹，拜访老人，收集关于桶井村"井"遗存和"井"故事，并开展展示会。

(3) 开展"寻根之旅"研究成果汇报会。对"寻根之旅"项目整个研究过程进行梳理、总结，并通过多种形式对成果进行展示汇报。

四 设计"井养节日"，浓郁课程实施氛围

校园是展现学生精神风貌的重要场所，学校根据学生身心发展的需求，设立艺术节、体育节。同时，中华传统节日是传承优秀历史文化的重要载体，既可以使人们在节日中增长知识，受到教益，又有助于彰显文化、弘扬美德、陶冶情操、弘扬传统。因此，我们也在校园开展中华传统节日活动。所有这些形成了学校的"井养节日"课程，"井养节日"课程的有效实施对提升学生的综合素养，涵养品格具有重要作用。

（一）"井养节日"的活动设计

"井养节日"的项目包括艺术节、体育节和传统节日。"井养节日"课程内容包括艺术类比赛、体育类比赛和传统节日活动。"井养节日"的实施方式主要有比赛、展览、演出等。"井养节日"具体内容见表7-7。

表7-7 三亚市天涯区桶井小学"井养节日"项目、课程内容、实施方式

井养节日	课程内容	实施方式
井养艺术节	课本剧比赛、唱歌比赛、器乐比赛、书画比赛、书画作品展	通过组织学校比赛、展览、成果展示实施
井养体育节	足球赛、游泳赛、帆船帆板赛、羽毛球赛、乒乓球赛、课间操赛、趣味运动会	通过组织学校比赛、班级联赛、成果展示等实施
传统节日	清明节网上祭英烈	通过号召的方式组织全校师生实施
	六一儿童节	开展文艺演出
	端午节	手抄报、实践活动
	中秋节	手抄报、实践活动
	重阳节	到敬老院慰问

（二）"井养节日"的课程评价

"井养节日"课程多以比赛、演出、手抄报、实践活动等方式实施,在评价上,主要考查学生的参与度,参与的积极性等。"井养节日"课程实施评价见表7-8。

表7-8 三亚市天涯区桶井小学"井养节日"课程实施评价

评价维度	评价内容	评价标准	评价方式
参与过程	参与活动的次数	能否积极主动参与活动,在活动中承担主要任务,与同伴密切配合。	通过自评、互评、师评的方式,对学生参与程度进行评价。
	参与活动的程度		
	参与活动的积极性		
参与效果	个人特长展示	个人特长是否充分展示,能否感受课程所传达的精神。	通过个人申报项目表、活动记录表、小组报告等形式评价。
	对传统节日的热爱和了解		
	活动取得的成果		

五 建设"井养学科",融合学科知识与真实生活

桶井小学在国家基础课程校本化落实方面,努力激活农村在地资源,探索国家课程田园化实施途径,重点打造四门田园课程:田园语文、田园数学、田园英语、田园艺术。让书本知识与真实生活相融合,让教师的授课鲜活生动起来,让学生的学习积极主动起来,在教与学的互动中师生有更多获得感。

（一）"井养学科"的实施途径

我校主要把语文、数学、英语、音美学科相关内容用田园化的方式实施,加强学科课程与学生真实生活情境相融合,使国家课程校本化实施真正落地生根。

1. "田园语文"实施途径

语文田园化实施主要有两条途径:一是阅读,二是习作。在阅读方面,田园化实施就是要把课本内容与校园生活有机联系起来,情景交融。比如田园诗词、植物儿歌、童谣,与田园相关的美文等,这些内容在真实情境中进行阅读或朗读,会有身临其境、情景交融之感。在习作方面,观物而写,有感而发,既可以培养学生观察事物的兴趣和能力,又可以提高其写作的热情和水平。

2."田园数学"实施途径

数学田园化实施主要是充分挖掘校园中的花草树木资源,通过种花、种草、种菜过程中的地块设计,围栏设计,从整地到收获的整个过程,把所有这些与数学课本知识相关联的素材,提炼成数学问题,把学习数学知识巧妙转换成用数学知识解决生活中的实际问题,使学习数学变得生动、有趣、有用,这样就会极大调动学生学习数学的积极性。

3."田园英语"实施途径

英语田园化实施就是把英语学习中的单词、句子、短语、会话等跟校园中能见到的一切结合起来,使抽象的字母符号与生活中的具体事务联系起来,这样英语学习就会变得生动有趣。

4."田园艺术"实施途径

音乐、美术田园化实施,就是充分利用校园中的花草树木,通过种花、种草、种菜过程中的地块设计,围栏设计,从整地到收获的整个过程,把所有这些与音乐、美术课本中相关内容链接,成为音乐、美术课鲜活的素材,让音乐、美术课与现实生活对接,使教学生动起来。

此外,学校还有科学课、道德与法治课等,根据学科内容特点,任课教师把田园元素与课程教学进行有机整合。

(二)"井养学科"的评价要求

"井养学科"评价有"四看"。一看对接度,就是看新授知识是否跟学生已知相对接,跟学生的真实生活相对接;二看参与度,就是看学生是否是全程参与体验和人人参与体验;三看积极度,就是看学生是否积极主动参与,乐于求知,乐于探索;四看激活度,就是看是否激活学生经验,是否激活学生思维,是否激活学生兴趣。

六 开展"井养之旅",实施研学旅行课程

为了落实立德树人根本任务,帮助中小学生了解国情、热爱祖国、开阔眼界、增长知识,着力提高他们的社会责任感、创新精神和实践能力,2016年教育部等部门联合下发了《关于推进中小学生研学旅行的意见》。因此,我校把研学旅行课程作为综合实践活动重要内容认真予以落实。

(一)"井养之旅"的实施途径

"井养之旅"课程主要包括革命传统教育、祖国大好河山教育、爱家乡教育三方面内容。

革命传统教育。历史是最好的教科书,旅游演艺是活化历史、传承红色基因的重要途径,"红色"研学旅行是孩子们了解红色文化、弘扬红色精神的主要方式。根据学生年龄特点、在地资源和相关精神,我们每年组织四至六年级学生到三亚红色娘子军演艺公园进行研学旅行活动,进行革命传统教育。

祖国大好河山教育。海南具有三大得天独厚的旅游资源。一是宜人的海岛气候。岛上呈典型的热带季风气候,年均温23.8℃,有"终年皆是夏,一雨便成秋"之说,使其成为冬可避寒、夏能消暑的休闲、度假胜地;二是良好的生态环境。岛上四季常青,遍地皆绿,森林覆盖达52.3%,有五指山、坝王岭、尖峰岭、吊罗山、黎母山五大热带原始森林区;三是独特的热带风情。阳光、海水、沙滩、绿色、空气,当代五大旅游度假要素在这里一应俱全,同时还有热带雨林、椰风海韵、矿泉温泉、奇花异木、黎苗风情,形成了独特的热带海岛自然人文风光,成为全国著名的生态旅游省。因此,我们要创造机会让学生用双手去触摸,用眼睛去观察,用心灵去感受海南的美,从而去感受祖国的大好河山的壮美。

爱家乡教育。黎苗文化是海南文化的本源,充分了解黎苗文化,从而使孩子们从小就有文化的归属感,是学校教育的主要内容之一。海南有丰富的黎苗文化游览区,如呀诺达、槟榔谷等就是黎苗文化开发、教育、传承的主要基地。只有定期组织学生参观学习,才能使他们充分了解黎苗文化,才会激发孩子们热爱本民族文化和爱家乡的情感。

(二)"井养之旅"的课程评价

"井养之旅"的课程评价主要包括过程性评价、目标性评价和发展性评价三个维度。评价内容包括学生参与研学的积极性,学生在研学过程中资料的收集和整理,整个活动完成的情况,学生参与活动的认知体验和情感体验等。

评价标准:学生是否积极参与研学活动,是否认真梳理研学过程,是否认真整理研学资料,整个研学活动是否达到预定的目标,学生是否有较好的认知体验和情感体验。

评价方式:一是根据学生在研学中的积极性、参与度等划分等次进行评价;二是按照活动计划,对活动组织的各个环节进行评估,根据活动完成情况对研学效果进行评价;三是举办研学成果评比展示活动。

综上所述,根据学校育人目标,我们设计了丰富的"智慧泉"课程,用科学的方法加以实施,努力实现学校育人目标。基于学生核心素养的提升,在不断提高国家课程有效实施的同时,利用地方课程和校本课程进行有益补充,从而实现课程育人的目标。学校对课程进行了学科内整合和多学科整合,最大限度地发挥每一位教师所长,同时充分利用学生资源、家长资源及社会资源,开发系列课程。学校设有长课程、短课程和微课程,形成了以国家课程为核心的"1+X"课程群("1"为国家课程,"X"为地方课程和校本课程)。例如:针对学校学生散漫、懈怠,注意力不集中等实际情况,从2017年9月开始,学校实施了"养正"课程,包括站军姿、唱军歌、做国颁广播体操、走队列四个项目,用一学年时间,安排200课时,在一次次"训"和"练"中,在一次次"熬"和"晒"中,在一分一秒的坚持中,桶井小学学生整体上散漫、懈怠、注意力很不集中、自控能力相当薄弱的状况已经得到根本改变,学生的良好习惯在不知不觉中养成,一个昂扬向上的充满崭新精神面貌的桶井小学学生群体正悄然呈现在我们面前。良好习惯实训课程显现出培养学生养成良好习惯的强大育人功能。

我们从"井养教育"之哲学出发,构建"智慧泉"课程体系,把国家课程、地方课程和校本课程有机融合在一起,促进学生德智体美劳全面发展和个性发展,努力把桶井小学学生培养成有修养、重责任、会学习、善探究、懂生活、能创新的"井养少年"。

(撰稿者:朱凤春、高斯婧、邢玉善)

后 记

基于文化的学校整体课程指向立德树人，是发展核心素养和深化课程创新的源泉和动力。

《学校整体课程的文化逻辑》一书的撰写团队立足于课程育人，通过思考分析学校课程情境、学校课程哲学、学校课程目标、学校课程体系、学校课程实施与评价、学校课程管理等，与三亚市学校整体课程案例相结合，总结提升出学校整体课程的七种文化逻辑。

本书主要由总论和七个章节构成，总论以课程育人的价值嵌入，特色办学的自觉路径及主体生成的审美追求阐述学校整体课程的文化走向，参考丹尼森组织文化模型提炼出学校整体课程的文化模型，从而达到学校整体课程的文化自觉。第一章历史逻辑主要表现为脉络的源流性，全面认识学校整体课程的逻辑与文化脉络，从而把握好整体课程的质量。第二章价值逻辑聚焦理念，基于实践，结合办学特色与理念，满足学习者的需要。第三章主体逻辑从课程目标的思维认知、思维过程、思维反馈、全面发展等表现为目标的完整性。第四章学习逻辑即内容的整合性，要实现多维关注，打破学科界限，让世界成为学生学习实践的媒介。第五章实践逻辑在行动研究中不断探索、改进和解决课程实践中的问题。第六章制度逻辑是构建以价值引领为核心的包括组织建设、制度构建、课程实施、评价导航在内的管理体系。第七章心理逻辑凸显认同的自觉性，学校课程的文化创建既可以在实践中生成，可以在促进多种文化的交融互补中生成，在突出地方特色的目标中生成。

文献研读是本书撰写过程中十分重要的环节，非常感谢具有创新、开拓精神的杨四耕教授的耐心教导，在疫情特殊时期下仍不间断地组织线上研讨活动，对我们来说那是一段充满挑战、但又富有收获的学习之旅。感谢槟榔小学、三亚市第一幼儿园、中国人民大学附属中学三亚学校、三亚市吉阳区月川小学、三亚市第五幼儿园、三亚市第一小学、三亚市天涯区桶井小学的撰稿老师们的付出，在繁忙教学工作的同时积极参与，认真研读文献和对书稿字斟句酌。同时也要感谢这七所学校的负责人前期对本校品质课程的美好规划，为本书提供了详实的理论基础和案例指引，也感谢伙伴们的互相配合与支持。

生命的意义在于体验，只有真正体会过、经历过的人才有资格拥有智慧与成长。跟着杨教授的脚步，我们看到了三亚课程发展的未来和希望，也感悟到了学术研究的严谨和广袤,我们因教育的理想而相聚,被自由平等的交流所激励,在艰辛中品味课程的真谛、感受思维的碰撞、收获内心的丰盈。祝心之所向,越来越好!

罗禹

2022 年 10 月 28 日于三亚市教育研究培训院